JN170164

歴史にとって美とは何か

宗統性に殉じた者たち

井尻千男

櫻は咲きそして散った。桃は咲き誇っている。
夢窓疎石作庭と伝わる庭に茶人井尻千男の茶室はある。
今年の櫻は主を失った最初の春を迎えて、咲いた。
平成二十七年六月、井尻千男は逝った。
ここに遺稿評論集を編し、
評論家・大学教授・行動する日本人井尻千男の
「未完の日本学」として
輩、後輩、弟子相計って書を献ずるものである。

井尻千男を偲ぶ会実行委員
宮崎正弘・花田太平・平野寛明
比留間誠司・漆原亮太

歴史にとって美とは何か
正統性に殉じた者たち

井尻千男

装幀◉松山佳幸

序章――普遍と固有の相剋

歴史を語る動機

歴史を語るにあたって準備万端ととのうということは極めて稀れなことだ。文献の僅少な古代史においても、考古学的資料に目配りをすればこれまた無限に近い作業を必要とする。いわんや近代史に近づけば近づくほどに文献の数は天文学的に増大する。その多さに比して人生はあまりにも短い、一人の人間の能力はあまりにも小さい。その意味において歴史を語るということは常に見切り発車の思い切りが必要だろう。ただ、どの時点で見切り発車に踏み切るかは各人各様の理由あってのことといわねばならない。語らずにはいられない動機というものがあって、それが人をして語らさしめるとしたら年齢の多寡を超えているといわねばならない。

その動機の高揚は文献渉猟の達成度の関数とはいえないだろう。いや別次元のことといわねばならない。ならば、いかなる次元においてその動機が高揚し、表現欲となって発露するのであろうか。その動機と表現欲は生きていること自体、言語動物として生きていること自体のなかに胚胎しているといわねばならない。その意味では歴史を語ろうとする動機と文学的表現欲とのあいだにさしたる径庭があるとは思えない。

もっと大胆にいってしまえば言語動物たる人間が日々生起する出来事に言語をもって対峙しているという営みそのものの構造が表現欲を誘発し続けるのである。したがってその時々の言語的営みは現代史の文献渉猟以上のものにもなりうるとせねばならない。そして、この現代史的営みとでもいうべきものが、歴史を遡行せしめる衝動となって、そこに歴史を往還するという精神の運動がはじまる。だとすれば歴史を語る動機は常に現在只今に宿っているとせねばならない。したがって歴史の文献は遠い過去にだけあるわけではなく、現在只今を言語動物としてまっとうに生きること自体が文献の渉猟であり、その解釈であり、その取捨選択であり、歴史という物語を再構築する営みになる。

つまり歴史物語の生き生きとした躍動感は、現在を生きる個々人の言語生活の只中で生起し、同じ言語を生きる共同体の成員のあいだで共鳴し合い流露する。声楽における輪唱のようなものだろう。

そのように考えてみると、歴史的文献を帰納主義的に読み取るというのは必ずしも正確ではない。誤読を警戒して可能なかぎり客観視しようという心構えを語っているにすぎなかろう。歴史の躍動感とそれにもとづく再構築が個々人の言語生活から生起する以上、文献の取り扱いはいやおうもなく演繹主義的にならざるをえないし、それをもってよしとせねばならない。

その演繹的たらざるをえないことが人間と歴史の主体的関係だとしたら、目の眩むほど膨大な文献の山を前にして、準備万端とのうことに拘泥する意味はそれほど高くはない。むしろ表現意欲の高揚に道を譲ってしかるべきこというべきだろう。その意欲を優先させれば当然、見切り発車やむなしということになる。

時代を超えた精神の系譜

たとえば、わが国で初めて精神史という言葉をつかって一書を成した和辻哲郎の『日本精神史研究』の初版は昭和元年（一九二六）、そのとき和辻三十七歳、所収論文の執筆時期の早いものは大正九年だから、三十一歳の若書きということになる。もっとも戦前日本の才能の成熟は驚くほどに早い。和辻とほぼ同世代の芥川龍之介はあれだけの作品をのこして三十四歳で逝っている。そのことを想起すれば和辻が三十代そこそこで精神史に挑んだからといって早過ぎるとはいいがたい。

執筆動機の高揚はドイツ留学時にすでに高まっていたと推察せねばならない。十九世紀後半から支配的だったフランスのアドルフ・テーヌ流の実証主義的歴史研究に対して、ドイツに起こった精神史的歴史解釈に魅了された和辻は、その方法論を自国の歴史において実践した。一読して感受できるように、その方法論は歴史学と文学の中間領域ともいえるし、その合体ともいえる。そして、その動機がきわめて文学的表現意欲に近いことも疑いようのないことだ。

しかしながら、ごちごちの実証主義の信奉者から見れば、和辻の手法が文献渉猟と帰納主義を軽視した見切り発車的表現だという誇りを逸れがたいだろう。

和辻が信じていたのは内なる動機の高揚感と自らの直感力だったと思われる。その直感とそこから湧きでる想像力を恃んで和辻は書き出した。三十歳代にはいったことについての感慨と密かなる決意のほどがうかがえる。

私事を語らねばならない。これから書きつづけようとしておきたいからだ。私が自分なりの日本精神史を書きたいと思ったのは四十歳代にはいって間もなくのことだった。私事にこだわるところの多かった文学的青春の季節が終わり、私事への執着から脱け出すにつれて、歴史というものが自分の中に流れ込んでくるという自覚をもった。私小説的能力が欠落しているという自覚と言い換えてもいいのである。

国民学校一年生で終戦を迎えた私たちの世代は、六〇年安保騒動（あえて騒動と表現する）を大学の三、四年で体験するめぐりあわせになっていた。その少し前には反基地闘争と労働争議が各地で頻発している。講和条約発効（昭和二十七年四月二十八日）の三日後には血のメーデー事件が起こっている。そのころ私は中学生だった。つまり中学、高校、大学生という青春の季節と戦後日本の左翼運動の絶頂期がぴたりと重なってしまったというわけだ。

歴史とのめぐりあわせがそうだということであって、ここで自分史を語りたいのではなく、時代精神とでもいうべきものの拘束力の強さについて一言触れたいにすぎない。科学主義を擬装したあの唯物史観というものを自分なりにたっぷりと吸収してしまったからだ。私としては、その拘束力の強さという一点については実感を込めて語りうる。

時代精神の拘束から自由になるということは容易ではない。特に擬装せる科学主義の幻想から自由になるのは至難の業だ。人間にとって歴史とは何かという根本問題に突き当たる。いや人間という一般名詞ではなく、私にとって歴史とは何かという難問に逢着せざるをえない。もちろん唯物史観というものの退屈さには早すぎるほど早く気づいていたつもりだが、いま生きている私にとっての歴史を感受するにはなお長い時間が必要だった。

歴史と出会っていると感じた当初、私は「昭和精神史」を書きたいと願望した。しかし歴史というものが時代区分や年号で括られるはずもなく、昭和という時代に古代や中世が流れ込んでいると思わざるをえず、ますますもって時代区分が融解してしまう。昭和維新を叫んで逝った青年将校たちの精神ひとつとっても、そこには天皇親政を夢みた精神の連綿たる系譜を感じざるをえない。あるいは特攻で散華した将兵たちの神話的とさえいえる精神の淵源は何かという具合に、時代区分を超えた精神の系譜を尋ねることが私の関心事になった。

時代精神の拘束力の強さを自覚しつつも、私が世代論にさしたる重きを置かないのは、それ以上に人間タイプ論とその系譜というものが気になるからである。時代精神と世代論を横軸だとすれば、タイプ論と系譜論は縦軸にほかならない。それが私の歴史観の座標軸である。しかし、このことは個人に限ったことではなく、集団においても発現するはずだ。日本人の行動様式、ヨーロッパ人の行動様式というような比較が成立するのはそのためである。

かつてカール・グスタフ・ユングの『タイプ論』を読んだとき、タイプ論は言語と民族を超えた人間類型学だと感じ、だとすれば日本人は、ドイツ人は、フランス人はという比較論が無意味になり、人間のタイプは人類を横断するといわざるをえないことになる。

宿命を前提とした戦略

ソ連アカデミー推奨のミチューリン＝ルイセンコ説といっても、これを記憶する世代はもう六十代以上だろうが、この革命的遺伝学がいっとき日本で圧倒的に迎えられたのである。メンデルの法則が人間学における宿命論だとすれば、環境によって遺伝子が変わりうるとするミチューリン＝ルイセンコ説は希望の学だった。事実、私は大真面目になって「ミチューリン＝ルイセンコ説による宿命論の超克」という小論を書いたことがある。だがスターリン批判の余波であっというまに消えてしまった。

学問たりえなかったということだろうが、希望のプロパガンダとしてはなかなかよくできており、青少年を魅了するには充分だった。そしてそれは、後に読むことになるカール・グスタフ・ユングの『タイプ論』に衝撃を受ける素地として有効だった。つまり「宿命論の超克」の不可能性を思い知らされたということである。

この「宿命の超克の不可能性」という命題は人間論を越えて、社会論、歴史論へと拡大されてゆく。しかし、このことは暗い悲観論を意味するわけではない。宿命を前提にした戦略こそが有効だという発想が用意されているからだ。ここが保守と革新の岐かれ道なのである。

いわゆる革新は宿命を無視し無きものとする。いかようにも変わりうることを前提にしている。つまり無限定の変革論だ。近年のことでいえば、グローバルスタンダードに沿って大胆に改革すれば、日本人がアングロサクソン人のようになりうるし、日本国がアメリカ合衆国のようになりうるというわけだ。システムを変えれば人間も変わると主張する。日本的組織原理も日本的労使関係も決して宿命的なものではなく、環境としての社会システムを変えれば変わりうると考える。この論理展開は、ソ連アカデミー推奨のミチューリン＝ルイセンコ説とそっくりなのである。驚くべき楽観論にして、驚くべき普遍主義。つまり文化と歴史に潜む固有性の無視だ。

それに対して本来の保守は、文化の固有性と土着性、歴史という物語の連続性を重視する。それらの条件を潔く引き受けることから始めようとする。すでに動かしがたい形で連続するものを宿命とするならば、その宿命を前提に戦略をたてる。いわば宿命の戦略によって未来を切り開こうとする。それこそが歴史という物語を生きることだと考える。革新が宿命を無きものと考えたがるのに対して保守はその宿命こそが歴史物語の連続性だと解釈する。革新が歴史という名の時空の桎梏を憎悪するのに対して、保守はその時空の桎梏（しっこく）を愛す。

歴史物語が成立する場所と時間、その制約とも桎梏ともいうべきものが、実は現実的にして具体的な可能性を用意している。いわば未来の可能性の胚胎する基盤なのである。革命的遺伝学としてのミチューリン・ルイセンコ説を社会学的に援用することは、その可能性の基盤を改革し破壊することだった。旧ソ連邦の農政の大失敗はよく知られているところだが、その原因のひとつが農作物の遺伝子的限界を無視したことにある。果実が胚胎する基盤を破壊したのである。

しかし、よくよく考えてみれば、このことは農政の失敗にとどまらない。ソ連邦の七十余年の歴史というものは、大々的規模で歴史的遺伝子としての社会基盤を破壊しつづけたことになる。一九九一年、ソ連邦が崩壊したとき、私は少年時代に出会って、いっときとはいえ魅入られたことのあるミチューリン・ルイセンコ説の社会的末期を見たのであった。この説がスターリン批判とともに埋葬されたというのは表明上のことであって、革命の旗を揚げつづける限り完全に棄てられるものではなかったはずなのである。つまり自然科学としての失敗は明らかだったが、社会科学的意味での失敗を認めるわけにはいかなかったということだ。だが、ついにそのときがきたのである。

ソ連邦崩壊という現実をそのレベルでとらえてみれば、歴史的与件としての社会基盤に向けられた革命的変革というものがいかに虚妄だったかということを確認しなければならない。それが一九九一年に起こったことの本質的な意味である。

新保守主義はイデオロギーか?

ところがどうだ。ソ連邦崩壊後にこの国で起こったことは、「根本的改革論」の大合唱だった。大本を抜くような改革というのは限りなく革命的改革に近いはずであり、このときこの国で起こった改革論が何を意味するのかを精神史の視座から問い直さねばならない。

一九八〇年代に米国と英国で新保守主義が勃興した。経済学でいえば新古典派経済学の興隆である。そして、その保守思想としての剛毅とエネルギーがソ連邦の崩壊を早めたともいえる。政治家としてその思想を体現したのがレーガン大統領とサッチャー英首相だった。二十世紀末に起こったこの大転換は「保守革命」という言葉によって語られることもあるが、ここは要注意だ。革命という言葉をつかうと、どうしても歴史的社会基盤の変革という意味がつきまとうからである。しかし、実際に米英両国で起こったことはアングロサクソン人の歴史に蓄積された独立不羈（ふき）の精神の復活だったのではないか。だとしたら、それは「復古革命」ないしは「維新」、すなわち「レストレーション」といわねばならない。言葉を換えていえば、アングロサクソン社会の自己発見、ルネサンス、自己確認である。

その米英両国で起こった「維新革命」なるものが真に成功したかどうかを語るにはもう少し時間が必要だろうが、われわれが注目せねばならないのはその結果ではなくその動機である。

マルクス・レーニン主義は普遍的イデオロギーとしてすべての国に適応可能なものとされてきたが、アングロサクソンが実践した保守主義による維新革命は本来、普遍的なイデオロギーとは異質のものだ。否、異次元のものというべきだろう。つまりその動機を学ぶことは可能としても、それ以上を学ぶことを拒否している思想といっていいのである。

日本の知識人の多くがこの重要な一点を誤認した。残念ながら保守派といわれる知識人の少なからざる部分も誤認したのである。ソ連邦を崩壊に追い込んだかに見える米英の新保守主義をイデオロギーとして受けとめてしまったといえるだろう。そこに九〇年代日本の悲喜劇が始まる。

かつて左翼がソ連の発信するイデオロギーで武装したように、少なからざる保守派がアメリカ発の改革論で武装した。規制緩和を中心とする抜本的改革論というのがそれであるが、その大合唱は明らかに保守思想の域を越えてしまった。抜本的にこの国を変えねばならないと主張しつづけることによって保守派が保守ではなくなったのだ。政党政治レベルでいえば、保守党が革命政党に変質したこととほぼ同じ意味をもつ。保守層の自民党離れ、無党派層の増大はその結果にほかならないのだが、思想レベルでいえば保守主義の全面的崩壊といって過言ではない。

日米経済構造協議における両国の規制緩和問題はあくまでも貿易上の技術的問題であって、もともと思想とは無縁のものだったはずだから、お互いの保守主義を再確認すればすむことだった。具体的にいえば連戦連勝だった日本側が輸出課徴金制度を実施すればよかったのだ。保守思想が最も重んずべき節度という徳目を実践してみせる絶好のチャンスだったのである。しかし日本の保守派はすでにその節度感覚を失っていた。そして数年にして局面が変わり、第二の敗戦、第二の被占領期を迎えるに到ったのである。

五十余年前の被占領期には「民主化」の大合唱をし、こんどの敗戦では「抜本的改革」を合唱する。前回のときには沈黙を強いられたとはいえ戦前育ちの保守層がいたが、今回の場合はその層がいない。人材における遺産はすでに払底している。その合唱を聞きながら私は戦後の一時期もてはやされたミチューリン＝ルイセンコ説を思い出したというわけだ。

恐るべきはこの保守不在という事態である。擬似保守がアングロサクソン流の保守革命に倣っているつもりでも、実際にやっていることは旧左翼がソ連邦に倣おうとしたことと同じ構造になってしまったということである。私が「宿命の戦略」などという過激な言葉をつかうのは、その保守不在という深刻な事態を重視するが故である。

「大化の改新は断乎たる革命」

和辻哲郎は「飛鳥寧楽時代の政治的理想(『日本精神史研究』)」のなかで「大化の改新は経済組織の上に行われた一つの断乎たる革命であった」と記している。大正十一年五月に執筆した論考である。この断固たる調子の文章に込めた和辻の危機感は何を物語っているのか。結論を一言に要約すれば、外来思想による革命論の高まりに対抗する復古革命宣言というべきものである。

一九一七年（大正六年）に起こったロシア革命と、それがわが国の知識人に与えた衝撃の大きさを想像すると、和辻があの決然たる文章に込めた思いの丈がわかる。ロシア革命から執筆までの約五年間にわが国で起こったことは単に社会主義思想の勃興というだけではない。第一次世界大戦に参戦して湧いた「大戦景気」はつかの間に沈み、シベリア出兵を契機に「コメ騒動」が全国に波及し、わが国の国際的地位を支えてきた日英同盟を破棄せざるをえなくなる。成功体験から奈落の底に落ちていくその過程が今日のわが国の状況と似ているともいえる。

いずれにしても大正デモクラシーと社会主義思想の勃興する只中にあって、和辻が大化の改新を「断乎たる革命」であったと断言したことは、ロシア革命の影響力に対抗して復古革命、維新革命を擁護したことになる。そのとき和辻がいちばん留意したことは大化の改新がシナの模倣ないしはその影響下に起こったのではないかという解釈だった。

「我々は現代においてもそのままに通用するごとき『十七条憲法』の光輝ある道徳的訓戒を、単にシナの模倣とする歴史家の解釈に同ずることができない。そこに現われた思想は普遍妥当的なものであって、それを理解したものの何人もが心から共鳴し、その実現に努力せざるを得ないものである。かかる思想をシナから教わり、それを理解し、強き道徳的情熱をもってその実現に努力することは、『シナの模倣』と呼ばるべきものであろうか。『キリストの模倣』というごとき用語例に従えばそれは『孔子の模倣』『ブッダの模倣』などとは呼ばれてもよい。しかし内より必然性をもって出たものでないという意味の模倣ではあり得ないであろう」。

この文章の調子は今日の学問的成果からいえば控え目といっていいほどに慎重だ。しかしながら「そこに現われた思想は普遍妥当的なものであって、それを理解したものの何人もが心から共鳴し、その実現に努力せざるを得ないものである」という一行は、固有性の中に潜む普遍性を見据えている。この思いがのちの『風土――人間学的考察』

につながるわけだが、このことは何事につけてもその影響関係を過剰に意識して系統図をつくりたがる歴史観に対する懐疑を意味している。その系統図が近代西洋を頂点とする発展史観にもとづいていることはいうまでもない。白山と平等を語ればフランス革命の影響というようなものである。

フランス革命といえば、ジャン・ボードリヤールが革命二百年を前にして『宿命の戦略』という一書をものしている。私はその直後に新聞記者として彼にインタビューする機会を得た。カルチェラタンの古色蒼然たるマンションで、彼は自由というものの限界と空しさを語り、歴史的与件としての宿命にもとづく戦略こそが有効なのだと熱っぽく語った。当時フランスでは革命神話を批判する言説が数多く出たのだが、そのこととソ連邦の衰退と崩壊とが密接に連動していたことはいうまでもない。ついでにいうと、そのとき私はソ連邦の崩壊を予言したことで一躍時の人になったH・カレール・ダンコース女史にもインタビューしている。

和辻は大化の改新を語るに際して「創造」性ということを次のような文脈で表現している。

「しかしながら推古時代における政治的理想はなお十分に実現の力を伴わなかった。それは大化の改新においてきわめて現実的な実現の努力となって現われ、天武朝より天平時代へかけて現実的と理想的との渾融せる実現の努力となって現われたのである。すなわち大化の改新においては主として社会的経済的制度の革新として、天武朝より天平時代へかけては精神的文化の力強い創造として」

いうまでもないことだが「推古時代における政治的理想」とは厩戸皇子（聖徳太子）の「十七条憲法」のことである。それから天平時代にいたる百二十余年間の努力に和辻は「力強い創造」性を読み取っている。その長い年月の産みの苦しみを思いつつ「模倣」などといわせてなるものかというのである。

宿命の戦略―自己再発見

さて、ここで問題になるのはアングロサクソン人が自由の原理を回復せよとする新保守主義にもとづく復古革命と、わが国の歴史が出会えるのかどうかである。アングロサクソンの歴史において大土地所有と自由の関係は切っても切れない関係にある。ところが大化の改新の理想は「公地・公民」にあった。近代的な言葉を当てはめれば国家社会主義同然ということになる。もちろん和辻もそのことに気づいているのだが、当時の和辻の仮想敵がソ連型社会主義にあったのだから「公地・公民」の制は強力な武器たりえた。すでにわが国は革命を経験しているのだと言い張ることも可能だった。

逆説的にいえば、今日のわれわれが取り入れようとしているアングロサクソン流の復古革命は、ロシア革命以上に厄介な問題を含んでいるとさえいえるのである。わが国の歴史に照らして未経験領域への突入に等しいからだ。江戸時代の成熟経済における豪商・豪農と貧農の関係に所得格差のアナロジーを読み取ることができたとしても、富の蓄積が権力と名誉に直結しなかったという意味でアングロサクソンの歴史とはまるで異なる。士農工商の身分社会は富と権力の関係を完璧なまでに切り離したし、土地所有と権力の関係も幕藩体制の確立と兵農分離で完全に切断されている。

かつて松江市に遊んだとき、松江城下にある松江藩の家老の家を見て、その質素さに粛然たる思いをいだいたことがある。もしイギリスの貴族か然るべき階層の人がこれを見たら、士分の禁欲を見のがして、幕末の日本経済総体の貧しさを見るだろう。そしてその人がその足で京都の二条城を見たら何というであろうか。日本人における「公」の大きさに義憤をもらすかもしれない。

アメリカ人がその双方を見たら何というか。財力と権力の結合をほぼ完璧に一致させた彼らにしてみると、日本社会というものの首尾一貫性の無さを言い立てたくなるに違いない。

もう一つ連想するとしたら古代のローマ人だ。あのカラカラ浴場をつくった時代のローマの貴族たちは立派な私邸を建てることにはさしたる関心を示さず、「公共」の建造物を豪勢にすることをもって無上のよろこびにしたといわれる。彼らならば家老の家と二条城の落差を理解するかもしれない。

今日の抜本的改革論者たちが「自由」と「自己責任」の旗を振りつつ目ざす社会が何であるかを、彼ら自身は明示していないが、それが鋭角的なピラミッド社会の形成に資していることは否定しがたい。国民はそのことを直感しつつ、未経験領域に突入することに不安をいだくのである。今日の国民全体の自信喪失の真因がそこにある。政治家がそのことに気づかないからますます政治不信と政党離れが起こる。だからといって国民が社会主義を求めているのではないことだけは明白だ。

日本人が肇国の太古から試みてきた国づくりの精神史をいまこそ再点検せねばならない。それが国づくりにおける「宿命の戦略」というものだ。個人のレベルでいえば「他人」になろうとすることではなく、「自分」を再発見することである。さいわいこの国には長い歴史がある。異民族の支配を受けて、その精神史の流れを切断されたこともない。だから駄目だというのは、異民族支配の恐ろしさを知らぬ者の妄言というものだ。

第一部　醍醐帝とその時代

第一章　敵國降伏

醍醐帝の予見

筥崎宮の楼門上に「敵國降伏」という巨大な額が掲げられている。門というより楼閣に近いから楼門といわれるのだが、その高い廂の下、畳一畳ほどの大きさの額縁の中に「敵國降伏」という金粉の文字が、端正な書体で書かれている。それ故にこの楼門は「伏敵門」ともいわれる。

九州は博多の海辺、楼門も本殿も西方を望むように建てられている。古地図によると、筥崎宮の一の鳥井のところが波うちぎわである。つまり東シナ海に向かって「敵國降伏」といっている。すぐに思い出されるのは蒙古襲来の故事である。『筥崎宮文化叢書』によると、「現在掲げられているのは、元寇の折、身を捨てて国難に代わろうとお祈りになった亀山上皇が御書きになった御宸翰（御親筆）三十七枚のうち一枚を、桃山時代に模写拡大したもので、昔から筥崎宮の象徴とされてきました」とある。

文永の役は文永十一年（一二七四）。弘安の役は弘安四年（一二八一）であるから、時の天皇は後宇多（在位一二七四年―八六年）、院が亀山上皇、将軍は北条時宗だった。この未曾有の国難に際会して、上皇が祈りを込めて「敵國降伏」という四文字を三十七枚もお書きになられたというのであるが、上皇は魂をこめてこの四文字を書くことによって戦かわれたのだと推察できる。武器を執っての戦いと、言霊を籠めての戦いがあるということだろう。

文永の役においては、蒙古・高麗の連合軍が相当数、博多湾に上陸したのであるから、筥崎宮の境内も、お潮井浜も血に染ったに相違ない。この経験からして、亀山上皇の宸筆が楼門上に掲げられたという故事には痛切なものがある。

ところが興味深いことに、同文化叢書によると、「敵國降伏」という言葉を最初に勅願奉納されたのは醍醐天皇であるとされている。醍醐天皇の存在は、蒙古襲来よりはるか以前のはずだが、この伝承にはいかなる意味があるのか。ちなみに醍醐天皇の在位は寛平九年（八九七）から延長八年（九三〇）であるから、蒙古襲来よりも三百数十年前である。この時代のへだたりをどう解釈したらいいのか。同叢書にはこう書かれている。「筥崎宮の楼門高く「敵國降伏」の額が掲げられています。この言葉は遠い平安時代、筥崎宮が創建された当時、醍醐天皇が勅願奉納されて以来、歴代の天皇さまがしばしば奉納されて来たと伝えられています」と。つまり創建当初から仮想の敵国があったと解釈せねばならない。

玄界難と東シナ海を望見する形で建てられているのであるから、当然、仮想の敵は朝鮮半島とシナ大陸からやってくると想定されていたことだろう。それに加えて、筥崎宮は古来、筥崎八幡宮とも称されているのであるから武運の神さまである。宇佐八幡、石清水八幡とともに、わが国における三大八幡宮だったのであるから「敵國降伏」の敵は海の彼方からやってくると解釈せねばならない。

だとすると、「白村江の戦い」（六六三年）という苦い歴史を思い出しつつ醍醐天皇は「敵國降伏」という四文字を墨書したのではないか。そういう可能性を否定することはできないが、このときの主戦場は朝鮮半島だった。半島を南下する唐と高句麗の連合軍に対抗するために、わが国は百済に援軍を派遣して大帝国の唐と戦ったわけであるが一敗地にまみれた。このときからわが国が玄界灘の守りを固めたこと、そのために武運長久の祈りをこめて筥崎八幡宮を創建したのではないか。ご祭神は応神天皇（諱《いみな》は誉田別尊《ほんだわけのみこと》）、神功皇后《じんぐうこうごう》、玉依姫命《たまよりひめのみこと》（神武天皇の母君にして海の神さま）である。

醍醐天皇は、白江村の戦いという故事を回顧しつつ、これからもありうる半島や大陸との緊張関係を想像しつつ「敵國降伏」という宸筆を筥崎宮に下賜されたのではないか。その予感が三百数十年後に蒙古襲来（元寇）というかたちで現実のものになった。醍醐帝の不安、最悪の予感が的中してしまったといえる。

　文永の役のときは、一部の蒙古軍が上陸したために地上戦となり、そのとき筥崎宮の社殿を消失したのであるが、弘安の役のときは蒙古軍の上陸を許さなかった。そのうえに神風がふいた。「敵國降伏」とまではいかなかったが、敵軍を退散させることができた。

継続される歴史意志

　両元寇の役（一二七四年と一二八一年）のときの帝は後宇多天皇（第九十一代）であるが、その諱の由来するところの宇多天皇は、遣唐使を廃止したこと、この歴史的決断を下したことで有名である。第一回の遣唐使派遣が西暦六三〇年であるから、二百六十四年の長きにわたった歴史の大転換である。このことの歴史的意味はまことに大きいといわねばならないが、そのことはのちにゆっくり考えるとして、ここでは文化ナショナリズムの高揚の一言にとどめておこう。

　後宇多天皇という諱は、シナ大陸に出現した大帝国元の侵略からわが国を護（まも）ったこと、もし遣唐使廃止という宇多天皇の大英断がなかったら、シナ文化人への憧憬から元軍を迎え入れようという一群の人士が表れたのかもしれない。その危険性は熱狂的な儒学者と国家の危機についての想定問答のひとつだった。その危険性をゼロと断定することは難しかろう。

唐帝国の混乱と滅亡

宇多天皇が即位されたころ、大帝国唐の衰退と混乱はすでに始まっていた。西暦で示せば、即位されたのが八八七年であり、遣唐使の廃止を決断されたのが八九四年である。このころすでに唐は乱れに乱れていた。いわゆる「黄巣の乱」によって帝国の秩序は崩壊しつつあった。その乱の張本人の黄巣が殺されて乱はいったん収まったかに見えたが、帝国の衰退はとどめようがなく、朱全忠が唐を滅ぼして後梁の国を建てたのが九〇七年であった。つまり宇多天皇が遣唐使を廃止(八九四年)したあと、わずか十三年で大帝国の唐が完全に崩壊、姿を消したことになる。これを明察といわずして何というか。その決断のときに、菅原道真(みちざね)の建議が大いに役立っていたということは後に述べるとして、ここでは宇多天皇の大英断をたたえておきたい。

大帝国が崩壊するとき、周辺諸国はその余波がおよばぬように注意せねばならない。わが国にだって「黄巣の乱」の真似事をしでかす人物が現われるかもしれないし、朱全忠を気取った人物が現われるかもしれない。大帝国崩壊によって起こりうるすべての可能性を予測しておかねばならない。外交政策も大事だが、こういうときこそ内政をかためねばならない。その外交内政の両面にわたる大任をになったのが、ほかならぬ醍醐天皇だったのである。

以上のことを踏まえてみると、筥崎宮と醍醐天皇のえにしの深さが理解できる。してみると醍醐帝は、唐の衰退、混乱、滅亡の全過程を、その同時代を生きた帝として、大陸の混乱、興亡の余波がわが国に及ぶことを恐れた。つよい警戒感をいだいた。そのような緊張感のただなかを生きた醍醐帝は、内政においてはシナ文明からの離脱、文化ナショナリズムの発揚を考え、外交においては海の守りを固めることを第一としたに相違ないのである。

その内政における文化ナショナリズムの大輪の華が、わが国における初の勅撰和歌集としての『古今和歌集』の完成である。外政においては唐の衰亡と混乱の余波を排除するための半鎖国状態といってよいのではないか。唐の明白たる滅亡が西暦九〇七年であるから、遣唐使廃止の八九四年から数えて十三年のちのことになる。みごとの外交的決断といわねばならない。したがって唐の滅亡直後のわが国にとっての外敵はもっぱら大帝国崩壊の余波がわが国に及ばないよう海防を固めることだったはずである。

そのようにしてわが国の安泰を念じている醍醐帝の脳裏に、ある日、突然「敵國降伏」という四文字が浮かんだとて不思議はない。帝の高貴にして剛毅なるご気性から、この四文字は、やはりこの帝にふさわしい。

そのように考えると、筥崎宮文化叢書の一文、すなわち「敵國降伏」という言葉は、遠い平安時代に筥崎宮が創建された当時に醍醐天皇が勅願奉納されて以来、歴代の天皇さまがしばしば奉納されてきた。という文意がよく理解できる。現在、楼門上に掲げられている「敵國降伏」は亀山上皇の御宸翰の拡大されたものであり、これは明らかに蒙古襲来という国難とつながっている。ということはこの国難よりも三百数十年以上前から、つまり醍醐帝が創建された筥崎宮に勅願奉納して、大帝国唐の崩壊の余波がわが国に及ばぬように祈ったときから「敵國降伏」という願文があったことになる。そして、ここにこそ醍醐帝の外政の核心があったと思われる。

ならば、その意味するところは何か。単なる武断主義というものではないだろう。

頼山陽の解釈

時代はくだって江戸時代末の儒学者・頼山陽（らいさんよう）が文政元年（一八一八）四月、博多にやってきて、地元の儒学者・亀井昭陽（しょうよう）の案内で筥崎宮を参拝した。そのときの山陽のようすを『筥崎宮文化叢書』は次のように伝えている。

さて、そびえ立つ楼門に掲げられた「敵國降伏」の額をふり仰いだ山陽は、ふと或る疑念にとらえられて昭陽を振り返り、こう問いかけた。

「これは『敵國降伏』ではなく『降伏敵國』でなければ文の意味が通じないのではないでしょうか」。

なるほど、敵国降伏させるという意味であれば、漢文の語法上『降伏（セシム）敵國（ヲ）』となり、降伏が敵国の上に来なければなりません。山陽にこう聞かれた昭陽は、即座に、「それはご神託（神さまのお告げ）なのです。あれこれと議論すべきことではないと思います」と答えました。流石に当代を代表する二人のすぐれた儒学者、打てばひびくやりとりと言えましょうが、残念ながら、それではやはり山陽の疑問を解くことは出来なかったのではないでしょうか。

時代は下って明治になり、論客として全国に雄名をとどろかした福本日南が、その代表的作品『筑前志』において山陽と昭陽の対話をとりあげて次のように論じた。

「『敵國降伏』と『降伏敵國』とは自他の別あり。敵国の降伏するは徳に由る、王者の業なり。敵国を降伏するは力に由る、覇者の事なり。『敵國降伏』而る後、始めて神威の赫々（かくかく）、王者の蕩々（とうとう）を看る（み）」

敵国が降伏するという場合の降伏は自動詞、敵国が自から降伏するという意味になりますが、敵国を降伏させるという場合の降伏はいうまでもなく他動詞、敵国を武力でねじ伏せるという意味になるのです。従って「降伏敵國」というのは、武力で天下を統一するという、所謂「覇者」の表現なのです。ところが「敵國降伏」というのは敵国が我が国のすぐれた徳の力によって、おのずから靡(なび)き、統一されるという「王　道」の表現に外ならない。ここにこそ日本のすぐれた国柄が見事に示されている。

江戸期を代表する漢学者もここではかたなしである。そもそも醍醐天皇の時代、政治的文書はすべて漢文であるから、「敵國降伏」か「降伏敵國」かの語法上の差異を知らぬわけはないだろう。むしろ推論すべきは、国粋的ナショナリストたる醍醐帝にあっては、あえて漢文付語法を無視しただろうということである。同叢書のそのさきにある次の文章は、歴代天皇が脈々と引き継いできた真実を示唆している。

このように考えてきますと、すぐ思い出しますのは次の有名な明治天皇の御製です。

おのづから仇のこころも靡くまで誠の道をふめや國民(くにたみ)

この御製は日露戦争のころおよみになったお歌ですが、国運をかけて戦われたあの戦争のただ中で、武力ではなく、人間のまごころによって敵国の人の心がこちらに靡くように真実の道を歩めとおさとしになった明治天皇の大御心の潔さにはただただ心うたれます。しかしこのお歌に示されたご精神は、いま申し上げた「敵國降伏」にこめられたご精神と全く同一ではないか。すなわちこのお歌に示されたもの、それは明治天皇だけではない、歴代の天皇さまに一貫してうけつがれた精神そのものであり、それを明らかに示しているのが、他ならぬ、この「敵國降伏」の四文字だったのです。

醍醐天皇が筥崎宮に勅願奉納された四文字が歴代天皇にひきつがれ、元寇のときの亀山上皇を経て明治天皇、昭和天皇にいたるということ、これこそが「言霊の幸ふ国」ということだろう。

平成二十二年の福岡憂国忌の会場が筥崎宮の参集殿だったおかげで、私は初めて昇殿参拝する機会を得た。そのとき私は三島由紀夫が『古今和歌集』を高く評価していたことを思い出し、この勅撰和歌集の主宰者がほかならぬ醍醐天皇であり、この帝がはじめて「敵國降伏」の四文字を筥崎宮に奉納されたということであるから、私は常ならぬ興奮を覚えて演壇にのぼったのであった。

三島は『古今和歌集』を日本語における修辞学上の完成度の高さにおいて評価しているのであるが、醍醐天皇の治世については一言もふれていない。けれども「遣唐使廃止」を決断された宇多天皇の大英断と、その英断のあとを引き受けた醍醐天皇の国風文化の発揚という政治姿勢をぬきにして『古今和歌集』を考えることは不可能だろう。そもそも「仮名序」の存在が醍醐帝の国策と無縁なはずがないのである。

三島が『日本文学小史』というタイトルで通史を書き、そこで『古今和歌集』を最高位に位置づけたのであるが、もしあの義挙がなくて再び文学史を執筆するチャンスがめぐってくれば、必ずや醍醐帝の国策としての文化ナショナリズムを語ることになるだろう、そう思いながら私はいまこの文章を書いている。くりかえすが、宇多帝の大英断としての遣唐使廃止と、それを引き継いだ醍醐帝の国策としての文化ナショナリズムあってこその『古今和歌集』だと私は確信している。あの「敵國降伏」の四文字も、自国文化についての確信がなければ思い及ぶものではない。

醍醐天皇と「延喜の聖代」

正確を期すために順を追って年表風に記す。

寛平五年（八九三）敦仁（あつぎみ）親王、御年九歳にして皇太子に。

寛平六年（八九四）宇多天皇、菅原道真の建議をいれて遣唐使を廃止す。

寛平九年（八九七）宇多天皇、譲位にあたり新帝に「寛平の御遺誡（ごゆいかい）」を与える。即位の新帝御歳十三。

昌泰二年（八九九）宇多上皇剃髪し法皇に、この年初に藤原時平が左大臣に、菅原道真が右大臣になる。新体制の布陣といえる。

延喜元年（九〇一）道真、突然に大宰権帥に左遷される。藤原時平ら『日本三代実録』を撰上す。

延喜三年（九〇三）菅原道真死す。享年五十九。

延喜四年（九〇四）宇田法皇、仁和寺に御室を造営す。この年に醍醐帝は二十歳になる。

延喜五年（九〇五）紀貫之ら『古今和歌集』を撰進す。時平ら『延喜式』の編纂を開始す。

解せない謎はやはり道真の突然の左遷と、その二年後の死であるが、そのことは後に考えることにしよう。道真に関しては延長元年（九二三）に「故菅原道真を本宮右大臣に復し、正二位を追贈する」とある。と同時にこの年に「筑前筥先宮を造営」とあるから、あの「敵國降伏」の宸翰も、そのときに勅願奉納されたのであろう。

さて、ここで推論しておきたいのは、遣唐使の廃止で起こったであろう「シナ派と国内派」ないしは「唐派と皇道派」の対立である。この遺唐使廃止の断は当然、ときの帝である宇多天皇の御聖断ではあるが、このご聖断に最も力あったのが道真の建議であったことは広く知られていた。このことをもう少し詳しくいうと次のようになる。

寛平六年(八九四)八月、参議菅原道真は遣唐大使に、左少辨紀長谷雄(さしょうべんきのはせお)が副使に任ぜられ、出発の準備が進められていたのだが、当時、唐朝に派遣されていた僧・中瓘(ちゅうかん)が唐から書を寄せて、遣外使節の不必要を説いた。すでに当時の唐は内乱につぐ内乱で帝国の体を成していないことを、唐朝の事情に精通していた道真は知っていた。そこに中瓘の書が届けられた。そこで道真は奏状をたてまつり、「大唐凋落の折、非常なる行路、難を冒してまで入唐する事の無益なる事」を進言したのである。この道真の進言により遣唐使発遣の沙汰は中止になり、以後、復活することはなかった。

その大帝国唐が滅亡したのは九〇七年(延喜七年)であるから、宇多天皇が遣唐使中止の聖断(寛平六年=八九四年)を下してからわずかに十五年目のことである。道真らの国際情勢に関する判断は正しかった。

そしてまた、最も大事なことは、遣唐使廃止後に勃興した文化ナショナリズムの華というべき『古今和歌集』の編纂なって二年後に、シナ大陸の大帝国が瓦解したのである。だが残念なことに、その崩壊を予感しつつ廃止を進言した菅原道真は、唐滅亡の三年前に世を去っている。

その時、醍醐帝は二十三歳、即位して十年、宇多上皇が剃髪して法皇になられて八年、のちに「延喜の聖代」ともいわれる天皇親政の時代となる。「延喜・延長の聖代」ともいわれるので、その時代を西暦で示せば、九〇一年(延喜元年)から延長年間の終わる九三〇年、すなわち醍醐上皇崩壊の年まで三十年間のことである。

昭和維新運動と醍醐天皇

時代は下って昭和五年（一九三〇）。この年が「醍醐天皇一千年御忌」にあたり、京都の醍醐寺はじめゆかりの地において聖忌が営まれた。

昭和五年といえば、その前年十月二十四日、「暗黒の木曜日」ともいわれるニューヨーク株式の大暴落に始まる世界大恐慌が起こった直後のこと、わが国の経済も壊滅的被害を受けていた。ロンドンで開かれた海軍の軍縮会議においては英米両国による日本封じ込め工作が着々と進められていた。日英同盟はすでに解消されており、西洋列強の対日政策は年々厳しさを増していた。そしてシナ大陸においては日本人大量虐殺というべき済南事件が起こり、国民党政府（蔣介石政権）との関係も最悪の状態になりつつあった。そのようなときに「醍醐天皇一千年御忌」の大法要が営まれたのである。

いわゆる「昭和維新運動」と称される世直し運動においては、「君側の奸を討つ」という言葉が重い意味をもっていた。君側の奸たちによって「大御心が隠されてしまった」という認識に立てば、まずもって君側の奸を討ち、大御心を救出し、その大御心があまねく国民におよぶようにせねばならない。つまり「天皇親政」という理想の国体を回復させねばならない。このような考え方が、皇道派の青年将校たちを動かしていた。

明治維新以降の外来の政治思想なかんずく西洋輸入の政治学と経済学に対しても深い懐疑をいだくようになった。大恐慌がその懐疑に火をつけたといっていいだろう。一言でいえば「近代の超克」である。範としてきた「近代西洋文明」が超越・超克の対象になってしまったということだ。近代思想がもたらした合理主義も人命尊重ヒューマニズムも個人主義もさしたる思想ではないことを、青年将校たちは見抜いてしまったのだ。

ロシア革命は一九一七年（大正六年）のことであり、マルクスの『資本論』（高畠素之訳）が大正九年に飜訳刊行されているが、その同じ年に権藤成卿の『皇民自治本義』が刊行されていることを忘れてはならない。ちなみにいえば北一輝の『日本改造法案大綱』の刊行は大正十二年であり、蓑田胸喜（みのだむねき）と三井甲之（こうし）らが「原理日本社」を結成したのは大正十四年である。近代ないしは西欧近代思想に対する根本的懐疑はすでに大正時代に始まっていたのである。

そのような背景があって昭和五年の一千年忌に醍醐帝の御代が、天皇親政による理想の時代としてよみがえったのである。ときの首相・浜口雄幸が東京駅で狙撃されて重傷を負ったのはこの年の十一月十四日だった。いかなる思想的背景があってのことか判然としないが、昭和維新運動の激動がこのときから始まるといっていいのではないか。

翌昭和六年十月には錦旗革命事件といわれる軍部内閣樹立のクーデター計画が発覚する。このころ東北と北海道においては冷害による凶作で娘の身売りが跡を絶たず、家族離散の悲劇が続出し、大きな社会問題になっている。そのたびに政党政治の無力が叫ばれ、青年将校たちの世直しへの期待が高まった。

昭和七年(一九三二)に起こった事件を列記する。二月九日、元大蔵大臣の井上準之助が血盟団々員に射殺される。三月五日、三井財閥総帥団琢磨が同血盟団々員に射殺される。同十一日、両事件を起こした血盟団の盟主である井上日召が自首する。

同年五月十五日、陸海軍の青年将校らが首相官邸等を襲撃し犬養毅首相を射殺する。いわゆる「五・一五事件」であるが、裁判が始まるや、たちまち七万通を超える減刑嘆願書が寄せられ、なかに血書血判のもの多く、自分の小指を切断して封書に入れる者もいた。君側の奸を討ったことに対する感謝と激励である。

このような事件を契機に「国体明徴運動」が起こり、昭和十年二月二十三日、衆議院が国体明徴決議案を可決するに至った。同年十月十五日には政府が「天皇機関説はわが国体に反する」という声明を出すまでになった。天皇機関説を否定するのであれば、理論的必然として「天皇親政」という理想を高く掲げねばならないことになる。

昭和十一年(一九三六)二月二十六日に起こった「二・二六事件」は皇道派の青年将校と近衛師団の兵士ら一千四百余名の兵が決起し、内大臣・斎藤実、大蔵大臣・高橋是清、教育総監・渡辺錠太郎を殺害して国家改造を迫った。国家観でいえば皇道派と統制派の対決である。決起した皇道派の将校たちは、「至誠天聴に達する」ことを信じて天皇のお言葉を待ったのであるが、昭和天皇は、股肱(ここう)の臣を殺害したとお怒りになり、決起した将校たちを「逆賊」と仰せられた。

「至誠天聴に達せず」を知って何人かの将校が自決し、他の将兵は帰順して事件は収束したのである。この事件は結局のところ、天皇親政という政治思想の不可能性を証明したようにも思えるのだが、結論を急ぐわけにはいかない。大東亜戦争においてはすべての国民が「天皇陛下万歳」といって死を覚悟したのであるから。そして敗北し「被占領期」にあっても天皇と国民は一体だったのであるから。

戦前と戦後を含めて、昭和史を振り返ると、そして平成の御代の政界、財界の堕落ぶりを見るにつけ、「などてすめろぎはひととなりたまいし」(三島由紀夫が『英霊の聲』でくりかえした言葉)と思わずにはいられない。この思いが、この小論の動機である。

いま醍醐帝を偲ぶ意味

いま私の手許に『醍醐天皇御事略』と題する冊子がある。昭和三年十二月五日発行、昭和五年四月五日、四版とあり、発行所は醍醐天皇一千年御遠忌事務局とある。著者は京都帝国大学助教授中村直勝氏である。その発行年が示すように、また遠忌が昭和五年であるのだから、関係者はみな「五・一五事件」も「二・二六事件」も知らない。しかしながら当時の国民の多くが、天皇親政を待ち望んでいるということを直感していたことは疑いようがない。その洞察力とでもいうものが文章の力強さになって表われている。遣唐使発遣が沙汰やみになった理由を述べたところで次のような文章を記している。

この遣唐使中止の議は頗る注目に価するものであって、支那文化心酔の当時の我が国文明が、ために唐朝と絶縁し、その結果、文化の独立を来す事となるのである。延喜聖代が後世より追慕せられ、記念さるゝ一大理由は、其の時代に唐文化より脱却して我が国独特の文化が生まれた点にあると言はねばならぬ。而してもし果たして如斯く言ひ得るとすれば、その理由の一が遣唐使廃止にある事言ふまでもなく、従って寛平御代また決して軽視さるべきでない事が、自ら明かであらうと思ふ。

これ私がこの小篇の最初に於て、寛平法皇並びに菅原道真を説いた所以である。

（中村直勝著『醍醐天皇御事略』）

ここで「寛平法皇」という表記をしているのは、宇多上皇が東大寺で受戒して法皇になられたからである。ところで宇多天皇が敦仁親王に御位を譲位されたとき、親王が十三歳だったことはさきに述べたが、この譲位を早すぎると案ずるかどうか。早くに譲位して、先帝が上皇になられることによって摂政・関白を廃すること、それが宇多天皇の摂関政治に対する先制攻撃だったと解釈せねばならないだろう。親政に近いことを政治の理想とするかぎり、そのための策を講じなければならない。その第一手が早目の譲位だったのではないか。

宇多天皇寛平五年四月御年僅かに九歳にして皇太子に立ち給ひ、同九年七月三日宝算御十三のとき父帝の禅を受けて九五の尊位に居り給う事になつた。天皇は御幼少の頃から頗る英明聡智にましましたので、御父帝も深く御望を嘱し給ひ。御退位と同時に、大納言兼左近衛大将である藤原時平と、権大納言兼右近衛大将である菅原道真の二人をして政事を参決せしめて、新帝を輔佐せしめられたのである。やがて時平は左大臣となり。道真は右大臣に登つて聖天子輔弼の任に当る事になつたのである。而して此時、新帝に給はりたる宇多帝の御遺誡は、彼の有名な「寛平御遺誡」で、諸司諸家より申出づる李禄月禄の事から、斎宮（さいぐう）の事、近衛将監の叙位以下に関して何くれとなく。政道の要諦を御垂教になったもので、父帝の御心遣の並々でないのに、持するものをして恐惟措く能はざらしめるものがある。

（中村直勝著『醍醐天皇御事略』）

ここに記されていることは、ぎりぎりの天皇親政というべきだろう。つまり天皇、上皇、左大臣、右大臣、この簡潔な政治体制で国を治めるという理想が語られている。摂政もいらぬ。関白もいらぬと言っているのである。

宇多天皇は自分が思い描いた理想の政治を実行するために、早い譲位を決断された。そして「君側の奸」になりうる要素を可能な限り排除した。その意味において宇多天皇の政治観はまさしく「天皇親政」だったといえるし、その政治哲学を引き継いで永きにわたって実践した醍醐天皇も御立派の一語に尽きる。

一千年の歳月が流れて、昭和維新運動の志士たちが「宇多・醍醐の聖代」をよみがえらせようとした。そこには古代も中世も近代もない。天皇親政という理想があるだけである。そして、その理想は外来のものではなく、国史自体がはぐくんだものだった。その政治的理想を、外来思想で傷ついた戦前昭和の日本人が再発見したのである。

戦後の日本人は、かっての日本人がシナ文化に憧憬したようにアメリカ文明に憧れて、いま失敗しつつある。その危機感を深めながら、現代と宇多・醍醐の時代を往還したいと思うのである。

第二章　遣唐使廃止

宇多天皇の決断

宇多天皇が、遣唐使を廃止すると決断されたのは寛平六年（八九四）のことである。そのとき、敦仁親王は御年十歳。その前の年に立太子したばかりだった。つまり醍醐天皇は皇太子になられた直後に、わが国の外交史上の最重要の転換点に立たされたのである。そしてその三年後に、宇多天皇の譲位によって、敦仁親王が醍醐天皇となられ、先帝は剃髪して法皇になられた。

ここで注目せねばならないことは、この早すぎる譲位のことである。なぜ、これほどに急いだのか。その理由は何だったのか。ことによると、遣唐使廃止という歴史的決断がこの早すぎる譲位とつながっているかもしれない。これが私のかねてからの疑問である。

宇多天皇が即位されたのは二十歳。先帝陛下の光孝（こうこう）天皇の第七皇子として生まれ、諱を定省（さだみ）という。いったん臣籍に下って源氏の姓を賜ったが、光孝天皇の発病にともない、当代きっての実力者で関白の藤原基経（もとつね）が親王に復帰させ、皇太子に立て、光孝天皇の崩御にともない、仁和三年（八八七）に即位した。その直後にいわゆる「阿衡（あこう）の紛議」が起こり、朝廷内の権力闘争を呈したのであるが、関白・基経の死後（寛平三年・八九一）は天皇みずからが綱紀の粛正、民政の安定など一連の政治改革に取り組み、天皇親政の観を呈するようになった。このことが後に「寛平の治」として高く評価されることになる。

基経の死後、関白を置かなかったこと、この制度改革が、摂関政治の終焉を告げるものであり、天皇親政への第一歩だったのである。この摂関政治の廃止は当然、名門貴族たちの反発をまねいたことだろう。加えて宇多天皇は非名門の菅原道真を登用し、当時最重要の外交案件だった遣唐使派遣についても道真の建議によって廃止に踏み切ったとされているのであるが、この件は慎重に検討せねばならない。なぜならば、ことが重大決定であるだけに、のちのちに起こるであろう責任論において、あらかじめ天皇の責任を封じておかねばならないから、ことさらに「道真の建議」を強調している可能性もある。

宇多天皇の文化事業で特筆すべきは、寛平四年（八九二）源能有（みなもとのよしあり）、藤原時平、菅原道真らが編纂にあたった『日本三代実録』、すなわち清和天皇、陽成天皇、光孝天皇三代の実録を開始したことである。全五十巻として完成したのは延喜元年（九〇一）醍醐天皇の御代であるが、この撰勅を出された宇多天皇の胸中には、わが国の国体についての深い思いがあったに相違ない。ちなみに、同じく寛平四年に『類聚国史』が菅原道真によって撰上されている。国史の確認は国体意識の高揚とつながっているだろう。

宇多天皇は政治体制としては摂関政治を否定し、文化事業としては国史と国体の再確認を重視したといえる。だとすると、寛平六年（八九四）の遣唐使廃止の決定は、通説になっている財政上の理由によるというよりも、国風文化高揚という精神の必然だったのではないか。

このことはあとでじっくり考えるとして、いまここで指摘しておきたいことのひとつは宇多天皇の早すぎる譲位である。なぜかくも急いだのか。二十歳で即位し、在位十年にして退位とはいかにも短い。敦仁親王はまだ十二歳である。

私が早すぎる譲位というのは、単純な在位期間の長短をいうのではない。その政治的情熱、その改革への意欲などとの関係において短すぎるといいたいのである。ちなみに在位の年数を列記すると、光孝天皇（第五十八代）三年、陽成天皇（第五十七代）八年、清和天皇（第五十六代）十八年、文徳天皇（第五十五代）八年。十年を超えているのは清和帝だけであるから、慣例に従ったまでという理屈も成立するが、摂関政治に終止符を打ち、かつ二百年以上つづいた遣唐使を廃止するというように内政、外政の両面において大改革を断行した天皇、つまり慣例を打破した天皇にふさわしくない、ということを強調しておきたい。

宇多帝は遣唐使を廃止（八九四）した三年後（八九七）に譲位を決意し、十三歳の新帝に『寛平御遺誡』を与え、その二年後に剃髪して法皇になられた。法皇になられる直前に藤原時平を左大臣に、菅原道真を右大臣に任命し、幼い醍醐帝を支える体制を整えてはいる。

ここで想像しておかねばならないことのひとつは、当時のわが国の知識人のあいだに、依然として〝親唐派〟ともいうべき勢力が強かっただろうということである。その親唐派はいわば当時の〝国際派〟でもある。この親唐派＝国際派に対して、国粋派＝国内派があったはずである。そのような構図は、いかなる時代においてもありうることであり、今日でいえば親米派と離米派ないしは国粋派があり、親中派と反中派があるようなもので、それはほとんど精神の必然のようなものだろう。

したがって、遣唐使を派遣するか、中止にするかをめぐって対立、抗争が起こるのは必定である。目に見えるような対立抗争のあるなしにかかわらず、精神的葛藤、心理的葛藤は避けがたいことだ。

苦難つづきの遣唐使

そこで遣唐使の歴史を簡略に振り返っておこう。

第一次遣唐使は西暦六三〇年八月（以下発遣の間隔を分かりやすくするために、すべて西暦で記す）犬上三田耜（いぬがみのみたすき）、医恵日（くすしのえにち）らを派遣。

第二次遣唐使は六五三年八月、二十三年ぶりのことで、このときは大使吉士長丹、副使吉士駒、学問僧道厳ら百二十一人の乗る船と、大使高田根麻呂、副使掃守小麻呂、学問僧道福ら百二十人の乗る船とに分かれて出航するが、後者は薩摩半島沖で難破し、百二十人中生存者はわずか五人だった。

第三次遣唐使は六五四年二月、大使河辺麻呂、副使医恵日（第一次と同人物）ら二船に乗り発遣、無事、長安に入り、天子に謁見。

第四次遣唐使は六五九年七月、五年ぶりの派遣である。このとき蝦夷男女二人を唐の天子に示すと記されている。ときの天子は高宗である。

第五次遣唐使は六六五年十二月。

第六次遣唐使は六六九年、月不明。

第七次遣唐使は七〇一年一月。

第八次遣唐使は七一六年八月。このときは阿倍安麻呂が大使、藤原馬養が副使に任命されるが、何故あってか安麻呂が辞退し、大伴山守が大使になっている。この第八次留学生のなかに吉備真備、阿倍仲麻呂、学問僧玄昉らがいる。

第九次遣唐使は七三二年八月、多治比広成が遣唐大使、中臣名代が副使に任命されている。このときは船四隻で渡海しているが、唐からの帰途、広成の乗船した船が難破し、百十五人のうち生存者はわずかに四人だった。

第十次遣唐使は七五〇年、藤原清河が遣唐大使、大伴古麻呂が副使に任命されるが、なぜかこのときは一年後の七五一年に吉備真備を遣唐副使に加えている。古麻呂は唐において新羅使と席次を争ったことを報告している。唐の僧鑑真らが来朝。

第十一次遣唐使は七五九年二月、前回の大使である藤原清河を迎えるための派遣であることから「迎入唐大使使」という言葉をつかっている。

第十二次遣唐使は七六一年十月、船四隻を安芸の国でつくらせる。伴石洋を遣唐大使、石上宅嗣を副使に任命。

第十三次遣唐使は七六二年四月、安芸の国でつくった船体が破壊するなどがあって、結局、渡海ならずに終わった。

ここで注意しておきたいことは、第十一次と第十二次、第十三次のあいだはわずかに三年であり、そして失敗つづきであったことからして、一連のにがにがしい出来事と解釈したほうがよいだろう。ここが大きなまがり角になったともいえる。そのことはまた論ずるとして、先へ進む。

第十四次遣唐使は七七五年六月、佐伯今毛人を大使に、大伴益立・藤原鷹取を副使に任命するのだが、準備ととのい、いよいよ博多から出発のとき、遣唐大使たる佐伯今毛人が乗船を拒否して都へ帰ってしまい、副使たる大伴益立も病と称して、その任を降りてしまう。

遣唐大使と同副使が、同時にその任を放棄したのであるから、これは一大事、何か大きなものが崩壊、音を立てて瓦解したといわねばならない。いったい何が起こったというのか。そのことはのちにゆっくり考えるとして、以後の派遣について簡略に記しておく。

第十五次遣唐使は七七八年十二月、布勢清直を送唐客使に任命、翌七七九年五月に唐へ赴く。『新唐書』東夷伝日本条に「建中元年（七八〇）使者真人興能（甘南備真人清野）方物を献ず。興能は書を善くす」とある。七八一年六月布勢清直ら唐より帰る。渡海の往復に何日かかったかは判然としないが、その日数を差し引いて考えると、在唐の期間はきわめて短かったといわねばなるまい。

第十六次遣唐使は八〇一年八月、藤原葛野麻呂を大使に、石川道益を副使に任命することから始まるのだが、実際に船出したのは八〇三年四月である。このとき桓武天皇から大使への御製を賜った。「この酒は　大にはあらず　平良かに　帰り来ませと　斎いたる酒」

第十七次遣唐使は八三四年一月、遣唐大使に藤原常嗣（ふじわらのつねつぐ）、副使に小野篁（おののたかむら）が任命される。実に三十三年ぶりの遣唐使である。

最後の遣唐使

第十七次遣唐使が出航したのは八三六（承和三年）五月のことである。もちろん、これが最後の遣唐使になったことが明らかになるのはずっと後のこと、宇多天皇の御世。八九四年（寛平六年）九月のことである。菅原道真の建議によって遣唐使廃止という御聖断が下ったとされている。この建議のことはのちにじっくり考えるとして、今は最後の遣唐使となった第十七次の悲劇的ともいうべき実情について記述する。

八三六年（承和三年）五月、遣唐使一行、難波の津を出帆、暴風雨にあい、遣唐使船四隻、摂津の国輪田の泊に避難する。

七月、遣唐使船四隻、博多の津を出帆、第一船・第四船、漂流して肥前の国に帰着。第二船は肥前の国松浦郡別島に帰着。いずれも船体破損。

八月、第三船遭難し、水手十六人、筏で対馬嶋の南浦に漂着。その後、第三船の乗員、桴で九人が肥前の国に漂着。間もなく第三船、三人を乗せて対馬嶋の南浦に漂着し、生存者あわせて二十八名。死歿者は判官丹墀文雄以下百十名余。

九月、遣唐大使藤原常嗣ら入京し、節刀を返還。

八三七年（承和四年）三月、遣唐大使藤原常嗣ら出発のため大宰府へ向かう。

四月、遣唐大使藤原常嗣の第一船「大平良」に従五位下を授く。

七月、遣唐使船三隻が博多の津を出帆。

八月、遣唐第一船・第四船、壱岐島に漂着。第二船は値嘉島に漂着。船体　破損して、再び渡海に失敗する。

八三八年（承和五年）四月、遣唐使の出発を促進するため勘発使藤原助（たすく）を大宰府に派遣。

六月、遣唐使船、出帆する。

七月、遣唐副使小野篁が渡海拒否との知らせ入る。第一船、第四船の遣唐使一行、揚州に着く。両船とも風波に傷められ船体破損、帰途の就航不可能となる。

九月、丹仁、遣唐第二船が海州に着き、小野篁が乗船しなかったことを聞く。

十二月、大使一行、長安に入り、翌年正月、文宗に謁見、揚州に残留していた新羅訳語金正南、帰国船用意のため楚州へ向かう。翌年閏正月、新羅船九隻を雇い入れる。

八三九年（承和六年）一月、小野篁、隠岐の国に配流される。

三月、大使一行、九隻の新羅船で楚州を出帆。准河を下り海州へ向かう。

四月、海州を出帆。帰国の途に着く。

八月、遣唐使一行、新羅船九隻に分乗して帰る。一船は博多、七船は肥前の国松浦郡生属嶋に入港。他の一船と遣唐第二船の消息は不明。

九月、遣唐大使藤原常嗣、節刀を返還。唐の勅書を藤原良房に賜い、所蔵させる。遣唐留学僧常暁、太元帥法を将来する。

十月、遣唐録事山代氏益(やましろのうじます)らが乗っていた他の新羅船一隻、博多の津に帰る。唐物交易のための官市を建礼門前に設置。

八四〇年(承和七年)二月、小野篁、配流先の隠岐より京に呼びもどされる。

四月、遣唐第二船に乗っていた知乗船事菅原梶成ら、大隅の国に帰る。同船は「南海の賊地」に漂着。船体は破損し、溺死した者、賊地で殺された者、あわせて百四十名余。同月二十三日。大使藤原常嗣、死す。時に参議左大弁従三位。

六月、遣唐第二船に乗っていた遣唐准判官良岑長松ら大隅の国に帰る。菅原梶成ら「南海の賊地」で得た五尺の鉾一枚などの兵器を献上。

八四一年(承和八年)秋、学問僧恵蕚ら入唐する。便乗した船は新羅船か唐船。以後、唐船・新羅船の日唐間の往来、頻繁になる。

八四七年(承和十四年)九月、遣唐請益僧円仁、新羅人金珍の船で帰国する。

(佐伯有清著『最後の遣唐使』所収の「遣唐使派遣年表」引用)

以上が第十七次遣唐使の惨憺たる実情である。すでに大事な何かが失われている。そして、この十七次遣唐使以降、約六十年間遣唐使は派遣されていなかった。

この永い沈黙は何を意味しているのか。そして約六十年ぶりに、つまり寛平六年(八九四)八月、第十八次遣唐使の議がもちあがり、遣唐大使に菅原道真、同副使に紀長谷雄を任命したのであるが、わずか一ヶ月後に派遣を停止したのだった。寛平六年九月のことだ。ときの宇多天皇の道真に対する信認は篤かった。通説によると、大使に任命された道真自身の進言によって中止されたことになっている。天皇と道真は何を考えて中止にしたのか。もし最初から派遣しにくい事情があるならば、大使、副使の任命などせずにやりすごすべきだったのではないか。

しかしながら、もし唐という大帝国の存在に対して、その文化的影響力、その軍事的風圧に抗して、独立不羈（どくりつふき）の気概を闡明（せんめい）するためにはあえて派遣を企図したうえで中止にするという戦略もありうるだろう。あえて、そうすることの意味も想像してみる必要がある。

唐との決別、さまざまな理由

遣唐使の意義は明らかに変質したといわざるをえないだろう。第十次の天平勝宝二年の遣唐使、その次の天平宝字三年の第十一次の遣唐使ぐらいまでがピークであり、それ以降の遣唐使には、なぜか事故が多すぎる。それまでの経験からして、造船技術も進歩してしかるべきであるし、航海術もまた進歩したであろうに、事故の類いが多すぎはしないか。特に第十七次、つまり最後の遣唐使においては副使の地位にある小野篁が渡航を拒否するのであるから、船員の志気が落ちるのは当然のことで、事故多発も必定というほかない。そして新羅船の助けを受けているというのも情けない。第十次のときには遣唐副使たる大伴古麻呂が唐において「新羅使と席次を争った」というのに。

この承和元年（八三四）から準備の始まる遣唐使の〝崩壊感覚〟はいったい何に起因するのであろうか。これが最大の問題なのであるが、その原因は多岐にわたり、かつ形而上学的領域に及んでいるに相違ないのである。ここではまずもって形而下的領域のことから考えてみよう。

遣唐使の派遣には莫大な費用がかかった。たとえば、唐の天子への贈物だけでも、銀大五百両・水織絁（みずおりのあしぎぬ）二百疋・美濃絁二百疋・細絁（くわしのあしぎぬ）三百疋・黄絁三百疋・黄糸五百絇（けん）・細屯綿一千屯などなど、あげるのに煩わしいほどの豪華さであった。遣唐使一行にも大使には絁六十疋・綿百五十屯・布百五十端、副使には絁四十疋・綿百屯・布百端といったように、全員に絁・綿などが旅費として支給される。航海中の食糧糒（ほしい）（ほした飯）が四白石近くも必要である。遣唐大使には砂金二百両、副使には百五十両の滞在資金をも支出しなければならない。請益生や留学生への留学費も大きい。

しかし、承和のころの国庫は、空しく尽きはてようとしているありさまであった。にもかかわらず、唐への派遣は強行された。それは「鎮護国家」への希求が、そうさせたのであったとしか考えられない。

（佐伯有清著『最後の遣唐使』）

費用対効果というような経済合理性の観点に立てば、とうてい均衡は期待しがたいことだった。第一次の遣唐使が派遣されたのは六三〇年（舒明天皇）、大化改新の詔が発せられるのが六四六年であるから、律令国家の建設と遣唐使の関係は密接につながっており、その派遣の意義を経済合理性から疑うものはいなかっただろう。律令国家の主柱ともいうべき班田収授法が施行されたのは六五二年であり第二次の遣唐使が出発する前年のことである。

北東アジアの安全保障という観点から考えるならば、最も危機感の高まった時期は、白村江の戦いである。その戦いとわが国の敗北が六六三年であるから、六六五年の第五次遣唐使と六六九年の第六次遣唐使の意義はきわめて大きい。あるいはまた、わが国の律令体制がほぼ固まったとされるのは、大宝律令の完成した七〇一年とされているが、それは第七次遣唐使（七〇一年）と第八次遣唐使（七一六年）との関係で考えることができる。

かくのごとくに、わが国の国づくりの理想と遣唐使派遣は深く結びついていた。したがって財政上の困難を易々と超越することができた。

ところが、あるときから遣唐使が変質したと私は見ている。律令国家の理想を求めて唐国に渡った秀才たちが、その国で見たものは何か。理想と現実のあまりの乖離（かいり）に驚き、かつ絶望したことだろう。理屈は正しい、だがこの現実はなんだ、という思いである。

厭世観、厭世思想、厭戦気分……という類語がある。私は『最後の遣唐使』を読みながら、その失敗と混乱の深層に「厭唐気分」のようなものがあったのだろう、そうでなければあれほどのぶざまな結末にはならなかったと思えてならない。

「厭唐気分」は、理想の唐と現実の唐の、あまりの落差に絶望するところから始まる。なるほど、律令国家の理念と理想は唐から学んだ。しかしながら、現実の唐は理想とはほど遠く、人をして絶望感をいだかせるだけのものになりはてていた。

その種の情報は公の場には出にくいものだが、その「厭唐気分」を非公式の場でもらす「唐帰り」の人士は少なからずいたであろう。さすれば、命の危険を冒して唐へ渡る意味とは何かに悩まされることになる。最後の遣唐副使に任命された小野篁がその典型だろう。このときの遣唐使一行の中には、小野篁と似た「厭唐気分」の持ち主が少なからずいたに相違なく、だからして何回も遭難したに相違ないと私は推理している。

漢詩集の隆盛

遣唐使の時代という時代区分を想定してみると、六三〇年の第一次遣唐使から、第十七次遣唐使が帰国する八四〇年までということになる。その二百余年の間にいくつかの漢詩集が編纂されたことに注目せねばならない。最初の漢詩集は『懐風藻』(七五一年)。第十次遣唐使が出発した時代である。この次の漢詩集が『凌雲集』(八一四年)、第十六次遣唐使の時代で、最澄と空海が唐留学から帰国して間もないころのことだ。この『凌雲集』の序文に「文章は経国の大業。不朽の盛事なり」という文章があるが、これは中国の『文選』を真似たものである。

ここで急ぎいっておかねばならないが、易姓革命の国の「経国の大業」は、前王朝を徹底的に否定し、現王朝の正統性を断固として主張することであるから、わが国の国体とは無縁であるはずだが、そういうことにはおかまいなく、「経国の大業」などといってしまうところに、この時代の唐かぶれ知識人の軽薄さがあるといわねばならない。だがこういうことは江戸時代の漢学者にも、明治時代の洋学者にも、そして戦後の進歩的文化人にもあることだから一笑に付してやりすごすわけにはいかない。

漢詩集『文華秀麗集』(八一八年)が編まれた時代も前者とほぼ同じ。『経国集』(八二七年)は「最後の遣唐使」となる第十七次遣唐使が準備される直面の時代相のもとで編纂されたのである。

ちなみにいえば、大伴家持が『万葉集』(七五九年)を編纂したのは第十一次遣唐使がまさに出発せんとしていたときのことである。そしてもう一つ大事なことを指摘しておかねばならない。それは『凌雲集』も『文華秀麗集』も『経国集』も勅撰だったということだ。つまり律令国家建設のために、その文化的事業として嵯峨天皇が漢詩集編纂の勅をお出しになったのである。

このことを確認したうえで考えれば、宇多天皇が遣唐使を廃止し、次代の醍醐天皇が『古今和歌集』編纂の勅をお出しになられたことの意味はまことに大きい。国策の大転換にほかならないからである。『古今集』のことはのちに考えるとして、いま問うべきことの一つは、宇多天皇が寛平六年（八九四）八月に菅原道真を遣唐大使に任命しながら、その直後の九月に遣唐使の発遣を停止したのはなぜか、そこにどのような意味がこめられていたのか、どうせ遣唐使を廃止するならわざわざ道真を大使に任命する必要はないではないか、という疑問である。前回の遣唐使派遣からすでに六十年を閲しているのだから、そのまま自然消滅のかたちをとったほうがよかったのではないか、という考え方である。

けれども宇多天皇は、そうは考えなかった。わざわざ菅原道真を遣唐大使に、紀長谷雄を副使に任命し、しかるのちに発遣を停止したのである。なぜか。この疑問に対する通説は次のようなものだ。

在唐中の僧侶・中瓘が唐の商人王訥らに託して伝えてきた情報によると、唐の凋弊と渡海の困難さを述べたうえで、改めて遣唐使の派遣を検討されたらいかがかといってきた。それで中止ということになった、とされている。しかし、渡海の困難さは天候次第で唐の凋弊とは関係ないし、唐帝国が凋弊していたことは事実だとしても、そういうことの実態が僧侶や商人の情報収集能力でわかるわけでもあるまい。

しかし、その情報をもとに検討した結果、中止の断を下したということになっている。誰が考えても腑に落ちないだろう。日本史の泰斗である坂本太郎氏は「ジェスチュア」という言葉をつかって、そのことの不自然さを次のようにいう。

私は、だから、これはもともと一つのジェスチュアであろうという気がするのである。遣唐使の任命は初めから政府に派遣の意志がなくて、せられたものではあるまいか。道真と長谷雄もまた、実現しないことを承知の上で、任命せられた使節ではあるまいか、と憶測するものである。当時は遣唐使が昔のような意義を失っていた。珍奇な唐物の輸入は毎年来航する商船によって行なわれたし、巨大な組織となった遣唐使を派遣する費用は財政上支弁できない情勢ともなっていた。

（坂本太郎著『菅原道真』）

大帝国の唐ではあったが、九世紀末すなわち遣唐使派遣が議されていたころの唐は崩壊過程にあったようである。したがって中瓘という僧の情報によって事態が動いたというのはいかにもおかしい。坂本氏は、初めから政府に派遣の意志などなかったのだろうと推論する。そして、「ジェスチュア」という。だが、何のためのジェスチュアかを追求していない。「要するに、遣唐使を任命したのだという意志表示で、文化国家の名を維持したいという悲願だとすれば、憎むことはできない」のだという。「文化国家」といい「悲願」という修辞法には敗戦後大東亜戦争の敗戦の国史学界独特の悲願がこめられているようである。

そこで今度は逆に向こう側の歴史書『支那通史』（那珂通世著、和田清訳、岩波文庫本）をひもといてみる。

宇多帝の寛平六年に至って、復た遣唐使を命じ、参議菅原道真を以って大使と為す。時に僧中瓘唐に在り、商客に附して書を太政官に上り、具（つぶさ）に唐国の凋弊を叙し、邦人の唐に入るを停（とど）めんと乞（こ）ふ。道真奉して中瓘の状を以つて遍く公卿博士に下し、詳かに通聘の可否を議せんと請ふ。明年、敕して遣唐使を罷む。然れども是後僧徒の往いて法を学ぶ者猶ほ絶えず。宋の興るに及び、両国の商民屡々相往来す。

（同書中巻、第七篇「外国事略」、第五章「倭漢の通交」）

中止が同年なのか明年なのかの違いはあるが、いずれにせよ僧侶の書状によって中止になったということは同じで、それ以上のことは見出しがたい。

唐という大帝国が滅亡したのは九〇七年であることからして、八九四年（寛平六年）の遣唐使廃止という判断は正しかったというべきである。

謎にみちた遣唐使船の遭難

しかしながら、唐の衰亡は外部要因にすぎない。遣唐使廃止ののち十三年にして唐が滅亡したのだからといって、その先見性をほめてみても仕方ない。国内において廃止すべきという論が起こったとて不思議はないのだが、重要なことは財政上の理由以外の廃止論の起こる可能性について考察することである。

たとえば律令国家の建設という政治学的関心のつよい学徒は、唐帝国をめぐっていかなる感想をいだいたか。なるほど律令国家の理念は唐に学んだが、その実態については絶望したに違いない。理想と現実はかくもちがうものかと。

たとえば仏教による鎮護国家を希求する仏教学徒が唐帝国をめぐったとしたらどれほどの絶望感をいだいたかを想像してみる必要がある。かつて唐は儒教、道教、仏教の三教が併存していたと聞くが、すでにして仏教の衰退は著しかった。仏教の教典をすべて漢訳で学んだのであるから、祖国日本にない教典を探し出し、待ち帰ることにしか関心をいだかなくなること必定である。

唐へ留学した人々の失望と絶望の総和を想像してみる必要がある。前回の遣唐使（第十七次）の渡航に際してのトラブルの多かったことを思い出してみれば、その多くが人災だったのかもしれない。遣唐使船の航海術はいっこうに上達していないのはなぜか。唐や新羅の商人たちが続々とわが国にやってくるというのに、遣唐使船はトラブル続きだ。記録にあたってその例をあげる。

第十七次遣唐使船のトラブルは次の通りだ。五月に出帆して早々に暴風雨にあい、四隻が摂津の国の輪田の泊に避難している。七月には四隻が博多の津を出帆するが、第一船と第四船が漂流して肥前の国に漂着、第二船は肥前の国松浦郡別島に漂着、いずれも船体破損とある。

八月には第三船が遭難し、水手十六人が筏で対島嶋の南浦に漂着。その後、第二船の乗員、桴で九人が肥前の国に漂着、間もなく第三船、三人を乗せて対島嶋の南浦に漂着し、生存者あわせて二十八名。死歿者は判官丹墀文雄以下百十名。九月、遣唐大使藤原常嗣ら入京し、節刀を返還。

翌年の七月、再度の出航となるが、博多の津を出たあと、第一船と第四船が壱岐島に漂着、第二船は値嘉島に漂着。再び渡海に失敗する。

まだあるのだが、もうやめる。遣唐副使小野篁が渡航を拒否し、隠岐の島に配流されるという事態になる。いったいこれはどうしたことか。天災なのか、人災なのか。

この第十七次遣唐使船の相次ぐトラブルは異常である。造船技術も操船技術も、初回に比べれば進歩しているはずなのだが、遭難につぐ遭難である。

それから六十年後に計画された第十八次遣唐使は、大使、副使を任命した直後に廃止になった。そこには大陸の唐帝国に対する深い絶望感があったといわねばならないが、それは同時に唐文化との訣別宣言と国風文化発揚の決意を意味していたはずである。そのような仮説を立てないと、宇多天皇の対唐外交の謎は解けない。

第三章　道真悲劇の真相

小野篁の乗船拒否事件

急ぎ菅原道真について語らねばならない。何故ならば、遣唐使廃止という歴史的決断に道真が深くかかわっているからである。史書によっては、菅原道真の「建議」により廃止になったと記されている。宇多天皇の御代のことである。道真は遣唐使廃止に関するいっさいの責任を引き受ける覚悟を固めてそうしたに相違ない。宇多天皇に累が及ばないようにと願って。

多くの歴史書は、このことを、あたかも朝令暮改のように解釈して、その不首尾を問題にしている。しかし私は違う解釈をしてみる必要性を感じている。すなわち、菅原道真を遣唐大使に任命したことと、その直後わずか一ヶ月後に発遣を停止したことを、ひとつの政治的メッセージ、しかも強いメッセージとして受け止めるべきだと思っているからである。

多くの史家は、どうせやめるなら遣唐大使を任命することもなく、自然消滅の形をとればよろしいのではないかという。もう六十年間も派発していないのだから、そのままに時をやりすごせばよいのではないか、と。なるほど外交と内政とを完全に分離して考えればそうなるだろう。だが、内政と外交を分離しえない事態というものもある。

当時のわが国は、都を山城の地に遷し、国家の再生、再建にいそしんでいた。すなわち桓武天皇の御代の「平安遷都」（七九四年）から数えてちょうど百年が寛平六年（八九四）に当たる。当時の人々がこのことを意識していなかったはずはない。

遷都して以来、第十六次遣唐使（八〇一年）と第十七次遣唐使（八三四年）を発遣している。十六次の遣唐使のなかに名をつらねている菅原清公は道真の祖父であるからして、菅家において遣唐使の苦労とその効果については十分に話し合われていたと想像せねばならない。なるほど律令国家の理念と理想は唐から学んだのであるが、その本家本元の唐国の実態がいかばかりのものであったかを、清公が語らなかったはずがない。一言でいえば政治的理想と現実の乖離についての絶望というものを口にしないわけにはいかなかったということである。

道真は幼少のころから、遣唐使というものの理想と現実を心の底にとどめていたと想像せねばならない。学問の家における知識の蓄積のなかに、遣唐使の歴史的考察というものがないはずがないのである。後代の史家たちは、学問僧だった空海や最澄をつうじて、遣唐使の輝かしい歴史を考えがちであるが、政治学と宗教学は異次元のことだ。宗教家は唐の国情がいかに乱れていようとも、それ故にかえって鎮護国家の理想をつよく胸に秘め、その理想の根源たる仏典を自国に持ち帰って仏教界の革新のために邁進しようとするだろう。けれども律令国家をめざしてすでに久しいわが国の政治学徒が唐に渡っても、もはや学ぶべきテキストはないのである。政治というものに挫折し、絶望した杜甫や李白の詩を学んだとて詮ないことだ。

ちなみにいうと、清公と最澄は同じ時期に別の船で帰国しており、空海は約一年遅れて帰国している。そして、それから三十年後に前回記した最後の遣唐使の惨憺たる状況が出来するのである。なかでも遣唐副使に任命された小野篁が乗船を拒否し、その結果、隠岐の国に配流されたことを忘れてはならない。

ところで、その小野篁は単なる臆病者だったのか。そうではあるまい。博学にして詩文に長じ、その性直情径行にして野狐と呼ばれた男であるから、彼の乗船拒否は確信犯だと解釈せねばならない。ならば遣唐副使の辞令を受けねばよろしかろうという考え方もあるが、激しい性格の彼はそうしなかった。その胸中にあったものは何か。彼は遠島も死罪も覚悟で、その辞令を受け、いよいよ乗船というそのときに事件を起こしたに相違ないと私は推論する。彼は莫大な国費をつかって遣唐使を送り出すことに反対したというよりも、すでにして唐風の文化と習俗に染めあげられている都の現状を深く懐疑していたのかもしれない。彼は漢詩人であると同時に和歌を詠み、後ちに『古今和歌集』に収録されているほどの歌人である。

　乗船拒否は、いわば国策に対する反逆罪である。隠岐島への流刑はさぞ長かろうと想像したのであるが、約一年で京に呼び戻されている。正確には西暦八三九年一月から翌四十年二月までの配流である。小野篁にたいする同情論のあったことを示唆していると私には思える。そしてこの事件のあった遣唐使が、「最後の遣唐使」になったことは前回に述べた通りである。

小野篁の流罪と減刑

　小野篁の渡航拒否という事態についてもう少し考えてみたい。この第十七次遣唐使は二度渡航に失敗している。最初の失敗のとき、遣唐大使・藤原常嗣は京にもどって大使の象徴たる節刀を朝廷に返還している。そして、その半年後に再び陣容をととのえて博多の津から出帆するが、またも渡海に失敗する。

　自然条件で失敗したのか、それとも志気すこぶる低くして失敗したのか、そこが問題なのだが、これまでの遣唐使の歴史に照らしてみるに後者の要因大といわざるをえないようだ。朝廷もそのことを察知してか、遣唐使の出発を促すために勘発使を大宰府に派遣したのであった。

　このとき勘発使・藤原助と小野篁とのあいだでいかなる議論がかわされたかは不明であるが、二度にわたる失敗と船員たちの志気の低さなどが論じられたことは疑いない。そしてその志気の低下の背景として唐という大国に対する幻滅が論じられたに相違ないのである。命を賭けてまでして行くほどの国にあらず、と小野篁は決断し、渡航を拒否した。死罪もありうると思いつつ、そう決断したことだろう。

この渡航拒否という前代未聞の事件によって小野篁は隠岐の国に配流されるのであるが、その刑期は意外なほど短い。承和六年（八三九）一月に配流されたのだが、その翌年二月には京に呼び戻されている。つまり一年の流罪ですんでいるのである。このことをどうみるか、どう考えるか。

小野篁にたいする同情論が相当程度あったのではないか。遣唐副使たる立場にある人間の突然の乗船拒否であるから外交問題にも発展しかねないことであり、朝廷の命令に対する公然たる反逆でもある。にもかかわらず、一年の流罪ですんでいる。なぜか。

このときの遣唐使（いわゆる最後の遣唐使）の帰国はきわめて早い。二度の失敗のあと、三度目の出航が八三八年の六月、七月に楊州到着、十二月に長安に入り、翌年の正月に唐の文宗に謁見する。そして三月、大使一行、九隻の新羅船で楚州を出港し、海州を経由して帰国の途につく。

すべての日本船が往路で破損いちじるしく使用不能だったからである。八月、一船が博多、七船が備前の国松浦に帰るが、他の一船はだいぶ遅れて十月に博多に帰還する。

くどいようだが再確認する。唐の都・長安に到着したのが十二月、年明けの正月に皇帝・文宗に謁見し、三月には楚州を出港しているのだから、長安から楚州までの旅程を差し引けば、長安の滞在は二ヶ月ほどということになる。

大唐の皇帝と謁見するための準備と、待ち時間というものを想像してみると、そこにはもう外交儀礼というものしかない、といわねばならない。だとすると、唐とわが国の関係を問わねばならなくなる。「朝貢」と「冊封」という概念をさけてとおるわけにはいかない。このときの遣唐大使・藤原常嗣の胸中に去来したものは何か。長安に滞在し、文宗に謁見した彼はいったい何を考えたか。われわれはそのことを想像せねばならない。

藤原常嗣は八月に帰国、つまり博多港に帰着してすぐに京にのぼり、九月には遣唐大使の象徴たる節刀を朝廷に返還している。そのときに彼が何を考え、どのような言葉を口にしたかを想像してみなければならない。その帰朝報告は苦渋にみちていたに相違ない。何か学ぶべきものがあったかと問われたとしても、それに答える言葉は思い浮かばないだろう。大唐の都長安のようすを問われても、謁見準備のためについやされた時間を差し引いてみれば、長安を視察する時間はほとんどなかったといわねばならない。いや、むしろ常嗣の胸に去来する言葉はすべて屈辱のたぐいだったと想像せねばならないだろう。

思うに、そのとき藤原常嗣は、乗船を拒否して、隠岐の国に配流された小野篁の言動というものを思い出していたことだろう。大使と副史の関係であったから、篁が何故に乗船を拒否したか、ということをよく知っていた。彼は決して臆病風をふかせて乗船しなかったわけではなく、遣唐使の歴史的役割をよく承知したうえで、多大な犠牲と甚大な経費をかけてまで強行するに値しない時代になったことを主張し、その罪と罰をいさぎよく引き受けることによって時代を転換しようとしたのだ。そういうことが、いまさらながらよく判った。長安での屈辱的時間を経験して、痛切に理解できた。

その篁が、いまは配流の身となって隠岐にいる。

常嗣が篁遠島の減刑のために動いたという証拠は何もない。けれども常嗣が長安で体験したことを率直に申し述べれば、そのことが篁の減刑につながる可能性は大であろう。その効あってかどうかは判然とするものではないが、常嗣の節刀返還の儀（九月）から約半年後の翌年二月に、小野篁は配流先の隠岐から京に呼び戻された。

この明白な減刑は、遣唐使の大きな曲がり角だったといえる。だが残念なことに、その転換期の主役だったはずの常嗣はその年の四月に歿している。

朝令暮改か長期的戦略か

その承和元年(八三四)の遣唐使以来、六十年の歳月が流れるあいだ、遣唐使再開のときはなかった。六十年といえば、暦が還る年月である。その間に遣唐使復活の声が上がったという記録もないのである。

この永い永い沈黙は何を意味するのか。小野篁のいわば捨て身の言動が功を奏したのか、それに加えて藤原常嗣の帰朝報告が功を奏したのか。いずれにしても六十年間の沈黙というのは只事ではないというべきである。

その六十年間の沈黙を破って、寛平六年(八九四)八月、宇多天皇は菅原道真を遣唐大使に、紀長谷雄を遣唐副使に任命した。そして、その年の九月、遣唐使の発遣を停止したのである。

この決定は菅原道真の建議によるとされている。そこに道真の悲劇の最大の要因があるのだが、そのことは後ちに考えるとして、ここでは八月の大使、副使の任命と、九月の発遣停止命令をどう考えるかに限定して考えてみよう。ほとんどすべての史家は、これを朝令暮改といい、どうせやめるのであれば、あるいはその可能性があるのであれば、最初から大使・副使を任命することなく、遣唐使の自然消滅を待てばよいではないかという。

事勿かれ主義からいえば、それがいちばんよかろう。放置しておけば、いつかは消滅するし、何の摩擦もおこらない。

宇多天皇と道真は、いったい何を考えて、あからさまに遣唐使廃止という政治的劇を演じたのか。それを推論するためには、その前提として、「大使・副使の任命」(八月)と「遣唐使の発遣停止」(九月)を明確な意図をもった、ひとつながりの政治劇としてとらえ直さなければならない。つまり朝令暮改どころではなく、その二つは明白な政治的意図のもとに演じられたと私は見る。二つを分けて考えてはならない。そしてまた、何もせずに自然消滅を待つわけにはいかない事情があったと推察せねばならない。自覚的に唐国ならびに唐文化と距離をとらねばならない事情があった、事勿かれ主義ではすまない事情があった。それはいったい何か。

この政治劇が演出された寛平六年（八九四）は、平安遷都（七九四年）して、ちょうど百年になる。遷都して百年、前回の遣唐使から六十年。そういう節目の年における政治的事件にして、かつ文化的事件が遣唐使の廃止だったのではないか。もし唐風文化との決別という意志を鮮明にするとしたら、成し崩し的廃止ではなく、はっきりとした形をとらねばならない。政治的決断として遣唐使を廃止し、唐風文化の模倣を排するための工夫をせねばならない。それが寛平六年（八九四）の八月から九月にかけて演じられた政治的な劇だったのではないか。そのように仮説してみると、その後に起こる菅原道真の悲劇の構造もみえてくる。そのポイントは親唐派と離唐派の対立とでもいうべきものである。親唐派としてみれば、遣唐使の復活を期待し、遷都なって日の浅い平安京を唐風の都にしたかったであろうし、漢詩文の隆盛こそが高い教養なのだと確信していたに相違ない。これに対して離唐派は過剰にわたる唐風文化の影響力を懐疑し、天平の御代に聖武天皇がその礎を築いた鎮護国家の国づくりと、それにふさわしい国風文化の復興を願望していたに相違ない。

このような対立は時代の転換期において必ず起こる。明治維新を思い出してみるがよい。洋装令と鹿鳴館がその象徴である。唐帝国との不平等条約こそなかったが、遣唐使というものの実態が、朝貢外交だったことを否定することは難しかろう。特に遣唐使として唐の都長安にたどりつき、皇帝に拝謁するまでに受けたであろうさまざまな屈辱的処遇というものを想像するに、遣唐使節団に参加した者が離唐派になることは必定だろう。そして逆に遣唐使の苦難の道のりと、長安における屈辱的処遇を知らない者が親唐派になる。しかしながら、その屈辱的体験というものは語りがたく、暗黙のタブーとなる。外交機密のようになる。

重罪覚悟で乗船を拒否した小野篁は、遣唐使節団の屈辱の歴史を背負っていたと思われる。小野一族は遣唐使節団に何人も選出されていることから察するに、彼の言動は彼ひとりのものではなく、一族に蓄積された懐疑の表現と思われる。

さて、遣唐使廃止の決定に深くかかわったとされる菅原道真であるが、彼の祖父である菅原清公は延暦二十年(八〇二)の遣唐使団において「第二船判官」という肩書で参加している。いわゆる第十六次遣唐使で、その次の第十七次遣唐使のときに小野篁事件が起こるのである。

菅原一族にも遣唐使の屈辱と惨状は十分伝承されていたことだろう。

新都平安京の唐風かぶれ

遣唐使廃止が決定された寛平六年(八九四)は、平安京に遷都した延暦十三年(七九四)から数えて、ちょうど百年にあたる。それは単なる偶然なのか、そうでないとしたら、いかなる政治的意味がこめられているのか。

その遷都百年という節目の年を迎えるにあたって、宮中においてさまざまな議論があったのではないか。そのときに新都の現状についての議論が起こったに相違ない。その議論において新都平安京と大和の古都平城京の比較はまぬがれがたいことだった。

遷都して百年たった新都のようすはいかなるものであったか。なるほど東寺と西寺は建立され、東山には清水寺が美しい姿を見せてはいる。しかし、聖武天皇の御代に花開いた「天平文化」には遠くおよばなかった。
大和の古都と山城の新都の比較がつよく意識されるようになった。新都造営百年という節目の年を迎えるにあたって、旧都との比較は精神の必然である。旧都にのこしてきた神社仏閣と、みほとけたちの姿が思い浮かぶ。その天平の御代に仏教伝来以降の国風文化の最盛期を見たのではないか。自国の古典期を自覚したのではないか。いかなる思いで古都を振り返ったかは判然としないことではあるが、新都にたいする不満を自覚することになるのは必定だった。

平安遷都の直後から漢詩文が大流行した。新都造営期における漢詩文の流行は、造形における美意識にも大きな影響を与えた。公家たちは競って唐風の門構えの家を建てた。そして唐から将来された書画骨董を偏愛した。それらを一言でいえば、美意識における完全なる敗北ということになる。

勅撰の漢詩集が相次いで編纂された。順を追って西暦で示す。『凌雲集』（八一四年）、『文華秀麗集』（八一八年）、『経国集』（八二七年）。三点とも嵯峨天皇の勅により編纂された。天皇おんみずから唱導された漢詩文の大流行だったのである。唐風の門をはいると、これまた唐風の庭があり、そこで漢詩を詠む。それが公家たちの理想というわけだ。

この新都造営と唐風文化の統合という現実を目の前にして、危機感を深めた人は少なくなかっただろう。そして、その文化の危機が「遣唐使の派遣」という国策に起因していたことは否定しがたい。

「遷都百年」という年を意識したうえで、新都の俗悪というほかない唐趣味の街並みをどうするか。このまま放置しておいたら、間違いなく最悪の都になってしまう。ならばその最悪の流れをとどめるには何をすべきか。

そこで誰もが思い浮かべることは、遣唐使のことであろう。

さきの遣唐使、すなわち小野篁が乗船を拒否して遠島という処分を受けたときから数えて、ことしは六十年という節目の年である。新都における唐風文化の流行は、遣唐使のあるなしにかかわらず、その六十年間、衰える気配すらなかった。

宇多天皇は、そのような都の現状を深く憂えていた。そして天皇の信任あつい菅原道真もその憂いを共有していた。彼は数年前に『類聚国史』を撰上しており、その仕事を通じて国史と国風文化に篤(あつ)い思いを寄せるようになっていた。

宇多天皇と菅原道真は、都における俗悪なる唐風文化の流行を終わらせるために何をなすべきかについて語り合ったに相違ない。いや、語り合ったという言葉づかいはふさわしくない。正確には、そのような意味の御下問があったというべきだろう。

道真は熟慮の末に、宇多天皇に建議した。今年は前回の遣唐使発進から数えて、ちょうど六十年に当たりますから、遣唐使の復活という期待感をいだかせたうえで、唐文化からの決別という強い調子のお言葉を発するのはいかがでありましょうか、と。

「それによって起こるでありましょうすべての責任は私が負います。その覚悟の上で建議申し上げます」と。

ほとんどすべての歴史書が「菅原道真の建議によって遣唐使廃止が決まった」と記しているが、正確にいえば六十年ぶりの遣唐使復活というメッセージを発したうえで、遣唐大使と副使を任命したうえで、遣唐使の歴史の幕引きをすること、復活かと見せかけて終焉させること、それによって唐風文化の模倣を断ち切ること、それが寛平六年(八九四)の政治劇だったのである。

一言に要約すれば、「唐文化からの決別宣言」である。そして菅原道真は、このことによって起こるであろうすべての責任を自分が負うことを覚悟した。

クーデターさながら人事

宇多天皇は「遣唐使廃止」という歴史的決断をしたあと、三年目に三十歳という若さで退位する。そのとき敦仁親王は御歳十三である。いかにも早すぎる譲位といわねばならない。

譲位するにあたって、新帝にそのこころがまえを説いた遺誡を与え、左大臣に藤原時平を、右大臣に菅原道真をあて、自らは剃髪して上皇になられた。遣唐使の廃止は国策の大転換にほかならないわけであるから、親唐派ともいうべき人々の反撃、巻き返しを覚悟せねばならない。

事件ないしは「事変」に発展しないかぎり、心理的葛藤、精神的対立は歴史書に記されない。遣唐使廃止という国策の大転換によって起こったはずの対立も、事件に発展しないかぎり記述されることはない。しかしながら精神的領域においてはクーデターが起こっても不思議でないほどのことだったとせねばならない。

思い出してみるがよい。第一回の遣唐使は西暦でいえば六三〇年（舒明二年）であり、その廃止が八九四年（寛平六年）であるから二六四年におよぶ歴史があったことになる。比較でいえば江戸時代に匹敵する長さの歴史だったのである。幕末には佐幕派と勤皇派が血で血をあらう戦いをしたのであるから、遣唐使廃止という国策の大転換にもかかわらず、一滴の血も流れなかったこと自体が不思議とさえいえる。唐文化への幻滅が先行していたからに相違ない。だから流血の惨事は起こらなかったのであるが、血祭にあげられた人間が一人いた。

その一人が「菅原道真」だった。私はそう直感し、そうと信ずるのであるが、それを証拠だてる文献はない。しかし、誰かが犠牲にならねば、歴史的大転換は不可能なのである。もし、道真の科（とが）は何かといわれれば、「時代を大転換したこと」自体だといわざるをえないだろう。それが歴史的正解だとしても、正解として評価されるためには長い時間が必要だったのである。

菅原道真が突然、大宰権帥（ごんのそつ）に左遷されたのは昌泰四年（九〇一）の正月のこと。七日に藤原時平（左大臣）と道真（右大臣）が従二位に叙され、めでたい正月と思えたが、その二十五日、突如辞令が出る。「大宰権帥」。これは左遷人事というよりも、ほとんどクーデターである。

上皇はこれ（左遷人事）を聞いて、内裏に馳せ参じたが、左右の諸陣が警固して通さない。上皇は草座（そうざ）を陣頭に敷いて終日庭に御（おわ）したが、誰も門を開かない。ついに晩景本院に還御したというのである。上皇の救解（きゅうかい）を事前に無理におし止めたという朝廷のこの態度は、道真左遷の理由の正当性を弱めることが甚だしいと私は考える。もし道真の罪状が証拠歴然ならば、たとい上皇救解があっても、天皇はこれを反駁（はんばく）して左遷の正当性を十分に主張することができたであろう。むしろ事前に上皇に通報してもよいのではあるまいか。上皇に内々に、しかもその言葉をもきかずに、左遷を決行したことに、罪状の証拠はなく、たかだかそうした流言の程度であったことが示されているように思う。そして流言蜚語（ひご）ならば、生ずる隙（すき）はこの時に限らない。その隙は前からすでに存在したことは、すでに指摘した通りである。

（坂本太郎著『菅原道真』）

上皇の要求にもかかわらず、終日「門を開かない」というのであるから、これはもう武力をつかってのクーデターと同じである。醍醐天皇は十三歳で即位されてまだ日は浅く、その事変の起きた正月に十六歳になられたとはいえ、陰謀を見破り、上皇とともに道真を護ることはできなかった。

道真の左遷についての公式の説明が『政事要略』に記されている。

右大臣菅原朝臣は寒門より俄に大臣にとり立てられたのに、止足の令を知らず、専権の心があり、佞諂の情をもって前上皇を欺き、廃止を行なって、父子の慈を離間し、兄弟の愛を破ろうとする。うわべの詞はおだやかだが、心は逆である。このことは天下みなの知る所である。大臣の位におるべき人ではない。法律のままに罪すべきであるが、とくに思う所があるから、大臣をやめ太宰権帥に貶するというのである。

（坂本太郎著『菅原道真』）

もし、「前上皇を欺き、廃立を行なって、父子の慈を離間し」ということが真実であるならば、左遷は当然のこと、ということになると坂本氏は解説している。

不条理劇・一族郎党の離散

昌泰四年正月二十七日、道真が大宰府に向けて旅立つ直前に大規模な人事異動が発令された。道真派と目された多くの人物がその対象である。

右近中将源善が出雲権守に、右大史大春日晴蔭が三河掾に、勝諸明が遠江権掾に、源厳が能登権掾に左遷されたのをはじめ、菅原門下の文章生・学生までが放逐されたのである。

それは道真の家族にも及んだ。長子大学頭高視は土佐介に、式部丞景行は駿河権介に、右衛門尉兼茂は飛騨権掾に、秀才淳茂は播磨にとちらばされた。

その罪状は何か。それが判然としない。一族郎党に及んでいるのであるから、天下の一大事を想定しなければならない。そもそも罪状不明ということは、言語化しにくい事柄であるに相違ない。それはいったい何か。

道真の政治的行為のなかで、最も大きなことは何だったか。最も多くの敵をつくりそうなことは何だったか。しかも、その罪状を言語化しにくいことは何だったか。

思い当たるのは「遣唐使廃止」である。この歴史的決断については、賛成するにせよ、反対するにせよ、公然と言挙げしにくいところがある。にもかかわらず、年月とともに、事の重大さを、それぞれの立場で自覚するようになる。けれどもそれを言葉にしない。「遣唐使」という名称さえ口にしないようになる。

その隠されてきた危険な感情が、突然、暴発することがある。「遣唐使廃止」の決定から七年目の正月に、そのときがやってきたのである。だが、道真左遷の真相を誰ひとりとして言葉にしない。その科が一族郎党に及んでいることの不条理さを語ろうともしない。いったい何が起こっていたのか。

得体のしれない恐怖というものがある。当時の日本人の世界観には唐、天竺とわが国しかなく、天竺インドは仮想の国というほどにリアリティがなかった。だとすると唐との絶縁は世界との絶縁にも近かったと想像せねばならない。そしてまた国史への確信、国風文化への愛情をいだけない人間たちの不安というものを想像してみる必要がある。

国史への愛、国風文化への愛。ひとり立つための必須の条件がそれだったのであるが、その条件をもちえていない人々は、依然として唐国と唐風文化にとりすがろうとする。文化におけるナショナリズムとインタナショナリズムの対立相克のようなものだ。だが、この対立相克は明白な言葉にならずに深く潜行するものだ。

延喜元年（九〇一）正月に起こった原因さだかならぬ不条理劇の、言葉にしてはならないテーマは唐との絶縁、すなわち「遣唐使廃止」だった。七年という長い沈黙ののちに最後の決戦がはじまったのである。だが、本当の理由は誰一人、言葉にしない。言葉に出来ない。だから罪状不明のまま刑が執行されていく。「菅原道真と一族郎党の追放」という事実だけが残る。

まさに不条理劇である。二百六十余年にわたる遣唐使の歴史の最後の最後の劇ではあるが、この不条理劇の唯一の掟は真因を口にしないことだった。

一族郎党が各地に流されたことは前述したとおりだが、道真が九州の大宰府に流されたことの象徴的意味は大きい。佐渡でもなく、隠岐でもなく、なぜ大宰府だったのか。これはもういわずもがなのことではあるが、遣唐使の出立の地だからである。そこに謫居して大いに反省せよということの露骨な表現と解釈せねばならない。

その謫居生活を簡潔に表現した文章を紹介しよう。

> 道真の大宰府の生活は惨めであった。空家であった官舎は、床も朽ち、縁も落ちていた。井戸はさらい、竹垣は結わねばならなかった。屋根は漏って、蓋う板もなく、架上に衣裳を湿おし、箱の中の書簡を損する始末であった。しかも、虚弱の彼は、健康の不調を訴えることがしばしばである。胃を害し、石を焼いて温めても効験はない。眠られぬ夜はつづき、脚気と皮膚病とにも悩まされた。
>
> （坂本太郎著『菅原道真』）

解説することは何もない。一言つけくわえるとしたら、謫居生活中も詩魂を失わず、漢詩と和歌をよく詠んでいることだ。その一つ「雁を聞く」を紹介する。

枕を欹(そばだ)てて帰ひ去る日を思量すれば
我れは何(いず)れの歳とか知らん、汝(なれ)は明春

道真は当初から「遣唐使廃止」によって起こるであろうさまざまな責任論のすべてを自分が背負う覚悟をかためていた。宇多天皇を完璧にお護りするところに期していた。その忠臣の誠を詠んだ漢詩を引く。

去年の今夜、清涼に侍す
秋思の詩篇独り腸を断つ
恩賜の御衣今ここにあり
捧持して毎日余香を拝す

去年いただいた恩賜の御衣を捧持して、流謫(るたく)の生活に耐えている。道真の忠誠心は不動である。

第四章 親政への道程（みちのり）

英明なる敦仁親王

宇多天皇が「遣唐使廃止」を決断された時、敦仁親王（のち醍醐帝）は御年十歳であられた。その前年に立太子されておられたから、政（まつりごと）についての深い関心を懐きつつ、ことの推移を見守り、皇太子たるものの重責を感じていたに相違ない。天皇とともにたたかい、天皇とともに祈る。天皇と皇太子は別人格ではない、ということをひしひしと感じていたはずだ。

遣唐使を廃止したわが国をいかなる国に育てあげるか、唐とは違うわが国をいかにして築き上げるか、それが御年十歳の皇太子の胸に宿った難題であった。これまではひたすら唐に学び、唐の文化と諸制度を学び、時に取捨選択すればよかった。だが、もうそのような時代は終わった。唐の模倣ではない独自の文化を築かねばならない。

大転換期が今始まったのだということを、少年であるがゆえに鋭敏に察知していた。大人たちは唐国の治安が悪化していることを発遣停止の理由としているが、治安の乱れを理由にして国と国との交際を断念するというのであれば、いかなる国との外交も早晩たちゆかなくなる。あるいはまた、財政上の理由から発遣を停止したともいわれているが、それは、数年間の緊縮財政で解決する程度のことだろう。相手国の治安の悪化、当方の財政の劣化、ともに決定的な理由とは思えない。英明なる少年皇太子は、そのように思っていたに相違ない。真の理由は別のところにあるだろう。

もし、二つの理由が真実というのであれば、最初から遣唐大使と遣唐副使を任命するなどということをしなければよいのだ。唐国の治安の悪さはすでにいやというほど報告されているではないか。そして自国の財政難はきのうきょう始まったことではないのだからそれを理由に、一度、大使・副使を任命しておきながら、発遣停止するというのは相手国に対する礼を失している。それればかりではなく、国民も異民国も、わが朝廷が朝令暮改をしたといって嗤うであろう。

わが父・宇多天皇と、忠臣たる菅原道真はいったい何を考えて、あのような歴史的決断を下したのか。後代の史家は何というか。

敦仁親王は、宇多天皇の第一皇子、つまり長男であるから、幼いときから父親の胸中を推察しながら歳をかさねてきた。

光孝天皇（第五十八代）の第七皇子として生誕した父君は、若君のころ源氏の姓を賜って臣籍に下ったことがある。いっときではあるが武の人になったのである。その名は源定省である。ところが仁和三年（八八七）、光孝天皇が重い病に冒されたとき、関白であった藤原基経が皇位継承者として源定省を親王に復帰させ、皇太子に立てたのであった。それが同年八月のことであるが、同十一月に光孝天皇の崩御にともない即位されたのであった。

したがって宇多天皇（第五十九代）は、ほんの数年のこととはいえ、武の人だったのである。事実としては、だったという過去形でいうほかないが、それはあくまでも結果論であり、源定省という武人として生きる覚悟をかためたことに変わりはない。生涯武人として朝廷を護り、法を護り、正義を護り、国を護るのだと胸に誓ったことは疑いようがないのである。

それに加えて、先帝の第七皇子だったことを忘れてはならない。つまり皇位とは最も遠いところに生をうけ、臣籍にくだる運命にあったのである。そういう御方が帝位につかれた。運命のいたずらというほかない。しかしながらこのことが、宇多帝の人格を鍛え、決断力を養い、人を見る眼力を養ったことだろう。

武人の第一の役割は朝廷をお護りすることであるが、もう少し広く解釈すれば国柄を護ることであり、その情熱の源泉はどこからくるのかといえば、国粋の精神に発するといわねばならない。それが武人たる者の情熱の源泉であり、その国粋精神あってはじめて死に場所というものが見えてくるのであろう。

そのように考えてみると、宇多帝が源定省という武人だったころに思いめぐらしたであろうことを想像してみなければならない。その場合、武の人となって、外側から朝廷政治を見ていたということが重要なのである。そして、もう一つ重要なことは、宇多帝の第一皇子である敦仁親王がお産まれになったのは、先帝がまだ臣籍にあったころのこと、つまり源定省の子として生をうけたことである。

「三つ子の魂百まで」といわれるが、先帝が即位したとき、親王は三歳だった。つまり三歳までは武人の子だったのである。

武人の魂を持つ宇多帝

源定省を親王に復帰させたのは、当代きっての権力者である藤原基経である。そして仁和三年（八八七）十一月、先帝（第五十八代・光孝天皇）崩御にともない定省を即位させたのも基経である。

藤原基経が摂政になったのは貞観十四年（八七二）であるから、すでにして十五年の長期政権であり、天皇の御代でいうと清和天皇、陽成天皇、光孝天皇の三代にわたり、今また新しい帝、宇多天皇の摂政になること疑いなしである。

うがった見方をすれば、摂政・藤原基経が先帝の第七皇子で、かついったん臣籍に下った源定省を親王に復帰させ皇位につかせるという離れ業を実行したのは、尽ることなき政治的野心そのものということになるだろう。新しい帝もまた意のままになるはずだ、と。

ところがそうはならなかった。源定省という名を持つ元武人ではあるが、帝位につくや、たちまちにしてその御位にふさわしい英知を発揮するようになった。

仁和三年（八八七）八月、帝位についた元武人・宇多天皇は、藤原基経の野望に答えるが如くにして、彼を関白に任ずる。これで基経は摂政にして関白となった。まさしく位、人臣を極めたのである。

ところが翌仁和四年六月、史書に特筆大書されることになる「阿衡の紛議」という事件が起こる。急ぎ言うが、これは宇多天皇が、摂政にして関白になった基経、このとどまるところなき野心家に放った一矢というべきものである。

紛議の発端は、宇多天皇の即位に功あった基経に対し、践祚直後の十一月二十一日、天皇が基経に「万歳巨細、百官已に総べ、皆太政大臣に関り白せ」という詔を賜わったことから始まった。この時の「関り白せ」という文字とその意味合いが「関白」の始まりになったのである。

この「関白」就任の勅に対して基経は同月二十六日、上表して辞退した。三顧の礼によって受けるというのが当時の宮廷の慣習であるから、最初に辞退したというのはその慣例に従ったまでのことである。問題はその次である。その辞退に対する勅答を書いたのは橘広相であるが、その文中に「宜しく阿衡の任を以て卿の任となすべし」という文言をあらたに加えた。

この勅答にある「阿衡の任」とは何か。その解釈論が問題になった。式部少輔・藤原佐世は「阿衡はただの位であって職掌はない」として、基経に対して政治に与るべきではないと進言した。この時から基経は一切政治を見ないという挙に出た。摂政にして関白という政治の最高責任者が「阿衡」の一言によってストライキに突入したのである。

これが世にいう「阿衡の紛議」の概略であるが、さて、これをどう解釈するかが最重要の問題だ。誰がいかなる意図によって「阿衡」という紛争の種をまいたのか。

国史学界の定説らしき解釈によると、勅答に「阿衡」の一言を入れた橘広相と藤原佐世の出世争いないしは権力闘争ということになる。たとえばこうだ。

佐世は基経の家司であって、藤原出身の儒士として知られた人であり、橘広相は文章博士として時めいている人である。阿衡は『毛詩』『尚書』などの古典に見える文字であって、殷の三公の宮名であり、とくにまたその宰相伊尹を指すともされる。太政大臣に職掌ありやなしやについて、元慶八年に議論のあったことについては先に述べたが、そうした世の空気をうけて佐世は阿衡を問題にしたものであろう。真意は基経の威をかりて広相を陥れ、己れが学界に有利な地位を占めようということにあり、基経もまた広相が外戚の力によって（広相の女義子は宇多天皇の女御）、藤原氏をしのぐ地位に上ることを防ごうとしたものにあると思われる。

（坂本太郎『菅原道真』）

なにもかもが出世欲、権力闘争、閨閥同士の勢力競い……まことに唯物論的というか素朴実在論的というべきか、人間観としてはきわめて貧しいというほかない。戦後の国史が陥った惨状というものである。

宇多帝の「基経封じ込み」

「阿衡の紛議」を藤原佐世と橘広相の出世競いと解釈したり、藤原一族と橘一族の権力闘争と解釈する論の致命的欠陥は、天皇不在ということである。宇多天皇の勅答の中に「阿衡」の一語があることの重大性を無視して、勅答を書記した橘広相に的をしぼって争い事にしている。天皇不在で勅を論ずるとは何事であるか、といわざるをえない。

ことは国体の危機である。藤原基経が摂政になったのは清和天皇の御代、貞観十四年（八七二）、以来、陽成天皇、光孝天皇の御代も摂政でありつづけ、絶大なる権力を保持し、その力あってはじめて臣籍に降った源定省を親王に復籍させ、帝位につけるという前代未聞の人事をやってのけた。その意図は何だったのか、最大限の恩をうって、意のままになる帝をつくろうとしたのか。そう想像するのが至当だろう。

ところが、そうはならなかった。帝位についた元武人の宇多天皇は、関白の人事において、基経の権勢欲に警告を発することにした。そうしなければ、国体が崩壊すると考えた。自分を帝位につけるべく努力したことは評価するが、これ以上、基経に権力が集中することは避けねばならない。そして、そのことが出来るのは自分しかいないのだ、と考えた。

そこで思いついた言葉が、唐国（からくに）の古典に出てくる「阿衡」という言葉だった。確認のために、書記で文章博士でもある橘広相に問うてみたら「ある」という。『毛詩』や『尚書』にあるという。ならば次の勅答に、その語を入れよと命ぜられた。

最高度の辞令であるから、天皇の諒解なしに、「阿衡」という言葉を、広相の独断で記すはずがない。なるほど、勅答を書記したのは広相である。だが、だからといって広相の責任を問うのは、おかど違いというものだ。それに加えてなおいえば、基経はすでにして、元慶八年（八八四）から事実上の関白であったのだから、その事実を追認した辞令にすぎないともいえる。このことを前提にすると、「阿衡」という言葉に込められている意味合いも違ってくる。逆にすらなる。つまり、実質的な権力者を形式的な権力者にするという合意も読み取れるのである。

勅答はいっている。「宜しく阿衡の任を以て卿の任となすべし」と。古来、阿衡は位であって職掌はないのだという説に従えば、実権をにぎる関白から、実権を剥奪し、名誉職としての関白にするようなものだ。

そう解釈すると、独裁的権力者である藤原基経に対する権力封じ込みの辞令という風にも解釈できる。私はその後の宇多帝の事績からして、あるいはその御気質からして、そう考えるのが至当だと思う。いっときとはいえ武の人になったことのある帝の胆力をうかがうことができる。ちなみにいえば『平家物語』や『源平盛衰記』に記されて有名な宇治川の先陣競いをする佐々木高綱の始祖が宇多天皇である。

この藤原基経という絶大なる権力者の封じ込み作戦ともいうべき辞令が発せられたのは、仁和四年六月のことであるから、宇多天皇即位から数えて十ヶ月後のことである。そして、この「阿衡の紛議」から三年後の寛平三年（八九一）に、基経が失意のうちに歿している。したがって「阿衡の紛議」の時から宇多天皇の親政が始まったといってよいのである。もう摂政もない、関白もない。摂関政治の終焉である。

想像するに、宇多天皇が阿衡の紛議という事態の只中にあって、最高権力者というべき藤原基経を追い込んでゆくさまは、想像するだに戦慄を禁じえない。久々に登場したひとり戦う天皇の出現に、公家たちは何を思ったか。

そして親王はどう思ったか。男児というものは、ものごころつくかつかぬかの時から、父親の背中を見、かつ追っているもので、敦仁親王とて例外ではない。「阿衡の紛議」の時、親王かぞえで五歳、すでにして父親とともに戦い始めている。「三つ児の魂百まで」というのだから、五歳はもっと明白で、自覚的に戦いの最前線に立ちたいと願望しているはずである。したがって宇多天皇と敦仁親王はもう立派に同志であり、戦友である。何の戦いか、摂関政治終焉後の天皇親政に向けての戦いである。

宇多帝と道真の深い絆

阿衡の紛議の起こったとき、菅原道真は讃岐守として任地にいた。任期を終えて都に戻ったのは寛平二年（八九〇）である。そして、その翌年に絶大なる権力を誇っていた藤原基経が薨去する。史書は基経の死によって摂関政治が終わったというが、統治機関は自然現象のように消滅するものではないだろう。終焉させる強い意志があったから消滅したのである。そして、その強い意志がどこから発信されたかといえば、宇多天皇の強い意志にほかならない。摂関政治を排除するということは、天皇が孤独にたえるということであり、同時に草莽の臣を信ずるということである。そして、草莽に信をおくということは、草莽の歴史を擁護することにほかならない。その歴史を大事にすることを、近代人は民族主義、ナショナリズムというのである。

天皇親政、草莽の臣、文化的ナショナリズムは必然性の糸でつながっている。つまり、摂関政治を終焉させたこと、その後の親政が遣唐使廃止にいたる道程は必定だったということである。

私は前章（第三章）で菅原道真の悲劇性について語ったが、語りきれないものがたくさん残った。だからして、この第四章において再び、宇多天皇の親政と道真の献親的仕事ぶりを語らねばならないと思ったのである。

摂関政治の象徴的人物である藤原基経が薨去したのは寛平三年（八九一）。その時から宇多天皇の親政が始まるわけであるが、さいわいのことというべきか、その前年に道真は任地の讃岐から都に帰っていた。

宇多天皇が、地方から都に戻ったばかりの道真を重用するようになったのは、もちろん彼が優秀だったからではあるが、天皇は彼の中に草莽の臣を発見していたに相違ないのである。永きにわたり政治を壟断してきた藤原一門に比べれば、菅原家は明らかに草莽の臣というにふさわしい。それにもう一つ指摘しておかねばならないことがある。それは宇多天皇ご自身がお若いときに臣籍に下った経験があるということだ。つまり源定省として、この世を見、かつ考えた経験が、地方官帰りの道真と共振したのかもしれない。

ここで菅原家の歴史と伝承について少々触れておきたい。菅原氏の祖は土師（はじ）氏であり、菅原への改姓は桓武天皇のときである。興味深い伝承は垂仁天皇（第十一代）のころのことで、殉死者を生きながら埋葬する風習があったころ、天皇はその殉埋の風について群臣にお尋ねになった。多くの臣は従来通りと答えたが、土師氏の始祖である野見宿禰がひとり殉埋の風には仁政がないといって反対した。そして土師三百余人を指揮して、埴土（はにつち）をこね、いろいろの物象を作って埋葬した。埴輪（はにわ）のはじまりである。天皇は大いに喜んで、これをもって殉死の人にかえた。

この伝承をいわゆるヒューマニズムによって解釈してはいけない。死と死後の豊かな想像力の表現として受け止めるべきだろう。天皇と草莽の生死を越えた結びつきの深さをこそ読み取るべきである。日本的保守思想の原点というべきである。

遠い先祖はそうであったが、道真の父・是善、祖父・清公、その三代は学問に優れ、三人ともが文章博士である。当時の政治的言語はすべて漢文であるから当然、漢詩文に通じていなければならない。いわゆる「和魂漢才」である。

讃岐の任地から都に戻った道真は、宇多天皇がいま進めようとしている親政の思いをどのように察知したのか。任地において見た草莽の民の実相を思い浮かべつつ、また逆に、都に住む公家たちの唐風文化への憧憬と模倣の軽法さに失望しつつ、何を考えたか。そして宇多天皇にいかなる期待を寄せたか。

宇多天皇と道真の関係には何か運命的なものがある。そのことを考えるヒントとして、菅原家の祖である土師氏のことに触れたのであるが、道真自身、任地の讃岐で、草莽と天皇家のことをしきりに思い出していたに相違ない。

都に戻ったとき、道真は四十六歳、不惑の年を超え、自分の死に場所を見出そうとしていたことだろう。そして、宇多天皇は摂関政治を排し、草莽の臣を求めていた。その時、つまり道真が都に戻った寛平二年（八九〇）、帝は二十三歳、かぞえでいえば二十四歳、身体的には最盛期ではあるが、ひとり立つことの不安は否定しがたかったであろう。そして父君の背中を見ている敦仁親王は満五歳。かぞえで六歳。この三方の魂の共震が、親政という政体を求めていたと思えてならない。英明な少年であれば、六歳にしてすでにこの世の美醜と善悪を直感する能力を持っている。その敦仁親王がのちの第六十代の醍醐天皇。わが国最初の勅撰和歌集となる『古今和歌集』編纂の勅を出されることになる。文化ナショナリズムの最初の大輪の華である。その大輪の華が咲いたのは延喜五年（九〇五）であるから、寛平二年を起点とすれば十五年先のことであるが、この十五年間こそが、文化ナショナリズムを考える際の最重要の年月だったと私は考えている。そのことを考える際に最重要なことは、そのナショナリズムが胚胎するところとしての「天皇親政」というイデアである。そのイデアが明瞭になるのが「遣唐使廃止」という事件であるが、この事件は、イデアの宿るところ、その場所を指し示しているにすぎない。急がずに順を追って語らねばならない。その順序の最初に、やはり道真のこと、宇多天皇の親任あつかった道真の仕事ぶりを確認しておかねばならない。これは出世物語という次元のことではない。出直しの国づくりの根本とでもいうべきものだ。

道真の超人的な仕事ぶり

都に戻ってからの道真の八面六臂の仕事ぶりを年表風に記すと次のようになる。

寛平三年（八九一）二月二九日、蔵人頭に補す。三月九日、式部少輔に任ず。四月一一日、左中弁之兼ぬ
寛平四年正月七日、従四位下に叙す。五月一日、『三代実録』の撰修に与かる。一二月五日、左京大夫を兼ぬ。『群書治要』侍読
寛平五年二月一六日、参議に任ず、式部大輔を兼ぬ
同月二二日、左大弁に転ず。三月一五日、勘解由長官を兼ぬ。四月一日、春宮亮を兼ぬ
寛平六年、七月二二日、在唐僧中瓘に対する返牒を草す。八月二一日、遣唐大使に任ず。九月一四日、諸公卿に遣唐使の進止を議定せんことを請う奏状を上る。九月三〇日、遣唐使を止む。一二月一五日侍従を兼ぬ
寛平七年、正月一一日、近江守を兼ぬ。五月、紀長谷雄と渤海客使を鴻臚館に応接をして詩を賦す。一〇月二六日、中納言に任じ、従三位に叙す。一一月一三日、春宮権大夫を兼ぬ
寛平八年、七月五日、検税使の可否を評議すべき奏状を上る。八月二八日、民部卿を兼ぬ。一一月二六日、長女衍子入内して女御となる。
寛平九年、六月一九日、権大納言に任じ右大将を兼ぬ。七月三日、宇多天皇譲位、醍醐天皇践祚。同月一三日、正三位に叙す。同月二六日、中宮大夫を兼ぬ。
昌泰元年（八九八）、一〇月、太上天皇遊猟に道真扈従す。
昌泰二年、三月一四日、右大臣に任じ右大将元の如し。三月、嫡室島田宣来子に従五位下を授く。
昌泰三年、八月一六日、『菅家文草』『菅相公集』『菅家集』を上る。一〇月一一日、三善清行、道真に辞職をすすむ。
昌泰四年、正月七日、従三位に叙す。一月二五日、大宰権帥に左遷す。二月一日、京を発して大宰府に赴く。
延喜三年（九〇三）、二月二五日、大宰府にて薨ず。

（坂本太郎『菅原道真』巻末年表による）

猛烈な仕事ぶりというほかない。必死で宇多天皇を支え、天皇親政という理想の政治を実現すべく働きつづけたというほかない。

しかしながら、少なからぬ人々が、宇多天皇と道真の「理想」、その「詩と真実」を理解しようとしなかった。残念なことに、後代の史家たちも同罪である。

この坂本太郎著の年表でひとつ重大な事柄が抜けている。菅原道真の最大級の仕事であった『類聚国史』撰上のことが記されていないのだ、どうしたことか。寛平四年に『三代実録』の撰修に与かったことは記されているが、同じ年に行なった『類聚国史』は、編集上の整序が主だった仕事だから、オリジナリティーに乏しいということで省略したに違いないのである。

オリジナリティー重視という価値判断はきわめて近代的な人間観にもとづくものであり、真の保守主義的精神からは遠いものといわざるをえない。したがってここで問うべきは、道真がいかなる思いを懐きながら国史の撰上をしたか、ということである。

事典的にいえば、『類聚国史』は六国史の内容を、神祇、帝王、後宮などの事項別に分類し、年代順に並べかえたものということになる。その六国史とはすなわち『日本書紀』『続日本紀』『日本後紀』『続日本後紀』『文徳実録』『三代実録』のことである。

なるほど、オリジナリティーはないといえる。だが、わが国の国柄というものを考え直し、その本質を洞察するには最適な仕事、最高の仕事といえるだろう。道真は数多くの弟子たちを動員して、この大事業を完成させたが、道真自身の歴史観が大いに国学的になり、国粋的になったであろうことは十分想像しうることである。国史を大事にし、国学を打ち建てるほかない。そうする以外にわが祖国を立派にする手立てはないのだという思いを強めたことだろう。

「親政」と国風文化の発揚

道真が宇多天皇に「遣唐使廃止」を建議したのは寛平六年（八九四）のことであり、それは道真が『類聚国史』を撰上した二年後のことである。

その理由の第一は唐の治安の悪化であり、第二の理由はわが国の財政上の困難さであった。二つとも大事なことではあるが、形而下的なことにすぎない。唐の治安がよかろうが悪かろうが、渡航途次の海難で命を落とす確率と比べていかほどの差があるというのか。そして財政上の理由は、本当の理由になりにくい。国家は財政上の理由で戦争を放棄するものなのか、国家存亡にかかわることに財政上の理由はあまりにも弱すぎる。

道真は六国史を読み解き、それを整序する過程で、遣唐使の歴史を考え、「最後の遣唐使」のことを想像し、そのときに小野篁が遣唐副使であるにもかかわらず渡航を拒否して流罪に処されたことや、自分の祖父・清公が遣唐使の一員として海を渡った経験をどう語ったかなど、さまざまなことを思い出し、かつ考えたに相違ない。

そして何よりも重視せねばならないこととして、今上陛下のお考えになっている「親政」とは何か、その実現のために必要な思想とは何か、世界観とは何か、外交とは何かということに思いが及ぶのであった。その思いの深さに比べれば、治安の悪さも、財政上の困難もとるにたりないことのように思えた。

そう思いめぐらせているうちに、前回の遣唐使発遣から数えて寛平六年（八九四）がちょうど六十年、暦が還える年まわりになることに気づいた。そしてまた、寛平六年が、平安京に遷都してちょうど百年になることにも気づいた。

唐の衰退ぶりについては、留学僧の報告や新羅の商人から聞いてはいる。だが唐の版図は巨大であるから、いずれの報告も、群盲象を撫るに等しいと思わざるをえない。

道真の思案は続く。都に住まう公家たち、南都北嶺の僧たち、それに豪商といわれる町人までもが、唐国への憧憬を口にしている。特に、山城の国に都を遷して以来、その傾向は強まっている。少々財のある者たちの間では唐様の門構えの自邸を建てることが流行しており、新都はもう見るに耐えない姿になっている。そして、その唐様の門をくぐって主（あるじ）の書斎に上がれば、そこに置かれた文房四宝、つまり硯（すずり）も墨も、筆も紙も、唐からの舶来品であり、それを自慢するのが今風なのである。今様なのである。

御所とても、まったく無傷というわけではない。唐様を好む公達（きんだち）の仕業である。宇多帝もそのことを深く嘆かれておられる。

唐や新羅の商人たちが、ひんぱんにわが国にやってくるようになったのも、舶来の唐物を求める人々が多くなったからにほかならない。このままいったらわが国の国風文化が消滅してしまうだろう。帝が深く案じておられることも、そのことにほかならない。

このような文化状況を変えるにはどうしたらよいのか。道真は『類聚国史』を撰上しながら、国史を整序することと政治、外交を正すことは、ひとつながりのことだという思いを深めた。そして何よりも嬉しいことは、そういう思いを宇多帝自身がお持ちになっておられるということである。宇多帝の思い描いている親政の夢も、国風文化の発揚から始めるほかないはずだ、と思うのであった。

そのためにはどうすればよいのか。道真は考えつづけたに相違なく、その結論が、まず「遣唐使発遣」の勅を出していただいて、唐風文化を意識させ、しかるのちに「発遣中止」の勅を出していただく。そうすれば、公家も武門の人も、また草莽の臣たちも、唐風を疑い、国風を強く意識するようになるはずである。そして、その結果起こるであろうすべての責任を自分が引き受けることにしようと、菅原道真は強く思いつめた。

唐とわが国の文化が根本的に異なるということは、もう多くの国民が気づいていることだ。食文化ひとつとっても、清浄の感覚ひとつとっても、根本的に異なるということを。そして美意識において相容れないことも、もうわかっているはずだ。そして、それらのことを理解したうえでないと、親政の理想は実現しない。そればかりか、理想を思い描き、それを共有することすら不可能である。

さいわいなことに、御年十歳になられる敦仁親王は寛平五年（八九三）に立太子されておられるし、ますますもって英明になられ、その気概は先帝を超えるかと思えるほどである。

寛平六年（八九四）、道真は五十歳、知命の年を迎えていた。「天命を知る」時がきたのだと痛切に思うようになった。宇多天皇が想い描いている理想の政治が親政にあり、理想の文化が国風文化の発揚にあることを一人でも多くの国民に知らせねばならない。そのためにはまずもって公達の唐様かぶれをいさめねばならない。だが当然ながら多くの敵をつくること必定である。

道真は、すべての責任を自分が負うことを覚悟のうえで、遣唐使の「復活」と「廃止」の二つの勅を出していただくことを宇多帝にお願いした。唐風文化との訣別を明瞭にするためにはそうするほかない。そのことで起こる混乱よりも、そこから始まる国風文化の発揚こそが大事なのだ、道真は熟慮の末に、帝に建議したのである。そうと解釈しなければ、この歴史的事件の真実はわからない。朝令暮改として一笑に付されるだけのことになる。われわれの先達が、それほどに愚昧だったはずはないのである。

第五章　ナショナリズムの高揚

仮名文字の発明と普及

遣唐使廃止という宇多天皇のご聖断は、単に外交上の一大転換だったわけではない。内政においても、あるいは文化政策においても大きな転換期に突入したと解釈せねばならない。そして、その転換期の舵取りをしたのが醍醐天皇だった。

その醍醐天皇の御代に興隆した文化ナショナリズムの大輪の華が『古今和歌集』にほかならないのであるが、その前に語らねばならないことがいくつもある。

明治維新の時も、昭和における敗戦時にも国語問題が起こった。その時起こった国語の危機は、自国語に対する自己卑下のニュアンスがつよかった。けれども醍醐の御代に興ったことはその逆だった。そのことを一言でいえば、平仮名、片仮名というわが国独自の表記法によって、漢字と漢文脈では表現できなかったような領域を拡大したことだ。

漢字文化圏にありながら、その文化圏にのみこまれなかったこと、その先人たちの知恵のひとつが平仮名、片仮名の発明だった。誰が発明したのか。

平仮名をつくったのは誰か、「いろは歌」をつくったのは誰か。空海という説が有力である。ならば「片仮名」の五十音図をつくったのは誰か。最澄という説が有力である。その最澄と空海がともに遣唐使船に乗って唐に渡ったのは延暦二十三年（八〇四）であり、最澄の入寂が八二二年、空海の入寂が八三五年であるからして、平仮名も片仮名も八〇〇年代前半の発明と推論していいだろう。

その平仮名、片仮名の発明と普及というものが、当時の、わが国の知識人たちに与えた影響力はいかばかりのものであったか。なかでも和歌を詠む人々にとって、そのことがいかなる意味をもっていたのか。国語表記の大革命だったといってよいのではないか。そして、そのことが当時の知識人の自信につながり、唐文化からの自立をうながしたといえるのではないか。

国語の表記を漢字にたよらなくても出来るようになったこと。つまり漢字仮名まじりの表記が可能になったこと。そして、そこに文化ナショナリズムが胚胎したのではないか。私は以前（第三章）に、遣唐使廃止について、財政事情から廃止したのだという定説にさからって、政治的意図と文化的意図によってそう決断したのだと書いた。それに加えて国語問題を挙げねばならない。平仮名、片仮名の普及によって、国語表現の自由と独立を意識するようになったということである。

もう一歩すすめて推論すれば、当時の知識層の人々は漢字のみの表記よりもはるかに大きな表現の可能性を直感していたに相違ない。その意味においても仮名表記の発明と普及が果たした歴史的意味と役割はもっと強調せねばならない。

漢字という表意文字を大陸から取り入れたうえに、その文字をヒントにして平仮名と片仮名という表音文字を発明したことの意味は大きい。どんなに強調しても強調しすぎということはない。もし、この発明がなかったら、わが国も朝鮮半島なみの小中華思想の国になっていたことだろう。

その発明者が空海（平仮名）と最澄（片仮名）という説に従えば、その発明の時期はどんなに早く見積もっても西暦でいえば八〇〇年代の初頭ということになる。ということは遣唐使廃止より七、八十年前ということだ。世代にして三世代ほどの期間ということになるが、その間に言語ナショナリズムとでもいうべきものが胚胎し、急速に成長し、独立不羈の精神をつよめたのではないか。

もう一つ指摘しておきたいことは、神道における祝詞の調べ、古代歌謡からつづく和歌の調べが仮名文字の発明によって、よりたしかなかたちで表現できるようになったことだ。大伴家持が『万葉集』を編んだ時代のいわゆる万葉仮名とは次元を異にする表記革命が起こったのである。

このことをヨーロッパの歴史に照らしていえば、バイブルを母国語で読めるようになったことに近似しているのではないか。ラテン語でしか読めなかったバイブルがドイツ語で読めるようになったことと、漢文を仮名まじり文で読めるようになったことの径庭はいかほどのものなのか。構文の差違ということからすれば、漢文と日本語の差違のほうが、ラテン語とヨーロッパ諸語との差違よりも大きいだろう。そのような観点からすれば、わが国で起こった漢字仮名まじり文の成立とその普及の意味はきわめて大きいといわねばならない。バイブルの諸国語訳にも匹敵するのではないか。

その時から「国語」をつよく意識するようになった。

勅撰の対象になった和歌

ナショナリズムの三要素は国語と民族と共通の歴史である。わが国は島国ゆえに民族と歴史に関しては護りやすかったが、ただひとつ国語の表記に関しては悩ましい一時期があった。だが平仮名、片仮名の使用法の確立によって、その悩みを解決した。「てにをは」を正確につかえば、日本語独特の構文を変えることなく、漢字を自由自在に使いこなせることを発見した。日本語の「文体」はこれによって「護持」されたのである。

この国語表記に関する確信と自信が、どれほどのものであったかを、今日のわれわれは想像してみなければならない。その国語への信頼、国語への確信があってはじめて、和歌というものが勅撰の対象になった。それが『古今和歌集』（九〇五）にほかならないのだが、それ以前の勅撰の対象はみな漢詩集だった。『凌雲集』（八一四）、『文華秀麗集』（八一八）、『経国集』（八二七）などがそれである。

勅命の対象が漢詩から和歌にかわったことを、それぞれの天皇のお好み、個性の領域の問題だろうなどといってはいけない。「天皇に私心なし」という言葉があるように、天皇の勅を個性のレベルで論じてはいけない。漢詩隆盛の時代があって漢詩集編纂の勅が出され、和歌隆盛の時代があってはじめて和歌集編纂の勅が出されるのである。

第五十二代の嵯峨天皇が即位されたのは西暦八〇九年であり、第六十代の醍醐天皇が即位されたのが八九七年である。そして嵯峨天皇が勅を出された最初の漢詩集『凌雲集』が八一四年、醍醐天皇が勅を出された『古今和歌集』の撰進が九〇五年。両者の年代差は八十一年。この八十一年間に日本語の表現力と表現術というものがどう変わったかを考察しなければならない。

平仮名と「いろは歌」は空海、片仮名と「五十音図」は最澄（その門下を含む）という説に従えば、この二人の若き天才が遣唐使節団の一員として同時期に唐に渡り（八〇四）、最澄は翌年（八〇五）に帰国、空海は翌々年（八〇六）、帰国するのであるから、二人の日本語研究は帰国後しばらくしてからといえるだろう。先に帰国した最澄が天台宗をひらけば、空海が一年おくれで真言宗をひらいているから、いくら天才とはいえ数年間は宗派を立てることに忙殺されていたことだろう。その数年間を差し引いておかねばならないから、どんなに早く見積もっても日本語表記についての考察は八一〇年以降のことと考えられる。

もう一つの推論は、いかなる天才も晩年には母国と母国語に回帰するという説に従って考えるためには二人の歿年を確認せねばならない。最澄は八二二年に五十七歳で歿し、空海は八三五年に六十三歳で歿している。それぞれの最晩年の三年間ぐらいを母国語考察に当てたとすれば、最澄の「五十音図」は早くても八一九年ごろ、空海の「いろは歌」は八三二年ごろということになる。

いずれにしても、この推論は平仮名が「いろは歌」として整序されたのはいつか、片仮名が「五十音図」に整序されたのはいつかという仮説にすぎないのであるから、整序される以前の混沌のままの使用期間というものも想定しておかねばならない。その混沌期を想定しても西暦八〇〇年代のことではないのか。

手許にある日本史年表の一つ（山川出版社）には八六〇年の項に「片仮名初見」とある。史実として確認できる現存の文献資料ということであろうか。いずれにしても、いわゆる「万葉仮名」といわれる混沌から脱出するために、永い永い歳月が必要だったことがわかる。

国語は国家の大事である。先に挙げたナショナリズムの三要素についていえば、民族としての血の問題はない。白村江の戦い（六六三）に敗北したときに百済系の渡来民が相当数わが国に帰化したといわれているが、民族問題になるほどのことではなかった。共通の歴史意識については「万世一系の国体」が護持されていたから特段の問題はなかった。最大の問題は「国語」だったのではないか。国家と国語、国語と国家という問題は最もレベルの高い難題だったはずである。

その最もレベルの高い問題が国語とその表記であり、「いろは歌」や「五十音図」を意識することによって、より鮮明に、より高度な難題となる。つまり国家の尊厳にかかわる課題として浮上するのである。そう仮説してみると、「最後の遣唐使」となった一行の悲劇性が見えてくる。その遣唐使人事の発令は西暦八三四年、大使は藤原常嗣、副使は小野篁。もう一度、この「最後の遣唐使」について、国語問題の視座から再考してみる必要があるだろう。

「三つの事柄」と国語の自覚

言葉はあっても、その意味を表現する文字というものを持っていないとしたら、人は記憶力のキャパシティを超えることができない。抜群の記憶力の持ち主がいたとしても、人の命（いのち）は短くはかない。口承されてきた神話も民話も世代交替とともに変容していくことをまぬがれない。それに天変地異が起こって、あるいは異民族の侵攻があって、その記憶の持ち主たちが殺されでもしたら、その部族は歴史というものを喪失してしまう。このことに関しては部族も民族も同じ運命をたどらざるをえないのである。歴史をひもとけば、古代史といわず近現代史においても、そのような悲劇は絶えることがない。その多くは武力侵略によって起こるのであるが、言語の浸透によって、緩慢ながら起こるということもある。その場合、言語同士の覇権争いを演じつつ浸透し、優位に立った言語が劣位の言語をのみこんでしまう。

世界の古代史をひもとけば、高い文明文化を築きながら滅んでしまった民族と言語がある。そしてやがては言語と文字そのものが忘れ去られ、解読不可能になる。解読できないが故に「カラスの爪跡」といわれた楔形文字がその典型例であるが、二十世紀にはいって解読されるや、それが古代のバビロン帝国やアッシリア帝国を築いた民族の文字であることが判明した。大帝国を築いたほどの言語ですらそうなりうるのであるから、小国のまま消滅してしまった言語は数えきれないほどあるはずである。そして滅びそうになった言語、滅びの危機を体験した言語ということになればその数はもっと多いことだろう。そのいずれであれ、言語の危機は国家と民族の危機にほかならない。

わが国にも、その危機は、程度の差こそあれ、何度かあったはずである。だが同時に、危機を危機として自覚できる時と、ほとんど自覚できない時がある。それに危機を直感する能力には個人差が大きく、滅んでもそれをそうと受け止めない人間すらいる。それが言語問題の難しさである。その難しさを承知したうえで、わが国の歴史を振り返ってみると、どうなるか。

まずその前提として、言語というものが内包する覇権の本能とでもいうべきものを認めねばならない。言語は誕生とともに自己拡張したがるものだ。説得せずにはいられないという情熱が覇権主義に転ずるということは日常的にも起こりうることである。それらのことを承知したうえで歴史を見直し、考え直したらどうなるか。遣唐使廃止という決断の背景に何が隠されていたのか、そして『古今和歌集』編纂という事業の背景に何が隠されており、その二つがいかなる関係をもっていたのかなど、その深層の真実を再考してみよう。

まず次に挙げる三つの事柄に注目したい。その三つを時代順ではなく、時代をさかのぼるかたちで列記する。

①わが国初の勅撰和歌集となった『古今和歌集』（九〇五）の歴史的、政治的意味は何か。それまでの勅撰はみな漢詩集だった。漢詩と和歌の地位が逆転したということか。

②遣唐使はなにゆえに廃止（八九四）されたのか。自然消滅にまかせてしまうという手もあったのに、遣唐大使と副使を任命したうえで、廃止という決断を公にしたのはなぜか。すでに六十年間派遣していなかったのだから、そのまま放置しておけば何の波風も立たなかっただろうに。あえて復活かと見せてから廃止したのはなぜか。

③その六十年前の、結果としては「最後の遣唐使」となった遣唐使（八三四）は何故にトラブル続きだったのか。遣唐副使たる小野篁は何故に乗船拒否事件（八三八）を起こしたのか。国策に逆らうその科は重いといわねばならないのに、流罪（隠岐島）一年で都に戻されているのはなぜか。

以上の三つの事柄は西暦八三四年から九〇五年にかけて起こったことで、その間わずかに六十余年、世代にして二世代か三世代、長寿の人ならば一代で経験できるほどの時間であり、歴史である。

三つの事柄ないしは事件から読み取れる対立軸を探ってみると、唐文化に関する憧憬と失望ないし絶望、漢字・漢語に対する受容と拒絶、それらと表裏一体としての国語に関する愛着と確信ということになるだろう。

言葉と美意識の総力戦

先に挙げた三つの大きな出来事に比べれば些事（さじ）のようにも思えるが、朝廷から公家たちにおもしろい令が出されている。それは『古今和歌集』撰進の二年前、すなわち延喜三年（九〇三）八月のことであるが、「院宮・王臣らが私に唐物を買うことを禁ずる」というのである。

ときの帝は醍醐天皇、御歳十八歳。十三歳で帝位にお即きになっているから、五年目の決断である。その時醍醐帝は、美意識における戦いを宣言したのである。その視野には遠い唐国から近侍する者たちまで含まれているはずである。

それは美意識上の宣戦布告、敵は唐という大国と、その美意識に膝（ひざ）を屈した臣のすべてが含まれている。その大国たる唐帝国が滅亡したのは西暦九〇七年であるから、弱ったといえども大帝国である。歴史を逆算していえばそうなるが、それは結果論にすぎない。遣唐使の永い歴史を考えれば、先帝の宇多天皇が遣唐使の廃止を決断され、次代の醍醐帝が唐の美意識を拒否されたということになる。ひかえめにいえば、美意識上の独立宣言ということになる。

その意味では『古今和歌集』の編纂と表裏一体である。唐物という美術品の購入を禁じた直後に、定型短詩の和歌という言語表現のアンソロジー（詞華集）を編纂せよとの勅をおだしになったのであるから、これは総合的文化政策といっていいのである。

この到達点から八十年ほどの歴史をさかのぼってみると、そこに貫流していたひとつの流れというものが見えてくる。その流れのなかで最も重要と思えることは、宇多帝が行なったところの唐帝国との決別宣言である。つまり遣唐使派遣というかつての国策を、自然消滅させるのではなく、いったん大使・副使を任命し、しかるのちに派遣中止、廃止という形で、その歴史を断ち切ったことである。宇多帝がそのように決断された理由は多々あろうが、最大の理由は、国語の擁護、逆にいえば言語というものがもつ覇権主義的性格のおそろしさを直感していたからであろう。

何故に宇多帝が国語というものに深い関心を示したか。その証明はできない。示唆するものとてないだろう。だが仮説ぐらいは立てられる。

言葉とは何か。言語とは何か、それを表記するところの文字とは何か、そして、人間の言語生活の成熟とは何か、その成熟と文字表記の関係はどうなっているのか。

『万葉集』（七五九）を見ればわかるように、われわれ日本人の言語生活は八世紀半ばにおいて、すでにしてゆたかなレベルに達していた。その成熟度は高い。きわめて高い。だが、文字表記に関してはまだまだ不安定だったといわざるをえない。その言語生活の成熟と、その表記の不安定さ、内実と表記の乖離にこそ問題の本質があったのではないか。つまり漢字と漢文脈では表現不可能なほどに、日本人の言語生活がゆたかであり、繊細をきわめていたということではないのか。たとえば大伴家持を見よ、である。すでにして極まっているではないか。唐ごころではない大和ごころが。そして、その大和ごころの表現がきわまって人類普遍のレベルにまで達している。

その大伴家持は『万葉集』の撰者にして編者である。彼は何を想いつつこの国民的アンソロジーを編(あ)んだのだろうか。この疑問に関して私はかねて一つの仮説を立てている。一言でいえば漢詩と和歌の葛藤である。わが国初の漢詩集である『懐風藻』(淡海三船らの編)の成立は七五一年であり、『万葉』よりも早い。八年早いのである。

この八年の差をどう考えるか。時代は鎮護国家の祈りを込めて東大寺を建立しているさなかのことである。ちなみに大仏開眼供養は七五二年。孝謙天皇の御代。大仏鋳造を発願した聖武上皇はその四年後に崩御されている。

大伴家持の「海ゆかば」は聖武天皇にささげられた献辞の一節である。そして大伴家はその名のとおり天皇家をお護りする武の家柄である。そしてほかならぬその人が『万葉集』を編んだ意味は大きい。また、その成立が『懐風藻』の八年後だったことの意味はさらに大きいといわねばならない。なぜならば、そのときから漢字漢文脈と国語表記の問題が深く認識されるようになったからである。その大伴家持らが考案した万葉仮名によって、日本語の構文つまり構造があやういところで護られたといえるであろう。

和歌を護ること、漢詩に対峙(たいじ)して和歌を護持すること。それが日本語護持の生命線だったのではないか。そして、その延長線として遣唐使の廃止と『古今和歌集』の編纂がある。わが国の「国語問題」の最前線にはつねに和歌があった。『万葉』のときも『古今』のときも。そして『万葉』の前に『懐風藻』という漢詩集があったように、『古今』の前にも漢詩集の時代があった。それは平安京に遷都して二十年ほどした嵯峨天皇の御代、勅撰の漢詩集が相次いだ。『凌雲集』や『文華秀麗集』などがそれであるが、勅撰になったことの意味は大きく、かつ深刻だった。

見えざる敵・言語の覇権

第五十二代嵯峨天皇（在位八〇九―八二三）の御代に漢詩が隆盛したが、第五十九代宇多天皇（在位八八七―八九七）の遣唐使廃止と第六十代醍醐天皇（在位八九七―九三〇）の『古今和歌集』編纂の勅が出されることによって国語問題の事情は一変する。一変した最大の理由は、そのあいだに平仮名と片仮名の発明があり、それが急速に普及したことだろう。したがってもし、仮名文字の発明がなかったら、日本語の運命は今日とはまったく違ったものになっていたことだろう。特に和歌という表現スタイルにとって、仮名文字なかでも平仮名の役割は決定的だった。そこに『万葉集』とは異次元の『古今』の意味がある、そのように考えると、宇多帝が永年つづけられてきた遣唐使派遣という国家的事業を廃止した意味はきわめて高いといわねばならない。

私は先に言語と覇権主義の関係に言及した。武力だけが覇権の手段ではない。武力よりもはるかに恐ろしいのが言葉の覇権といえる。覇権主義の最前線に言葉があるからである。大航海時代と植民地時代がかさなっているのは、武力による覇権と言語の覇権というものがかさなっているからだ。そして武力が先か、言語が先かは判然としない。

宇多天皇の遣唐使廃止の決断を考えるに際しても複眼でなければならない。すでに唐帝国は衰退の過程にはいっていたから侵略の脅威はなかったはずだといっても、それはことの半分を語っているにすぎない。なるほど軍事的覇権の脅威は小さくなったかもしれないが、言語における脅威というものがある。しかもそれは、国力や軍事力の関数ではなく、文化力とでもいうべきものの関数だから厄介だ。

その文化力を考える時に、平仮名、片仮名の普及ということを見逃してはならないだろう。日本人はその仮名文字の発明と普及によって、日本語表記の自由を得た。文章構成における自由も得た。数々の漢文の約束事からも解放された。

そのような側面に注目してみれば、遣唐使廃止は、日本語の独立宣言だったといえるだろう。そして『古今和歌集』

という大輪の花を咲かせることになるのである。

その独立宣言の予兆はいつから始まったのか。小野篁の乗船拒否、渡航拒否、流罪（八三九）から始まったと私は見る。その根拠のひとつは、遠島一年の刑をおえたあと篁は復権し出世もしている。東宮学士などを経て参議（八四七）にまでなっている。このことを個人的能力の範囲で見るか、時代の変化、転換の予兆として見るか。もちろん私は後者と見る。

その篁はなかなかの文人で、書家としては草書と隷書をよくし、その漢詩文も高く評価され白楽天に比せられたというのであるから当代随一ということだろう。ここで少々留意しておきたいことは篁が草書にすぐれていたことである。なぜならば、その草書体こそが、平仮名の産みの親だからである。そしてなおいえば漢字の一部をとって片仮名にしたという成立過程を想像してみると、隷書体もヒントの一つになったのではないかと思えるからである。

その小野篁は仁寿二年（八五二年　五十一歳）に歿している。最澄（八二二年歿、五十七歳）、空海（八三五年歿、六十三歳）の歿年と並べてみると、そこに仮名文字の成立と普及のプロセスを想い描くことができる。私はさきに、空海晩年の「いろは歌」、最澄晩年の「五十音図」という仮説を立てたが、それにつなげていえば、小野篁がその書において草書体と隷書体を好んだ意味はきわめて大きい。もともと平仮名は漢字の草書体をヒントに誕生したものであり、片仮名は漢字の画の一部分をとって独立させたものであるから、篁の好んだ隷書体は、楷書体以上に片仮名創出に役立っていたのではないか。

そこで大胆な仮説を立ててみる。西暦八〇〇年代（九世紀）後半に、わが国創始の仮名文字（平仮名と片仮名）が普及、隆盛したに相違ないと。そして、そのことによって、わが国に「国語ナショナリズム」とでもいうべきものが起こったに相違ないと。そして、そのナショナリズムの自覚によって見えてきたものの一つが言語と文字というものの内に隠されている覇権主義的体質だったのではないか。

ちなみに九世紀後半に起こった世界史の主要な出来事を示せば次の通りだ。

デーン人がロンドンを侵す（八五一）。東ローマ軍がイスラム軍と戦う（八五三）、メキシコでトルテカ文明おこる（八五六）、ノルウェー人のアイスランド植民が始まる（八六〇）、ローマ・カトリック教会とギリシャ正教会の分裂傾向強まる（八六七）、イランでサファール朝が起こる（同）、アルフレッド王がイングランド王となる（八七一）、唐で黄巣の乱が始まる（八七五）、黄巣が広州を陥す（八七九）、黄巣が敗死する（八八四）、唐軍が李克用に敗れる（八九〇）、マジャール人がカルパチア山脈を越えてタイス川盆地に定着（八九四）、新羅で赤袴賊の乱起こる（八九六）、ローマ教会内の党争が激化する（八九七）、マジャール人のイタリア侵入（八九九）、朱全忠が梁王となる（九〇三）、唐の滅亡、五代十国はじまる、朱全忠が後梁を遷国（九〇七）、ノルマン人ロロがノルマンディー公国を興す（九一一）、ドイツでサクソニア朝が成立、東フランコ王国が初めてドイツ王国と記される（九一九）。

もうこのへんでやめる。東洋では大帝国の唐が滅亡し、ヨーロッパでは初めて「ドイツ王国」という名称が表記されるようになった。まだ国らしい国は誕生していないありさまである。

言葉と美術の両面作戦

世界史はまだ混沌のただなかにある。ユーラシア大陸の西方ではまだ民族移動の余波が収まっていないありさまだし、わが国が範としてきた唐もゆらぎはじめていた。

だが、わが国だけは世界史の例外だった。文化隆盛の大前提であるところの国語を重視して、これまでの唐模倣の漢文、漢文脈からの脱却を図っていた。その脱却作戦の最大の武器が平仮名、片仮名の創案にほかならないし、その最大の成果が『古今和歌集』の編纂にほかならない。もしそれが勅撰でなかったら、その後の国史と国語の歴史も変わったものになっていたことだろう。朝鮮半島で興亡をくりかえした諸国と同じ運命をたどったかもしれない。

さきに重要な三つの事象を番号をつけて列記した。時代の経過を逆にして挙げたのは『古今和歌集』を国史上の大輪の花に喩えるならば、遣唐使廃止はその花を咲かせた蕾であり、仮名文字の創案はその茎であり、小野篁の乗船拒否事件は、その種まきだった。したがって、まずもって篁の名誉を回復しなければならない。詩魂ゆたかなこの男をたんなる臆病者あつかいしてはいけない。ならば最初から遣唐副史の辞令を受けなければよかったではないかという反論が予想されるがそれは違う。辞退したのでは政治的メッセージにならない。処罰を覚悟した行為でなければ政治的意味をなさない。だからこそ「拒否事件」を起こしたのである。確信犯だったというべきである。

さてもう一つ、空海の平仮名、最澄の片仮名の創案についてもひとつの仮説を立てておかねばならない。いかなる情熱あってそれを創案したのかと。仏典の国語訳ということ、その使命感を抜きにしては考えられないだろう。そこで連想させられるのはマルチン・ルターのこと。ラテン語の聖書を母国語のドイツ語に訳したこと、十六世紀にヨーロッパで起こった宗教改革のこと等々である。それに比肩しうることが、わが国においては西暦八〇〇年代、つまり九世紀に起こったのである。ひとことでいえば母国語への愛の自覚である。

その国語についての認識と愛の自覚とでもいうべきことを前提にしないと、勅撰による和歌集という発想はありえないだろう。その意味において、遣唐使廃止の決断と『古今和歌集』の勅撰は一直線のこと、ひとつの人格といってよいのである。つまり宇多天皇と醍醐天皇は国風文化の護持伸張において一心同体だったといえるのである。その国風文化の護持と、よりいっそうの発揚を考えたときに、「唐物購入禁止令」も必定だった。なぜならばそこに「美意識の覇権」というもうひとつの戦いがあったからである。

さきに私は「言語の覇権」という言葉をつかって、仮名文字の発明とその普及によって、わが国が漢字文化圏から脱出した、漢字の覇権主義から脱却しえたのだということを述べたが、ここでは「美意識の覇権」からの脱出、脱却ということを語らねばならない。

言語表現と美意識は文化の両輪とも両翼ともいえるもので、二つを切りはなして文化を論ずること、文化を考えることは不可能なのである。その意味において『古今集』編纂の二年前に唐物購入の禁止令を出したことは大英断といわねばならない。まずは唐物の美術品の「美意識の覇権」から脱出せよと命じたのである。しかるのちに和歌の高揚、母国語表現の粋(すい)を集めようとしたのである。

そのように考えると、宇多帝と醍醐帝の連続性の深さに感銘を禁じえない。そして、その連続性にこそ国史のつよさの秘密があったというべきなのである。

第六章 『古今和歌集』への道程

宇多・醍醐の連続性

醍醐帝は御歳十三歳で即位された。遣唐使廃止という先帝のご決断から数えて、わずかに三年足らず後のことである。すなわち国内にあっては親唐派と国内派ないしは国粋派との対立が鮮明になった頃の即位であったと言える。その譲位に際して先帝宇多天皇は『寛平御遺誡』という心得るべき戒めの言葉を贈っている。内容は政治的なものではなく、人間関係を良好にするための心得である。

宇多帝は即位された時から摂関政治というものに否定的であり、その摂関政治の象徴的人物たる藤原基経が死去（八九一）した時から宇多帝の「親政」が始まっていたと言える。この「宇多帝の親政」のもとで、遣唐使廃止という御聖断がくだされたのであり、その時敦仁親王は御歳十歳、九歳の時立太子しておられるから、皇太子というお立場で、ことの推移を見守っていたということになる。

私がここで年齢にこだわるのは、英明な少年がこの国策の大転換期に際会して何を考えたかを推論したいからである。御位のことはひとまずおくとして、一般論として英明な少年が十三歳の頃に何をいかように受け止め、どう考え、いかように想像力をふくらませるかについて考えてみたい。

少年の想像力は、ものごとの本質に向かう。些末なことには向かわない。例えば星空を見上げて、宇宙とは何か、あの星座とこの星座と、満ち欠けするお月さまの関係はどうなっているのか。そのような天文学的関心は、男児が最初に抱く関心であって、おそらくそこには男女の性差というものがあるだろう。男児の関心は巨視的なところから始まると言ってよいだろう。そこが大事なポイントである。

海の彼方に唐国という巨大な国があると言う。世界はその唐国と天竺というもう一つの大きな国からなっていると言う。そして、仏法というものは、その天竺という大国に誕生し、唐国を経由してわが国に到来したと言われている。そして、聖武天皇の勅願によって始まった東大寺の大仏開眼供養には、唐国や天竺の高僧が、祝賀のためにわが国に参ったと伝えられている。

その古い友人たる唐国、大国たる唐国がいま衰微しつつあり、それ故に先帝陛下は遣唐使節の廃止を決断なされた。もはや学ぶべきものなしと確信したに相違なく、その決断は同時に国風文化のよりいっそうの発揚を念願してのことに相違ない。

そのような状況を認識する能力は、十三歳の少年でも十分できる。まして英明にしてかつ帝王学を学んでおられれば十二分に理解できる。そればかりではない。立太子された翌年に十歳で遣唐使廃止という国策の大転換に際会したのであるから、皇太子として国家の未来、あるべき国策というものを想念していたに相違ない。新しい国づくり、その国づくりの先頭に自ら立とうとするひそかなるご決意、そのご決意の深いところに「天皇親政」という理想が胚胎していたことも疑いない。

そのように考えると、宇多天皇が譲位するに際して、新帝に与えた『寛平の御遺誡』の意味と意図がより鮮明になる。そのことを一言に要約すれば、「親政の心得」ということになる。その隠された意図を推論するためには宇多帝が即位した直後に起こった、あの「阿衡の紛議」の本質を洞察せねばならない。「阿衡に職掌なし」とされるところのこの言葉を辞令に使用したのは橘広相とされているが、この重大なる意味を持つ言葉を広相が勝手に使うわけはなく、宇多天皇御自身の意を呈していたに相違ないことは以前にも書いた。そして、この紛議が摂関政治の終焉をもたらしたことは歴史的事実であった。摂政もおかず、関白もおかず、ということの意味するところは何か、それは「天皇親政」への道である。

この「阿衡の紛議」のさなかに、式部少輔・藤原佐世は、当時の最大の実力者である藤原基経に対して、阿衡はただの位であって職掌はないのであるからして政治にたずさわるべきではない、と告げたとされている。このことも宇多帝のご意志を忖度（そんたく）していない。実証史学者たちにとっては文書にないことは、存在しないも同然なのである。すると、文書にならない大御心は存在しないも同然になる。そして、それでは「国体」というものが語れないばかりか、存在しないことにもなってしまう。いや国体どころか、わが国における歴史の詩と真実というものが復元できない。

くどいようだが、再び言う。「阿衡の紛議」は、宇多帝が胸中深くに秘めておられた「親政」という理想の政治に向けた第一歩だったのである。その一歩が摂関政治を終らせること、第二歩は『類聚国史』等々の編纂によって歴史を正すこと、第三歩が唐文化からの離脱宣言としての「遣唐使廃止」の御決断、そして第四歩が譲位するに際して新帝に与えた『寛平御遺誡』である。それらの底の底に流れている精神を一言に要約すれば天皇親政による国風文化の発揚である。

「国体」というものの原点

理想を抱いた人間の言動には、連続性がある。人間の営みは多岐にわたるが、それでも必ずどこかに、その理想の痕跡（こんせき）というものが残る。このことに関しては高御位の御方といえども同じであろう。だとしたら、歴史を考える時、なかんずく天皇の業績を振り返る時に、諸々の事象の奥深いところに隠されているであろう大御心というものを読み取らねばならない。そのためには、人格というものを前提とした連続性を想像しなければならない。もちろん、この場合の人格は近代主義的な意味での人間の個性というものではない。個人を超越した祭祀王たる天皇の祈りのようなものである。天皇に宿ったイデア（理想）であり、その理想がひそかに御代を超えて引き継がれることを想像せねばならない。その連続性こそが、「国体」というものの核心であるに相違ないのだ。

そこで、まずもって、宇多天皇は国体意識のつよい帝であったと仮説する。理由は若い時に一度、臣籍にくだって武門の人になったことがあるからだ。その頃の武人の本義は朝廷をお護りすることであった。言葉をかえれば国体護持のために命をかけるということである。そういう御方が運命のいたずらというべきか、御即位なさって宇多天皇となられた。この一事をもってしても、国体意識のつよい帝であられたことは疑いようがないのである。この一事を踏まえた上で推論すれば、藤原家一門が権勢をほしいままにしてきた摂関政治に終止符を打とうとするのは必定である。だとすれば、「阿衡の紛議」は、藤原一門に対する、帝の先制攻撃だった。国体という観念からすれば、この処置は「国体護持」ということになり、言葉をかえれば「正統性」の顕現である。このことを政体論の文脈で考えれば、当然「親政」の御覚悟の表明である。結果として、この時に摂関政治が終焉した。それ以来、帝が菅原道真を重用（ちょうよう）したのは必然である。菅家は藤原一門に比べれば傍流の傍流と言えるが、そのことが君臣のまじわりというものを正常にし、かつ理想の関係にしたと言える。

国体というものの核心には天皇がおられるし、国策というものの根本にも天皇という祭祀王の祈りが反映される。元武人たる宇多帝にはそういう構造がよく見えていた、と思われる。その大御心と大御宝としての国民をどのように結び付けるか、いかにして直結させるか。大御心と大御宝の距離をいかにして短縮させるか。そのためにはまずもって摂関政治を廃止し、天皇自らが政事の前面に出なければならない。つまり天皇親政への思いであり、覚悟である。「阿衡に職掌なし」とされているところの「阿衡」の二文字をもって藤原一門の最大の権力者、摂関政治の最高の権力者を無力化した。みごとというほかない。この人事権の発動こそが「親政」への第一歩であった。

そして次なる戦いは何か。「親政」を阻むところの官僚機構、その牢固たる集団だったのではないか。当時の官僚制においては、その採用試験も、昇級試験もすべて唐文化の深浅によって測られていた。自国の歴史と文化ではなく、唐国の文化を身に付けることが昇進の条件だった。特に平安京に遷都して以来、中でも嵯峨天皇の勅によって三つの漢詩集が編纂されて以来、官僚たちは唐風文化一辺倒になってしまった。そして、それこそが「親政」の最大の障害になっていた。その障害を除去するためには、唐国との決別宣言をしなければならない。それが「遣唐使廃止」の勅だったのである。その時に菅原道真の建議によるとしたのは、「阿衡の紛議」同様、藤原一門に対する封じ込め作戦の一つだったとも解釈できる。それはともあれ、唐風の教養と唐風の官僚システムが「親政」の最大の敵だったということをおさえてみると、宇多帝の一貫した人格と、その胸に宿った理想というものが見えてくる。

その「遣唐使廃止」という国策の大転換があった時、敦仁親王は十歳だった。そして宇多帝の譲位によって即位されたのは十三歳の時だった。年少ではあったが、親王は見るべきものはすべて見、先帝の胸中をわがことのように感じていたに相違ない。そのように思えるのは、醍醐帝になられて数年後に、勅撰による和歌集のことを考えたと思えるからである。それまでの勅撰は漢詩集しかなかった。漢詩が上位で和歌は下位だった。即位して間もない醍醐帝は、先帝が決断された「遣唐使廃止」という国策を、その本質において継承するには何をなすべきか、と思い巡らすうちに、勅による和歌集こそがそれにふさわしい、と思うようになった。それがわが国初の勅撰和歌集誕生になるわけであるが、醍醐帝の胸中においては、幼い頃に見た先帝の決断とこの連続性を意識していたに相違ない。「親政」の理想と、「国風文化」の発揚という先帝の深い思いを引き継ぐためには、和歌集の勅を出すことこそがそれにふさわしい。醍醐帝は即位後、上皇になられた先帝に、そのように語ったのではないか。

美意識における戦いが始まったのである。美意識と政体論が繋がったのである。そうして、わが国初の勅撰による『古今和歌集』が編纂されることになる。

「漢語」と「和語」の葛藤

歴史上いまだかつてなかったことをするには、それなりの動機があり、それ相当の決断力がなければならない。繰り返し言うが、勅撰の漢詩集はすでに三例ある。三つとも嵯峨天皇の勅によるもので、『凌雲集』(八一四)、『文筆秀麗集』(八一八)、『経国集』(八二七)の三点。これらより古いわが国初の漢詩集としては『懐風藻』(七五一)があるが、これは勅撰ではない。淡海三船(おうみのみふね)、石上宅嗣(いそのかみのやかつぐ)らの私的アンソロジー(詩華集)にすぎない。同じくわが国における最初の和歌集である『万葉集』も勅撰ではなく、大伴家持の私的アンソロジーであった。これらのことからも推察できるように、和歌という伝統的言語表現の地位は、外来の漢詩よりもはるかに低いものだった。しかしながら、その漢詩というものが、漢音や呉音で詠まれていたのかと言えば、そうではあるまい。返り点などをつけて訓読していたに相違ない。シナ語の達人ならば別であるが、それができる人は通辞(通訳)ぐらいのものだっただろう。だとすれば、訓読の漢詩は日本独自のものだったとも言える。

そのような意味では、わが国で盛んになった漢詩文は、わが国の文化だという論も成り立つ。「五言絶句」だ「七言絶句」だと言ってみたところで、シナ語ではなく日本語による漢字のポエム(韻文)ということになる。そして、そのような漢詩文の隆盛によって、日本語の語彙(ごい)が、漢語と和語の区別があったとはいえ著しく増大したことは事実であり、その日本語のキャパシティーの大きさが、後に西洋の列強と出会った時に大きな力を発揮することになる。ちなみに言えば近代の中国における西洋文明の摂取は、ほとんど日本人が工夫した漢字表記によっている。ところが彼らは日本における表音文字としての仮名文字を発明していないから、列強諸国語と自国語との区別がつきにくいというハンデを背負っている。こういうことを、ここで一言するのは、わが国における漢詩文の隆盛という歴史を十分評価したうえで、わが国における漢語と和語の葛藤について語りたいが故である。

さて、あらためて言うが漢詩文の上位ないしは絶対の時代が永く続いていることについて、宇多天皇はどうお思いになっていたか、次代の醍醐天皇は、先帝の胸中をどうお察しし、自らがやるべきこととして何をお考えになったか。そこにいかなる精神の連続性が秘められていたのか。もし連続性があるとしたら、それはいかなる精神によって繋がっているのか。このことは確たる文献のあるなしにかかわりなく、後代の国民の一人としてお察し申し上げねばならないことだ。推論にすぎないとしても、推論せねばならない。そうしないと、歴史の因果が、歴史の連続性がわからない。そして私は、わからないといって放置しておくわけにはいかない。

そもそも、わが国は「言挙げ（ことあ）をしない」国柄であることを承知したうえで、国史というものを考えなければならない。言挙げしない国史というものを対象にした時、現在を生きる我々はどうしたらよいのか。推察すべきことは推察しなければならない。そうした営為を積み重ねることによって、国史の真実というものがはじめて浮かび上がってくるのではないか。私が本稿でしばしば「推論すれば」というフレーズを使ってきたのはそのためだった。

その「言挙げしない」国史の中心の中心に天皇陛下がおられるのだ、と考えなければならない。言挙げしないが故に、臣たるものは、その大御心を拝察せねばならない。それが臣たるものの心得の第一である。したがって天皇を戴くところの国史を考えるに際してはつねに、その時の大御心と臣たちの行動を重ねつつ想像力をはたらかせねばならない。

そのような、わが国の国柄を承知したうえで、宇多帝と醍醐帝の御代を想像してみることが重要なのである。大御心を拝察し、推察することが臣たる者の能力であるとしたら、かの「遣唐使廃止」のことも、「菅原道真の建議による」と特記してあるが、それを額面どうりに受け止めるわけにはいかない。時の帝をお護りするための知恵の一つにすぎなかったのかもしれないのだ。

「親政」の理想と「和歌」の復興

重複することを承知して言う。宇多帝と醍醐帝は濃密に繋がっている。その継承の節目に、先帝が新帝に与えた『寛平御遺誡』というものがある。つまり譲位するにさいしての「遺誡」、平たく言えば心得るべきこと、注意すべきこと、人事に関すること等々が記されている。寛平九年（八九七）七月のことである。そこで先帝宇多天皇は、新帝醍醐天皇に何を託したのか。ここにおいてもまた推測、推論をはたらかせねば、本当の真意というものが表われてこない。

その遺誡で述べられていることは、天皇としての動作、振る舞にはじまり、学問につとめること、公事、儀式、叙位、任官などのありかたや注意すべきことがらが記されている。それに続けて人事についても言及し、藤原時平は政務に熟達しているから顧問として教えに従うこと、菅原道真は学者として政事を深く理解している者であるから、功臣として信任すべきこと等々が記されている。

一見して当然のことを記しているにすぎないように思えるが、この「御遺誡」の底に流れているところの精神とは何か、を問うてみなければならない。つまり、宇多天皇の「親政」についての思いの深さをおしはかりながら読まねばならない。文中にある「公事、儀式、叙位、任官」についての注意点というのは、すでにして「親政」を前提にしていると読むべきであろう。当然のことながら単なる注意点などと思ってはいけない。譲位するにあたって「御遺誡」を書き記したということ自体が異例なことであるのだから、その遺誡には深い深い思いが隠されていたと推測せねばならない。

宇多帝が「公事、儀式、叙位、任官」についての注意点を書き記すこと自体が「親政」なのだと言わねばならない。「親政」という理想を抱いていないとしたら、「御遺誡」など記すはずもないのである。

さて、その「御遺誡」をいただいた新帝・醍醐帝は即位（寛平九年）して九年目に、わが国初の勅撰和歌集を編纂させた。すなわち『古今和歌集』である。これまでの勅撰歌集といえばすべて漢詩集であったことはすでに記した。その初の和歌集編纂の勅命を出すにあたって醍醐帝は何を考えたか。史上に例のないことをするにはそれなりの思いの深さと、その思いを支える歴史観と哲学というべきものがあったはずである。

それを推論してみるに、まず第一に想い浮かぶことは、先帝の行った「遣唐使廃止」という国策の一大転換である。その時醍醐帝は十歳だった。九歳で立太子しておられるから皇太子というご身分で、この国策の大転換に立ち会ったことになる。その時英明な少年の胸中に何が宿ったか。

その時すでに遣唐使は六十年間途絶えていたのであるからして、「廃止」の意味はおのずと象徴的なものになる。ここが大事なポイントだ。特に知識層にとっては重大なるシグナルになったことだろう。その重大なるものの中心に「国語」が浮上したことは疑いようがない。「漢字・漢文」と「和語・和文」の緊張関係である。当然、学問のありかたにもおよぶ。菅原道真の悲劇もここからはじまる。道真の建議によって遣唐使が廃止されたということが公にされれば、その余波のすべてが道真に向かうことになる。事実そうなったことはすでに述べた。

そもそも「天皇親政」という理想が胚胎した時から、遣唐使は廃止される運命にあった。したがって宇多天皇の決断は必定だったと言わねばならない。「道真の建議」によるというのは、廃止後の政治的混乱のすべてを、道真が引き受けるというシグナルだったに相違ない。美事なる忠勇ぶりと言わねばならない。

醍醐帝は十三歳で即位したのであるが、遣唐使廃止の余波はしばらく続いた。その混乱のただなかにあって、たじろぐことなく、先帝同様の「親政」をつらぬこうとした。そういう思いのきわまったところに、勅撰による和歌集のイメージが胚胎した。漢詩集の勅撰はすでに三つあるが、和歌の勅撰はない。一つもない。ないことに気づいてみれば、なぜかと問わざるを得なくなる。

遣唐使が続くかぎり、漢詩が和歌よりも上位になる。けれども、と醍醐帝は考えた。遣唐使が廃止されて、すでに十年の歳月が流れている。そのことに気づいた時に、醍醐帝の脳裏に勅撰和歌集のイメージが宿った。すでに漢詩集の勅撰は三つもあるのに、和歌集の勅撰は一つもない。これはいったいどうしたことか、と。

先帝は「親政」の理想を抱いたが故に「遣唐使」を廃止した、そして、その理想の「親政」を引き継ぐために何かをせねばならない。醍醐帝はそういう思いをめぐらしているうちに、かつて嵯峨天皇の御代に勅撰の漢詩集が編まれた故事を思い出した。だが、いまだかつて和歌集の勅撰は一つもなく、伝えられている『万葉集』は大伴家持の編んだものであるから、いわば私撰の和歌集にすぎない。

醍醐帝は、その勅撰和歌集の構想を抱いた時に、それこそが先帝の決断された遣唐使廃止という国策に沿うものだろうと直感した。そしてまた、そうすることが「親政」という先帝の理想を引き継ぐことになるとも思った。

宇多帝の「遣唐使廃止」と醍醐帝の勅による『古今和歌集』は、外政と内政の違いはあるが美事に繋がっている。国策としては表裏一体とも言うべきことである。そして政治における「親政」は当然、国語と国字の重視、そのよりいっそうの復興となる。

天皇親政の象徴たる土地政策

醍醐帝の勅によって誕生した『古今和歌集』について語る前に、醍醐帝の土地政策について語らねばならない。なぜならば、日本史における土地政策の原型とも言うべきものが、この帝によってつくられたと思えるからである。それは延喜二年（九〇二）に出された「荘園整理令・勅旨開田および荒田・山野占有禁止令」と言われるものである。

土地所有に関する再検討は、わが国史において何度か行われているが、それはみな天皇の名によってこそ可能だったことであり、それこそが「天皇親政」の一大事業だったと言える。

醍醐帝は、その一大事業を即位して六年目に実行された。勅撰和歌集編纂とともに特筆大書されるべきことである。天皇陛下の「御製」というものが特別の意味を持つことと並んで、土地なかんずく農地に関する詔勅は、「大御宝」たる国民との太い絆だったと言える。つまり「大御心」と「大御宝」の信頼関係の再構築にほかならず、その意味において土地政策は「天皇親政」という政治形態の核心に位置づけなければならない。そしてこの「大御心」と「大御宝」の信頼関係は、わが国史において一貫して流れているものである。例えば時代がくだって明治維新の時の「藩籍奉還」（明治二年）も錦の御旗あってのことであり、大東亜戦争後の被占領期における「農地解放」も、天皇陛下のご存続あってのことである。ついでに言えば国史に何度となく記されている「徳政令」も天皇の名のもとに行われてこそ意義があるのであって、その典型的事例が、後醍醐天皇が発した「徳政令」（建武元年、一三三四年）である。そして、この徳政令という形での世直しも、わが国独特のものである。

醍醐帝のこの世直しのための土地政策は、まさに「親政」の大号令と言ってよいだろう。先帝宇多は譲位直後に剃髪して上皇（法皇）になられておられるから、その土地政策にどこまで関与しているかは不明であるが、自ら抱いた「親政の夢」がここで大きく花ひらいたと、よろこばれたことは疑いようがない。そして後代の我々としては、宇多・醍醐両帝の理想主義の連続性におどろかされるのである。

その土地政策すなわち「延喜の荘園整理令」の骨子は次のようなものである。

①当代以降の勅旨田設置の全面禁止。すなわち皇室の私有地を増やしてはならない。

②諸国百姓の田地、舎宅の寄進および売与を禁止。つまり百姓からの寄進も受けてはいけない。

③院宮王臣家が閑地・山野などを占有することを禁止。閑地とは耕さずに荒れはてた農地のことだが、それすらも占有してはならないというのである。

④院宮王臣家が、百姓の私宅を荘家と号して稲穀を蓄積してはならない。すなわち宮の倉庫に納めるべきものを隠してはならない、ということ。脱税防止策にほかならない。

以上四点が「延喜荘園整理令」の骨子であるが、これを単なる徴税のための改革と見てはいけない。その整理令につづけて、「班田を十二年に一度とする」という令を出していることからして、かつての「班田収授法」(白雉三年・六五二年)の理想に戻ろうとしていると解釈せねばならない。つまり、「大化改新」(六四五)に始まり、大宝律令(七〇一)によってほぼ完成したところの、わが国における理想の土地政策を復元しようとしたのだと見なければならない。

そのように解釈してみると、表面的には土地政策ではあるが、その精神に内在するものは「復古革命」だったのではないか。そう解釈することによって、見えてくるものがある。

「国づくり」の大構想と「公正」

醍醐帝は天才であると言ったら不敬であろうか。なるほど天皇を才能のレベルで語ることは不敬と言わねばならない。天才などという概念は俗な出自の人の才能を褒めたたえるにふさわしい。そういうことを承知しながらも、醍醐帝の治世を想像し、追体験していると、天才的治者だったのではないかと思えてくる。そのことは、即位から勅撰和歌集の編纂を決意するまでの九年間を見ただけでもわかる。そしてなお、先帝、すなわち上皇が譲位するに際して、「御遺誡」で相談相手にせよと言われた右大臣・菅原道真は太宰府に追われていまはいない。左大臣・藤原時平は、先帝と緊張関係にあった摂政・基経、すなわち「阿衡の紛議」を起こした人の息子であるから油断ならない。ちなみに言うと、大宰府の道真は、帝が「荘園整理令」を出した翌年（延喜三年、九〇三年）に歿している。

一見して、若い帝は孤立しているように思えるのであるが、天才的治者はたぶん、孤立しているかどうか、側近が多いか少ないかなどということは意に介さない。孤立こそが力であると考えていたのではないか。そうに相違ない。だからこそ、側近たる「院宮王臣家」に対して、よりいっそうの禁欲を迫ることになる「荘園整理令」を出すことができたのだろう。その令をお出しになるというご決意をかためた時に、帝の脳裏に浮かんだものは何だったのか。大御宝なる百姓、つまり国民というイメージだったのではないか。

「天皇親政」という政治的理想は、「君側の奸を討つ」という激しい表現と繋がりがちであるが、その一歩手前において君側に禁欲を求めるということをせねばならない。討つ前に「院宮王臣家」に対して、まずもって納税の義務をはたせと命じたのである。言葉をかえれば「公正」という理念を政事（まつりこと）の中心にすえたということになる。

わが国における「公正」という理念はどこから発せられてきたのか。その発信元はどこだったのか。そして、その「公正」という理念と政治が結び付くとしたら、それはいかなる政体においてであるか、を問わねばならない。

日本人は太古から、天皇が祭祀王であることを知っていたし、そう信じていた。つまり天皇はプリースト・キングであって、エンペラーでもなく、キングでもないことを知っていた。そして、その祭祀王たる天皇には私心、私欲というものがなく、つねに「公」のことを考え、そのために祈り続けてきたということを国民は知っている。知っているが故に、「天皇親政」という言葉に、「公正」という理想を重ねるのである。つまり理想的な政治形態として「天皇親政」という原理があるのだ。そして、その政治的理念は、西洋史における祭政一致の政体とも違うと言わねばならない。なぜならば、その汎神論的世界観には排他性がきわめて稀薄だからである。

論議を日本的「公正」に戻すと、その「公正」は、日本的超越の精神によって担保されるものであり、万世一系の天皇のみが体現できるものなのである。

醍醐帝は「荘園整理令」を出した翌年に、院宮王臣家に対して、「唐物購入禁止令」を出している。これが美意識における戦いであることは前章（第五章）で述べたが、ここではそのタイミングのよさに言及しておこう。

もうそのころ、帝の胸中には、和歌集編纂の勅を出そうというお気持ちがふくらんでいたことだろう。そして、それが唐風美意識と国風美意識の戦いになることを確信して、先手を打つことにした。帝は美意識における覇権というものの恐ろしさを知っていた。院宮王臣家がみな唐風美意識に屈しているさまをいやというほど見てきたからである。「和魂漢才」などと言ってみても、美意識がおかされてしまったら、和魂もおかされる。和歌集編纂の勅を出す前に、やらねばならない前哨戦がある。帝はそう考えて、唐物の購入を禁じたに相違ない。この精神のすばやい動きと、決断の速さは驚歎に値する。

そのころすでに、帝の脳裏には『古今和歌集』の編纂と、『延喜式』編纂のことがほぼ同時に想い浮かんでいたことだろう。

私の推論によれば、もうその時に『延喜式』の編纂作業は時平にと考えていたことだろう。あの左大臣の藤原時平である。言うまでもなく、時平は藤原一門の長（おさ）であり、彼を政治の現場から遠ざけることの意味は大きい。「親政」の理想のためには、それが最上の人事と言わねばならない。それらのすべてを踏まえて、私は「天才」という言葉を使いたくなったのである。

第七章　国語への愛と確信

唐文化との決別を決意

初の勅撰和歌集たる『古今和歌集』が撰上されたのは延喜五年（西暦九〇五）である。「遣唐使廃止」という国策の大転換があったのは寛平六年（同八九四）であるからして、この二つの国策的大事業のあいだには十年ほどの歳月しか流れていない。たった十年なのである。そのことに私はこだわる。十年の年月というものは、たった一人の人間にとっても何事かを成さんとするときの許容時間のようなものである。あるいは中間地点のようなものだろう。

そのような事情は、国の政治においてもはなはだ似ている。われわれが経験した時代においても、戦後復興計画が十年、所得倍増計画が十年というように、国家の計略においても十年という歳月は決定的な意味をもっている。逆にいえば無策の十年がつづけば帝国といえども衰退するということだ。そのような尺度をもって「遣唐使廃止」という外政における大転換と、「勅撰和歌集」という内政における大事業は表裏一体を成しており、決して切り離すことのできないものである。そしてそれが、たった十年の隔たりにすぎないのであるから、もうこれは一つの人格の中で起こった出来事として考察せねばならないことだろう。

ちなみにいえば、「遣唐使廃止」のとき、宇多天皇は御年二十七歳、ときに皇太子であられた醍醐天皇は御歳十歳だった。そして『古今和歌集』が撰上されたとき、宇多天皇は三十八歳、醍醐帝は弱冠二十歳である。

この御年からしても、「遣唐使廃止」という外政上の一大決心と、初の「勅撰和歌集」編纂という内政上の一大決心が別々のものだったということはありえないだろう。そしてなおいえば、遣唐使廃止を建議し、その責のすべてを負って大宰府に流された菅原道真がこの世を去ったのは延喜三年（九〇三）である。すなわち初の勅撰和歌集が撰進される三年前のことである。

このように主要な出来事を確認してみると、みなオンリーイエスタデー、たったきのうのことだった。したがって、それらの出来事は、一つの人格の内側におさめることすらできるだろう。

私はこれまで宇多帝のことから語りはじめ、その先帝たる光孝天皇については一言も触れていなかった。在位はたった四年たらずの帝ではあったが、和歌をこよなく愛した帝だったことは明記しておきたい。国風文化の高揚には一役かっていたのである。つまり、わが国史における「言語ナショナリズム」、和歌の地位向上についての功労者といっておかねばならない。そしてまた光孝帝は、唐の商人たちの唐物の販売を禁止した令をお出しになったことからもお察しできるように、文化ナショナリズムの唱導者の一人であったことは間違いない。

さて、もう一つ大事なことを明記しておかねばならない。八〇〇年代における仮名文字の普及である。つまり表音文字というものを発明したことと、和歌の調べがととのえられたということだ。逆にいえば漢語的調べからの解放である。つまり大和ことばによる言霊の復活と再生である。

重ねていう。くどいほどにいわねばならない。遣唐使廃止と勅撰和歌集の編纂は一連のことであり、表裏一体を成すものである。そして、その唐帝国と唐風文化との離別の思いの深さが、『古今和歌集』の「仮名序」にほかならない。その意味でも、「仮名序」は、わが国史はじまって以来の自立のための大冒険といわねばならない。そして、それは今日から見ても大胆きわまりないものであり、今後もありえないほどのものであるという意味で空前絶後のことである。痛切である。断固として痛切である。アジアの漢字文化圏のみならず、世界史的視野から見ても前例のない苛烈な大実験といわねばならない。

この試みは表記のレベルに限定されるものではない。厳密に「やまとごころ」の明記であり、その洗練であり、それを古典的様式に高めることだったといわねばならない。そのことを「仮名序」にそってゆっくり語ることにする。

遣唐使廃止十年目の決断

醍醐帝から和歌撰集の勅命を受けたのは、紀友則、紀貫之、凡河内躬恒(おおしこうちのみつね)、壬生忠岑(みぶのただみね)の四人である。そして勅撰なるのが延喜五年ということになるのだが、私はその帝の勅が出された年にこだわる。勅をうけて撰進なったのが延喜五年であるということは、撰の時間をどのように想像したらよいのか、という経過の問題を想起させる。勅が下だって撰進なるまで、どう考えても一年や二年はかかるだろうと私は想像する。延喜四年に帝は多くの歌人に「家集並古来旧歌」を献ぜさせている。たとえば『日本古典文学大辞典』の「古今和歌集」の項にもそのような一行がある。

私はその一行にこだわり、それを重視する。なぜならば延喜四年（西暦九〇四）は、かの遣唐使廃止（寛平六年、同八九四）からかぞえて、ちょうど十年に当たるからである。つまり、そこにおいて外政と内政とが表裏一体になる。しかも遣唐使廃止という世紀のご聖断をくだされた宇多帝はその三年後に譲位され、そのまた二年後には上皇の御位につかれている。そして上皇になられて五年目が延喜四年にあたる。かたや醍醐帝は十三歳という若さで帝位につかれ、延喜四年には二十歳になられている。

そして、遣唐使廃止という世紀の大転換を宇多帝に建議した菅原道真は、大宰府に流されたままその地で延喜三年（九〇三）に歿している。その道真死去の報は当然、上皇にも帝にもすぐさま伝えられていただろう。その報に接したとき、宇多上皇はある光景をありありと思い出していたことは疑いようがない。

それはこういうことだ。道真左遷のことは上皇には全く報告されないまま断行され、上皇がその異様な気配を察して内裏に馳せ参じたのであったが、誰も門を開かなかった。そのとき上皇は草座を敷いて終日、庭さきにおわしたが、ついに内裏の門は開かれなかった。何もかもが異常のうちに、道真の左遷は断行されたのであった。讒言(ざんげん)によって失脚し、不条理にも流罪となった道真というイメージは、上皇のみならず、しだいに人々のあいだにひろまったに相違ない。

そうして延喜三年、「道真死す」の報がとどいた。大宰府流罪から二年目の冬のことである。道真は漢詩の名手であるとともに和歌の名手でもあった。その道真死去の翌年に、『古今和歌集』編纂の勅が出されたのであるから、遣唐使廃止に始まる国風文化の高揚が、おのずからして初の勅撰和歌集を誕生させることになったといえるだろう。くどいようだが、くりかえしいわねばならない。遣唐使廃止と勅撰和歌集の編纂は、外政と内政という次元の差はあれども、国風文化の高揚という点においては表裏一体、一対の国策だったといわねばならない。そして、その国風文化高揚の情熱が「仮名序」という史上初の試みにつながった、というのが私の解釈であり確信でもある。

その仮名序について語るまえに、道真の和歌二首をここに記す。『古今集』所収のもの。

吹上の浜のかたに菊植えたりけるを詠める
秋風の吹上にたてるしら菊は　花かあらぬか　浪のよするか

朱雀院のならにおはしましける時に、手向け山にてよみ侍りける
このたびは　ぬさもとりあへず　手向山　紅葉の錦　神のまにまに

大学者にして漢詩人たる道真らしい和歌といわねばならない。ただ、それほどに唐文化を学んできた碩学が、ま

ことに深い尊皇の心を胸にひめていたことは疑いようがないのである。その尊皇の思いを表明する漢詩を再び記して、道真の死を悼もう。

去年の今夜、清涼に侍す。
秋思の詩篇独り腸を断つ。
恩賜の御衣今ここにあり。
棒持して毎日余香を拝す。

さて、その道真の死の翌年に、『古今和歌集』という初の勅撰和歌集の準備が始まったことを明記してさきにすすむことにする。

「生歿年不詳」という不思議

古今和歌集の「仮名序」について考える前に、「和語」についての自覚ということを想定しておかねばならない。和歌は和語だけで表現されなければならないという自覚のことである。漢詩における「からごころ」というものに対する「やまとごころ」の自覚であり、それにもとづく自己主張である。そこまでいけば当然、国体というものに対する自覚が高まり、言語と国柄についての考察にいたらざるをえないだろう。そのことを考えるに際して、まずもって勅をうけて撰にあたった人物についての基本的なことがらを確認しておかなければならない。簡略に記す。

▽紀貫之＝生年諸説、没年大慶八年（九四五）三十六歌仙の一人、官人としては越前権少掾、大閃記、加賀介、美濃介、大監物、右京亮などを歴任、延長八年（九三〇）には土佐守となったが、帰任ののちは不遇。勅をたまわったとき二十八歳、のちに『土佐日記』をかく。二十歳のころ寛平后宮歌会に列しているから、その歌才は早くから注目されていた。

▽紀友則＝貫之の従兄弟。生年不詳だが、寛平九年（八九七）土佐掾、少閃記、延喜四年（九〇四）大閃記になるとあるから、撰にあたったときの地位は大閃記である。

▽凡河内躬恒＝生没年不詳。三十六歌仙の一人。延喜七年（九〇七）丹波権大目、同十一年和泉権掾、同十七年和泉大掾・六位、淡路掾を歴任とある。だがこれでは編纂時（延喜六、七年）の地位は不明。史上初の勅撰和歌集の撰に当たった人物の生年も没年も不詳ということは何を物語っているのか。

▽壬任忠岑＝生没年不詳、三十六歌仙の一人。はじめ左近衛番長として藤原定国の随身をつとめ、延喜五年（九〇五）右衛門府生、のち左近衛将監など歴任、摂津権大目に任じられ六位となる。宇多上皇の大井川行幸に従っている。ほか寛平から延喜年間の歌合にはほとんど列席している。（以上『コンサイス人名辞典・日本編』より抜粋）。

四人の編者のうち二人までが、つまり凡河内躬恒と壬任忠岑の生歿年不詳ということは何を意味しているのだろうか。私はこのことが不思議でならないのだ。おそれおおくも勅撰和歌集、わが国初のやまとことばによる詩歌集の選者に選ばれたほどの人物のことである。私はそこに、出世時の不幸な歴史が影をおとしているのではないかと想像する。そもそも『古今和歌集』の原本は、はやくに失われていたようで、いまにつたわるいちばん古い写本が十一世紀初葉のものだとされている。つまり撰進が西暦九〇五年であるからして、十一世紀初葉といえば、およそ百年後の写本ということになる。漢詩優位の時代は、勅撰和歌集が編纂されたからといってすぐに終息したわけではない。政治的言語が漢語漢字で表記されつづけるかぎり、言語生活における二元論はまぬがれがたいことだし、その二元的言語生活が、わが国の文化をゆたかにしたというべきだろう。

私はここで、あらためて和歌と国語とその表記についての僥倖(ぎょうこう)なる歴史に思い到るのである。国民的規模において和歌を詠みつづけてきたこと、そのことが漢字漢語の普及にもかかわらず、その影響力を限定的にしてきたのだということに思い到る。そして、その金字塔こそが、遣唐使廃止とその十年後に編纂された『古今和歌集』にほかならない。その意味において『古今』はナショナリズムの最も美しい花だったといわねばならない。それ以来、『古今』は今日にいたってもなお、ナショナリズムの花でありつづけている。

それ故にこそというべきか、『古今』は誕生のときから、悲劇的な運命を背負わされていたのではないか。私の直感によれば、あの原本喪失という事実、その歴史的事件にもその悲劇性が隠されているのではないかとさえ思えるのである。ナショナリズムの象徴たる勅撰和歌集、その最高の表現であるが故に、不思議な事件に巻きこまれて、その原本が行方知れずになったに相違ないのだと。そしてなおいえば、撰者四人のうち生歿不詳者が二人もいるということ自体がおかしい。何かが断絶されたのではないか。ことによると、ある時から不詳にされたのかもしれない。どう考えても不自然さが残る。そして原本不在のまま歴史はつづき今日にいたっているのである。

その原本喪失問題はともあれ、今日に伝えられている最も古い写本、十一世紀初葉の「関戸本」にもとづいてすべてのことが論じられている、というのが現状である（小西甚一著『日本文藝史』Ⅱなど参照）。

ここまでを確認したうえで、本題であるところの「仮名序」について語りたい。

「仮名序」という大胆な挑戦

これから引用する紀貫之の「仮名序」をはじめとする和歌は、藤原定家筆伊達本『古今集』(重文)を底本とするところの久曽神昇『古今和歌集(一～四)全訳注』(講談社学術文庫)による。

私かここで「仮名序」を大胆な挑戦というのは、単なる実験という行為以上の戦いの姿勢を感じるからである。さまざまな不便を承知しながらも漢字・漢語を潔癖なまでに拒否していること、つまり表意文字を排除して、表音文字にすべてをたくしているからである。先達たちが工夫してきた表意文字としての漢字の訓読みまでもしりぞけて、すべてを固有名詞から身分・肩書のたぐいにいたるまでも平仮名表記にした。不便を承知しながら、あえてそうしているところに、私はなみなみならぬ決意というものを読みとらざるをえないのである。その決意のほどを「一言に要約すれば、漢字文化圏からの離脱、離脱しようとしながらも離脱しきれないものがあるとしたら、そのぎりぎりのところを確認しようとしているように思える。

さて、これから引用することになる底本は藤原定家筆伊達本であるから、その誕生のときから三百年近い年月が流れていることになる。そして、その定家は『新古今和歌集』(元久二年、西暦一二〇五年)の撰者である。ちなみにいえば、その『新古今和歌集』は『古今和歌集』成立の三百年後、ぴったり三百年後のことである。そして、その『新古今』の中心人物が『古今』を写本しているというところに日本人の歴史観、歴史意義、文化文芸の型というもののについての秘密が隠されていると思われる。私はあえてそれを「古典主義的意志」と名づけておきたい。「古典期」とか「古典主義」という概念はヨーロッパの美術史と文芸史において確立されたものではあるが、わが国史においても十分成立する文化概念であると私は信じている。そのことはおいおい語るとして、まずは「仮名序」の点検から始めよう。

やまとうたは、人のこころをたねとして、よろづのことのはとぞなれりける。世の中にある人、ことわざしげきものなれば、心におもふことを見るものきくものにつけていひいだせるなり。花になくうぐひす水にすむかはづのこゑをきけば、いきとしいけるもの、いづれかうたをよまざりける。ちからをもいれずして、あめつちをうごかし、めに見えぬおに神をもあはれとおもはせ、をとこをむなのなかをもやはらげ、たけきもののふの心をもなぐさむるはうたなり。

（久曽神昇『古今和歌集（一）全訳注』講談社学術文庫）

久曽神氏は以上の部分を二つに分けて解説しているが、私はひとまとめにしたほうがその文意がより明瞭になると判断した。

さて、私なりに大事と思われることを述べる。「いきとしいけるもの、いづれかうたをよまざりける」という一文をどう解釈するか、訳注者たる久曽神氏はこの部分が不明瞭だとしている。もっともなことである。人間つまりひとを主語にしてきたはずなのに、ここでいきなり「いきとしいけるもの」が主語になっているから解釈にまどう。しかし、構文上のあいまいさを無視することにして、ここでは「いきとしいけるもの」がみなそれぞれに「うた」をよんでいるのだと解釈したらいいのではないか。「うたをよまざりける」を、うたをうたっているという程度に解釈すると、それなりにおちつく。

話はまったく別次元のことになるが、私はかねてから日本人の自然観を「汎神論的自然観（はんしんろん）」といってきた。山川草木に神宿るということ。生きとし生けるものに神宿るという考え方は多神教的自然とも違う。多神教という概念は、数十、数百、数千、数万であれ、かぞえられる程度の神々であるはずだが、汎神論的世界観というのはかぞえきれない神々のことである。そのような汎神論的自然観を前提にして、さきに引用した部分を読むと、構文上の欠点はあるにせよ、「いきとしいけるもの、いづれかうたをよまざりける」という文章の真意は、汎神論的自然観とその擬人化というふうに解釈できるし、そう解釈すべきだと私は思う。

　このくだりに込められた文化意志、芸術観というものを美事にとらえた好例が三島由紀夫である。

　この冒頭の一節には、古今和歌集の文化意志が凝結している。花に啼く鶯、水に棲む蛙にまで言及されることは、歌道上の汎神論の提示であり、単なる擬人化ではなくて、古今集における夥しい自然の擬人化は、こうした汎神論を通じて「みやび」の形成に参与し、たとえば、梅ですら、歌を通じて官位を賜わることになるのである。（三島由紀夫『日本文学小史』第五章「古今和歌集」）

単なる擬人化ではなく、汎神論的世界観の提示であるというところが大事である。そして、その汎神論的世界が、歌によって秩序だてられ、歌によって官位を賜わることもありうるとする。汎神論と和歌による秩序と位階。三島はそこに、優れた文明文化がその揺籃期に形成する「古典主義」時代というものを見る。

　文治の勝利がすなわち詩の勝利であり、「あめつちをうごか」す能力は、こうして定立された純粋な文化的秩序にのみひそむというドグマを、貫之の古今集序は、飽くことなく固執する。それは復古にはちがいないが、あくまで古典主義の確立であり、なまなましい危険な古代そのものの復活ではなかった。文化意志が自意識の果てに、ジャンルの限定を劃(かく)することを何よりも大切と考えたとき、このような日本最初の古典主義の文化意志は、「我」の無限定な拡大の代りに、「我」の限定と醇(じゅん)化という求心性の極致にいたるのである。古今集序が、地上における歌道の始祖を素盞鳴尊(すさのおのみこと)に置いていることは、何か皮肉な感じさえする。（前掲書）

この三島の言辞で最も大事なことは、「古典主義」という概念であり、そのわが国初の文化意志の発揚を『古今和歌集』に見たことである。そして、その意志は、「我」の拡大ではなく、「我の限定と醇化という求心性」にあったとする。「我」の拡大ほど古典主義に反することはない、「我」の限定と醇化こそが古典主義の本質だということを、三島は強調する。そのような古典主義的意志というものを、『古今和歌集』に読み取った。明瞭に読み取ったのである。

「素盞鳴尊」という謎かけ

仮名序のつづきを記す。

このうた、あめつちのひらけはじまりける時よりいできにけり。しかあれども、世につたはることは、ひさかたのあめにしてはしたてるひめにはじまり、あらがねのつちにしては、すさのをのみことよりぞおこりける。ちはやぶる神世には、うたのもじもさだまらず、すなほにして事の心わきがたかりけらし。ひとの世となりて、すさのをのみことよりぞ、みそもじあまりひともじはよみける。（久曽神昇、前掲書）

「このうた」は「あめつちのひらけはじまりける時」、つまり天地創世のときからはじまっているのだが、「あらがねのつちにしては」というのは地上界においては、素盞嗚尊からはじまるというのである。三島由紀夫はそのことを「何か皮肉な感じさえする」といっている。なぜか。私にはそこがさまざまに解釈できて面白い。素盞嗚尊は荒ぶる魂の代名詞のようなものであるから、その荒魂をしずめるのが歌である。歌にはそういう力があるのだと強調しているのであろう。尊は高天の原で乱暴をはたらき出雲の国に追放されるが、そこで八岐大蛇を退治し、天の叢雲の剣を得たうえ、その地の姫と結婚し、歌をよんだ。それが和歌の最初だとされている。「八雲たつ出雲八重垣つまごめに八重垣つくるその八重垣を」とよむ。荒ぶる魂はしずめられたのである。「仮名序」の筆者である紀貫之は、そのように考えて素盞嗚尊にはじまるとしたのであろう。皮肉でも何でもない。和歌と精神の浄化作用を説きたかったと解釈すべきだろう。

起源論から分類まで

また、「仮名序」はこう展開していく。

かくてぞ花をめで、とりをうらやみ、かすみをあはれび、つゆをかなしぶ心ことばおほく、さまざまになりにける。とほき所もいでたつあしもとよりはじまりて年月をわたり、たかき山もふもとのちりひぢよりなりて、あまぐもたなびくまでおひのぼれるごとくに、このうたもかくのごとくなるべし。

なにはづのうたは、みかどのおほむはじめなり。あさか山のことばはうねめのたはぶれよりよみて、このふた

うたは、うたのちちははのやうにてぞ手ならふ人のはじめにもしける。（同）

文意は、このようにして咲く花を賞翫し、楽しげに鳴く鳥の声をうらやましく思い、たなびく霞を趣ふかく感じ、おく露をあわれに思う心も、言いあらわす詞も多いので、さまざまになった。例えば、遠い所も出発の第一よりはじまり、年月を経て到達し、高い山も麓のわずかの塵土が積り重なって、ついに天雲がたなびくほど高く成長するように、この歌もそのとおりであろう。

難波津の歌は、天皇の御代のはじめを寿いだものである。安積山の歌は、采女がたわぶれて詠んだ歌であって、この二首の歌は、歌の父母のようなもので、文字を習うはじめにもこの歌を習ったのである。

仮名序はそのさきで「歌体論」となり。歌の形体を六種に分けている。その第一は「そへうた」であるとし、「からのうたにもかくぞあるべき」と記している。『詩経』大序にある六義「風・賦・比・興・雅・頌」のことを意識しているのである。だが、その六義のことは特記されているわけではない。あげられているのは、「おほさざきのみかどをそへたてまつれるうた」である。

なにはづにさくやこの花ふゆごもりいまははるべとさくやこのはな

ふたつには「かぞへうた」として、次の歌を例示している。

さく花におもひつくみのあぢきなさ身にいたづきのいるもしらずて

さて、と首をかしげる人がいた。これが「かぞへうた」といえるのだろうか、と。この本は藤原定家筆伊達本『古今集』を底本としているから、定家の疑問と解していいのではないか。久曽神氏の訳文で示す。「かぞえ歌というのは、ありのままに詠んで譬喩などを用いないものである。この歌はどういう意味であげたのであろうか。その理由が納得しがたい。第五にただこと歌というのがこの歌に相応しいであろう」と。同意したうえで先へすすむ。

みつには「なずらへうた」である。

きみにけさあしたのしものおきていなばこひしきごとにきえやわたらむ

ここでも定家は、この歌が例歌としてよくかなっているとは思えないと疑問を呈している。

よつには「たとへうた」である。

わがこひはよむともつきじありそうみのはまのまさごはよみつくすとも

ここでも定家は不満をのべている。意味は、たとえうたというものは草木、鳥獣に託して思いを述べるものだが、この歌には、たとえた裏の意がまったくない、とまことにきびしい。

いつつには「ただことうた」である。ただこととは「直叙歌」のこと。

いつはりのなき世なりせばいかばかり人のことのはうれしからまし

むつには「いはひうた」、祝歌のこと。

このとのはむべもとみけりさき草のみつばよつばにとのづくりせり

このとの、この邸宅は、いかにも富んでいる。「さき草」は「みつば」にかかる枕詞、つまり三重四重に破風の重なった殿造りの豪邸の完成を祝った歌である。

以上、六種の形を要約して述べたが、この六種類に整理したことは、『詩経』大序にある六義（りくぎ）「風・賦・比・興・雅・頌」を意識してのこととされている。だが、その内容、その情趣はまったく異なっている。

「いろ」と「はな」について

久曽神昇氏は、「仮名序」を以上述べた「歌体論」の次ぎに「変遷論」と題して解説する。

今の世の中いろにつき、人の心花になりにけるより、あだなるうた、はかなきことのみいでくれば、いろごのみのいへに、むもれ木の人しれぬこととなりて、まめなるところには、花すすきほにいだすべきことにもあらずなりにたり。

注目すべきは、「いろごのみ………」、好色者のあいだにのみもちいられ、公式的なところでは詠み出すことができないようになった、というところである。ここには当然、漢詩との比較感がかくされている。表と裏の関係といってもよいだろう。三島由紀夫も、そこに注目している。

なるほど表立った場所で口に出しにくいものになったにせよ。実質は退屈な漢詩を圧倒した筈である。たとえ儒教風な偽善が世間の表面を覆うていたにもせよ、近代日本で「軟文学」と呼ばれた小説のように、十分青年男女の歓迎するところとなった筈である。(中略)奇異なのは貫之がこれを非難して、あたかも猥雑な歌のように、「色好みの家」に秘めて行われた、と言っていることであり、貫之は儒教に味方をして浮華な世相を攻撃しているようでもあり、それなら貫之は公的な漢詩の支持者でなければ辻褄が合わぬように思われる。

三島らしい抗議の仕方である。漢詩と和歌の棲み分けという悩ましい問題がここに表面化している。

第二部　日米開戦やむなし——歴史の宿命について

歴史の宿命を自覚せよ

毎年、終戦記念日を迎える八月という月を、私は憂鬱に思っております。なぜ憂鬱かというと、来る年も来る年も、あるいは節目の年が訪れると、歴史を振り返って歴史を裁きたがる人が非常に多いからです。つまり東京裁判史観に基づいて東京裁判の延長戦を行っているということに他なりません。

こういう犯人探しをくり返している精神というものは一体何なのだろうか。こういう歴史観はどうして生まれるのか。それは歴史を「選択肢の連続」として考えていることにあるのだと思います。たくさんの選択肢があって、「これを選んだから失敗だった」、「違う選択肢を選べば戦争を回避できたのだ」、このように歴史を選択できるものだという視点から眺めている。これは歴史の宿命というものを露ほども考えたことのない人の思弁がなせる業だと思います。

仮にすべての歴史が選択肢であれば、誤った選択をした者が犯人であって、戦争責任を追及することもできるでしょう。しかし、歴史を選択肢の連続としてみなす歴史観は、おそらく歴史のない国の歴史観です。歴史に対する畏怖を知らないからこそできるのだと考えます。そのような国にとって、歴史は選択肢しかありませんから、犯人探しを永遠に続けていく惨状が生まれるのです。

この「犯人探し」はいわゆる保守を自称している人々の中に相当いるように思います。たしかに、そうやって犯人探しをしていれば、原稿料を稼ぐことができるからかもしれませんが。

もちろん、先の第二次世界大戦を振り返って、ヒトラー、ムッソリーニ、スターリンあるいはルーズベルト、チャーチルすらも含めて、二十世紀の悲劇の原因と犯人を捜すことは可能かもしれません。しかし、諸外国の指導者のことを全く問わず、国内のみで「犯人探し」に終始することは東京裁判のやり直しに他ならないということを忘れてはなりません。

本来考えるべきことは、歴史においては我々の選択肢を超えた大きな宿命があるということです。そして、その大きな歴史の流れという運命を自覚したときから、歴史が物語に変わっていくのではないでしょうか。

特に大東亜戦争は、人類史の中で最大級の叙事詩的物語になりうるもので、これほど大きな物語を持っているのは、日本人以外にはいないのではないでしょうか。だからこそ、私は「日米開戦やむなし―歴史の宿命について」という大きな物語の末席に今の私たちがいるのだと自覚しているのです。この歴史というものが物語になる。そしてこの物語を継続することによって、国のために命を捧げた英霊に敬意を表する。これから私が話すのはまさにこのことです。それは歴史の運命、歴史の宿命だと、そういうものだと私は信じています。

この日本が長い鎖国政策に終止符を打ち、国際社会に否応もなく入らざるをえなかった幕末から明治、大正そして昭和の歴史を振り返ってみると、日本が直面した、いわば極東における大きな歴史の運命ともいうべき荒波を見据えざるをえません。

いわゆる欧米列強に包囲された中で、いかに日本が生きていくか。幕末に欧米列強によって押し付けられた不平等条約をいかに対等な条約に改正するか。そういった大きな世界史的運命と戦わざるをえなかったということを考えなければ、歴史を語る上で不公平ではないでしょうか。

我が国の近代史を語るとき、近代日本がおかれた歴史的宿命なるものを見据えることなくして、議論は成り立ちません。そのことに思いをいたすことなく、日本国内の犯人探しに終始する向きが未だにありますが、私はここに懐疑の眼差しを差し向けざるをえないのです。

なるほど、歴史はいわば多くの選択と決断によって積み上げられてきたものかもしれません。しかし、我が国は十七世紀以降、欧米列強がアジアを植民地支配し始めてから以降の四百年の歴史の中に置かれて、その中で開国を選択しました。このような大状況を考えると、「選択肢」という言葉よりもむしろ「歴史の運命」の大きさを自覚して、論じなければならないのではないでしょうか。そして、ここにこそ我々が東京裁判史観なるものから脱却する本当の意味があるのです。

東京裁判は日本人の中から戦犯なるものを裁きました。そして、それはこの時代の個々の選択の失敗を個人の責任という形で裁かざるをえなかったのかもしれません。もちろん、それが裁判というものの基本的構造であって、裁判というものが世界史の中における「歴史的宿命」などというものに言及してしまったら、そもそも戦犯裁判なるものは成立しなくなってしまいます。

我々が今やらなければならないのは、東京裁判史観的文脈から脱却し、歴史を今一度考え直してみることです。そして、この極東に位置した日本がどのような世界史的運命に押し流されつつ、しかし猛々しく運命と戦ったかということを考え直すことです。私が問いたいことの一つは、このことです。

メタフィジカル・ヒストリーとは何か

ところで、歴史学というものは、常に文献を重視することで成り立っており、それは歴史学の基本とされています。しかし、私は歴史的な文献に記述されていない、あるいは外交文書などに記述されていないところに、歴史の流れを読み解くキーワードがあるのではないかと考えています。

例えば、日露戦争以降、欧米諸国において大きく盛り上がった黄禍論ですが、この黄禍論の盛り上がりはいかほどであったのかということを正確に計ることは、歴史的文書からはなかなか確認しにくいものです。黄色人種である日本人と世界を植民地支配した白人、そしてアフリカ大陸の黒人という人種分類は、この時代においては我々が想像に及ばないとてつもなく大きな問題ではありましたが、そのようなことは外交文書や歴史文書にきちんと文字として全て残されているわけではありません。

いわゆる文献史学、実証的な歴史研究というものは非常に大事なものです。しかし、歴史には文献ではなかなか明確に記されていない、しかし、多くの指導者や多くの国民が抱いていた世界史のイメージなるものがあります。実証史学の中からわずかに読み取れる言葉から想像しうる、いわば形而上学的領域とでも言いうるものから歴史を考えていく必要があるのではないか。私はそれを「メタフィジカル・ヒストリー」と名づけたい。

二十世紀後半以降、確かに我々は深刻な人種差別という偏見から解放されています。人種差別という偏見から解放された二十世紀後半以降の思考方法で歴史を見ると、人種差別というものを見逃しがちになるのも、ある種当然かもしれません。しかし、日本が開国し、世界史の中に参入していった時代は、いわゆる人種偏見は明瞭に存在していた時代でした。日露戦争によって黄色人種の日本が白色人種のロシア帝国に勝利することが、世界的規模での黄禍論を巻き起こすに至ったということを無視するわけにはいきません。

かのハインツ・ゴルビッツァーというドイツ人は『黄禍論とは何か』で、日露戦争以降の欧米諸国とりわけアメリカ、ロシアにおける主要な政治家やリーダーたちがどのような人種偏見を抱いていたかを当時の新聞、雑誌等々を精査しながら、ジャーナリズムに登場してきた人種偏見と言う難題に対して実証的に迫っています。その現状を見れば、そういう列強諸国の人種偏見の真っ只中に日本は置かれていたのだと、まざまざと認識せざるをえません。

二十一世紀の今日では、黄禍論に触れることはまるで古傷に触ることであるかのような、時代に逆行する行いだと思われるかもしれません。しかし、黄禍論が盛んであった時代の只中で、我々は世界史に登場していったということを正確に考えてみなければならないのです。

このゴルビッツァーという歴史家が黄禍論という言説を拾い上げた努力は計り知れないものでしょう。同時に当時の西欧列強において無名の国民大衆が日露戦争に勝った日本という新興勢力に対してどのような恐怖心を抱いたのかということもまた、我々は推論しなければなりません。

嘉永六年（一八五三年）のアメリカ太平洋艦隊の来航によって、アメリカのマニフェスト・ディスティニーなる観念を体現化するかのごときペルー提督に出会ったことは、これから百年にわたる日米の宿命的出会いであったという点で特に重視しなければならない出来事です。アメリカという国はヨーロッパ大陸の古典的植民地支配という形をとらずに、旧大陸とは違った独特の使命感を抱いて、アジアの地にやってきました。それがペルーの来航とその後の日本への開国要求の持つ意味なのです。

武士道の拡大再生産

さて、一八五三年、我々はアメリカという世界史の新興勢力と出会うことによって、鎖国を終えることを要求されました。そのことは幕末における最大の事件であったと認識せざるをえません。日本はアメリカだけでなくイギリスやフランス、ロシアともそれぞれ修好条約を結ぶことで、本格的な開国を余儀なくされました。このことが幕藩体制の崩壊を招くに至ったことは日本史の通説といってよいでしょう。

この幕末から明治維新にいたる動乱期において、国内の佐幕派や尊皇派が権力を握るために外国勢力と組んで日本国内に〝黒船〟を招きいれようとする動きはありませんでした。この事実は非常に重要です。もしもあのとき、佐幕派あるいは尊皇派がそれぞれアメリカやイギリス、フランスなどと本格的に手を組んで戦っていたならば、今頃日本は植民地になっていたのではないかという大きな危険を孕んでいます。あの時代、外国勢力と組まずに明治維新という大きな変革を成し遂げたことを、我々はより高く評価するべきです。

外国勢力と組まずに、明治維新という大変革をなしえたところに日本史独特の意味があり、これこそが高度の文明、文化によって育まれてきた日本史の特色とも言うべき偉業でもあります。それはまた、日本人がこの国をどう意識していたか、いわば国体観というものをどう意識していたかという証明にもなります。例えばこの時代に開花した水戸学などは国体の観念を強く意識した学問体系です。

その話をする前に、このことだけは申しあげておかねばなりません。それは近代日本における武士道の国民的規模での甦りについてです。

明治維新という「革命」によって、武士という身分は消え去り、四民平等となりました。そこにおいて武士はどうなったのかと言えば、新渡戸稲造の『武士道』の巻末を思い出さずにはいられません。この『武士道』の末尾に近いところで、武士道が近代日本において先細りになったという危機感が描かれております。それはもっともです。新渡戸があの本を書いたのは明治三三年でしたので、このような危機感を抱いて当然だったと思います。新渡戸は盛岡・南部藩の下級武士の子弟として生まれており、いわゆる「賊軍」という意識もあってか、自分たち武士階層が消滅してしまったということに愛惜の念を抱いていました。

ペリーの来航から十数年、一九六八年の大政奉還、それに次ぐ五箇条のご誓文の公布そして王政復古の大号令と、歴史は瞬く間に流れていきます。ここで注目すべきは、「王政復古の大号令」という言葉の重みです。われわれは一口に「王政復古」と言いますが、このような復古革命ができたこと自体、実は世界史的に見れば奇跡のようなことなのです。フランスにしてもロシアにしても、革命をやり遂げてきた国は、結局「復古」革命を成し遂げることはありませんでした。そのなかで、日本だけが「復古」という革命を成し遂げることができたのです。これは世界史における例外中の例外だと言えます。

では何故、復古革命を達成することができたのか。これこそが日本史最大の象徴的出来事にして、最大の謎ではないでしょうか。万世一系の天皇の存在なくして日本はありえないという思考の連続性、そして同時に大化の改新が象徴する古代の国づくりの物語が連綿として形作られてきたという、この歴史的僥倖に私は想いを馳せざるを得ません。

明治維新については様々な論じ方がありますが、私がここで強調したいのは、この王政復古の大号令によって、明治の新しい国体を作り上げたということです。そして、士農工商という江戸時代の身分制度が廃され、武士階級は滅んだかに見えましたが、その後の軍人勅諭の発布によって「階級としての武士道」が「日本人としての武士道」に昇華したのです。

つまり王政復古、軍人勅諭の発布によって、一階級でしかなかった武士が、皇軍、天皇の軍隊として統一された。国民規模で武士道の復活がなされたのです。これは日本史を語るにおいて、最も重視しなければならない一つの出来事ではないでしょうか。

固定化された階層としての武士は滅んだが、明治の「皇軍」の誕生によって日本男子として生まれた者は全て武士になりうる道が開かれた。つまり、軍人勅諭が発布されたとき、武士階級の拡大再生産が行われたのです。確かに士農工商の身分制度が廃されて、今までの武士の中には商売を始めた者もいるし、あるいはかつての農民が商売を始めた者もいたでしょう。身分制度が解体されて、職業選択の自由が保障されたことは大きな出来事です。しかし、同時に日本男子に生まれた全ての日本人の間に、武士になる道が開かれたということも、忘れてはなりません。明治維新によって武士道は滅んだのではなく、国民的規模で武士道が拡大再生産されたのです。

しかし、その拡大再生産の過程には数々の悲劇を包含せざるをえませんでした。幕末から維新の動乱期の戊辰戦争はあまたの悲劇を生み、特に会津藩の白虎隊の最期は今でも悲話として語り継がれています。

なるほど戊辰戦争によって多くの佐幕派大名あるいは武士は見事なまでの滅亡の道を歩みました。しかし、その維新の悲劇が新しい国づくりに大きな役割を果たしたことも忘れてはなりません。そして、一八七六年（明治九）の神風連の乱、萩の乱、そしてその翌年には西南戦争が勃発、階級としての武士が滅び行く最期の悲話となります。しかし、これらも白虎隊と同じように、階級としての武士道の最後の華となり、その精神が後に国民としての武士道を形成することになるのです。

階級としての武士道を語るときに欠かせないのは『葉隠』という山本常朝の名著です。『葉隠』は藩士としての心得を説いたものですが、この「葉隠的なるもの」が藩士という枠を一気に飛び越えて皇軍というものの中に蘇ってきたのです。それこそが明治維新における大事な物語でなければなりません。そして、それこそ形而上学的物語に他ならないのです。

明治維新というものは一八八二年（明治十五）の軍人勅諭の公布によってその歴史が収斂したのではないか。私はこう考えています。そして、一八八九年（明治二十二）の大日本帝国憲法と皇室典範の公布によって、ここに新しい国家とその国家を守るべき国軍が見事に再建されたのです。

一八九四年の日清戦争、一九〇四年の日露戦争での戦いぶりは武士道の拡大再生産なのではないでしょうか。日本に男として生まれたすべての男子は、出自に関係なく自分が侍になるのだという気概が、こうした国難を乗り切る原動力となったのではないでしょうか。

計量経済学を超克した日露戦争

一九〇四年(明治二十七)の日清戦争において、日本は「眠れる獅子」と呼ばれた巨大な清帝国と戦い、勝利を収めました。これ自体が歴史的な事件でしたが、それにもまして世界を驚かせたのは、白色人種のロシア帝国と戦って勝利した日露戦争(一九〇四~一九〇五)でした。

日露戦争は計量経済学的観点からすれば、ありえない戦争でした。世界最強の陸軍といわれたロシア陸軍に比べ、遥かに規模も装備も劣る日本陸軍、あるいは世界最強といわれたバルチック艦隊を先頭としたロシア海軍に比べ、装備も規模も貧弱な日本海軍。こうした圧倒的不利な状況にもかかわらず、このロシアと戦って日本が勝利を収めたのです。

この二つの勝利は武士道の拡大生産の賜物と言うべきであり、世界もそう認めていました。と同時に、日露戦争に勝利したということが世界を震撼させた、いや、白人の植民地帝国を震撼させたと言い直すべきかもしれません。そして同時に、欧米の植民地になっていた世界の有色人種たちを励まし、夢を与えたと言い換えることもできる。いわば植民地時代という時代精神そのものを震撼させた歴史的出来事と見るべきでしょう。

その日露戦争において、旅順要塞を陥落させ、日本軍を勝利に導いた乃木希典大将は、明治天皇の崩御に際して一九一二年(大正元年)九月十三日に殉死を遂げました。この物語も明治維新によって滅んだ武士階層が皇軍となって蘇った物語の最終章、いわば大団円を飾る歴史的な事件でした。皇軍の形而上学的な哀切なる物語を体現したのが乃木大将の殉死であったというべきでしょう。

しかし、司馬遼太郎という作家は、この乃木希典将軍を二つの意味で痛烈に批判しました。一つは乃木希典大将の作戦上の失敗と非合理性の観点から、もう一つは乃木希典が日本陸軍の過てる精神主義の発信者だという観点からである。過剰な日本軍の精神主義が乃木によって作られたと司馬は喝破し、それが日本陸軍を堕落させたのだと司馬は痛烈に批判しました。そのことは彼の『坂の上の雲』あるいは『殉死』に表れています。

しかし、私はこれらの作品を一読して、司馬遼太郎という作家は合理主義という西洋的思考の枠組みから一歩も出られない作家であり、日本の背負った近代の歴史的宿命というものを理解することは決して無い人間なのだと思いました。

そもそも計量経済学的合理主義で判断したならば、日露戦争という戦争自体がそもそも不可能で成り立たない戦争であったことは述べました。合理主義的には負けることが明らかな戦いだったのが日露戦争です。日露開戦をなぜ決断したかということは、もはや合理主義で説明できる次元を超越しているのです。

そもそも武士道精神なるものは合理主義を超越するところに存在意義を見出すことができます。合理主義の内側にあっては、武士道は決して成立しえない。合理主義を超越したときに初めて現れるのが武士道であるということに他ならないのです。

アメリカの「国体」の危機

日露戦争の勝利に日本国民は歓喜し、世界の植民地支配に苦しむ人々はそこに大きな希望を見出しました。しかし、同時にその勝利は日米関係を緊張させるものとなります。当時のセオドア・ルーズベルト米大統領はポーツマス講和会議をお膳立てして、日露講和に大きく貢献しました。そのこと自体を、私は非難がましく言うつもりはありません。しかし、ここで見落としてはならないのは、実は日清戦争の勝利によって日本が台湾を領有したときから、アメリカと日本はバシー海峡を挟んで隣国同士になったという事実です。

フィリピンは、かつてはスペインの統治するところでしたが、一八九九年のパリ条約によりフィリピンの統治権はアメリカに渡ることとなりました。そして、日本が台湾を領有したのが日清戦争後の一九〇五年であり、そのときからすでにアメリカの対日政策、ないしは対日外交はフィリピンからバシー海峡を挟んで日本を眺めていたと解釈すべきではないでしょうか。

そして時を同じくして日露戦争直後からアメリカにおいて黄禍論論争が盛んになってきます。確かにアメリカだけではなく、例えばドイツ皇帝ウィルヘルム二世の黄禍論は特に有名ですが、なかでもアメリカにおける黄禍論というのは特殊な意味を持っています。なぜなら、アメリカという国は、黒人奴隷制度こそ廃止しましたが、依然として黒人ならびに有色人種は低賃金で使役され、そうすることで自国の経済が成り立っていた国だったからです。実は公然たる差別が戦後の一九五〇年代まで続いていたのがアメリカという国家に他ならないのです。

そう考えると、日露戦争において黄色人種の日本が白色人種のロシアを破ったことに最も大きなショックを受けたのが、実は日露の講和を促した当のアメリカ白人層だったのではないでしょうか。その最たる証拠がホーマー・

リーの提出した『日米必戦論』でした。

ホーマー・リーは孫文と親しく、彼のアドバイザーの一人だったと言われています。ここに私は案外面白い裏があるだろうと推測しております。つまり、黄色人種の勃興に対して、ある複雑な思いを抱いて、ホーマー・リーは孫文に近づいたのではないでしょうか。もう少し具体的にいえば、おそらく、ホーマー・リーは、中国の四億の民と日本が対立すれば、白人文明は安泰だと心の中で思っていたのではないかと思います。

ホーマー・リーの立場になって考えてみてください。日本とアメリカが必ず戦う時が来ると仮定します。ホーマー・リーが孫文に近づいた理由は何でしょうか。まさか真面目に奴隷解放と同じように、黄色人種の解放のためとは思わないでしょう。やはり、日本人と支那人を対立させることが、白人文明にとって大事なポイントだと考えるのが妥当ではないでしょうか。それを思わないとしたら、かえって知的レベルが疑われてしまいます。

日本とアメリカがやがて戦火を交えることになるということを予測するこの本がアメリカで大ベストセラーとなり、類似の本がアメリカで何冊も出版され話題となったのは、ある意味必然であったのかもしれない。なかには日本海軍がカリフォルニアに上陸し、アメリカが占領されるという架空の物語を書いて、日本の脅威を過剰に喧伝した作品もありました。アメリカにとって「イエロー・ペルリ（黄色いペリー）」がやってくるとまことしやかに議論されていたのです。

そういう議論が日露戦争直後からアメリカで起こっているということを前提にすると、そのアメリカ大統領セオドア・ルーズベルトがポーツマスにおいて日露講和条約を斡旋したその深層心理の中になにが隠されていたのか、あるいは何を予感していたのかということを想像せざるをえません。

先にあげたゴルビッツァーの『黄禍論とは何か』において、アメリカのリーダーたちが黄禍論をどう口にしたかが記述されており、ルーズベルトについても述べられています。そういう人々が不用意に残した黄禍論の文言を拾うと同時に、多くのアメリカの政治家たちが日本を過剰に警戒したこと自体が、いわば言葉にならない黄禍論であったともいえるのです。

なぜなら、黄禍論というもの自体がアメリカという国家の国体に関わる深刻な問題だったからです。つまりカラード（有色人種）を差別することによって成立しているアメリカ経済、アメリカ社会、アメリカ政治。これこそがアメリカの国体だからです。アメリカの知識人や政治家にしてみれば、黄禍論は国体の危機に他ならなかったのです。これは偏見で言っているのではありません。当時のアメリカの国柄、経済政治社会システム全体から見て、日露戦争に日本が勝利したことそれ自体が、アメリカ人から見れば自らの国体の危機に見えたのだと、想像力をめぐらせなければ当時のアメリカ人の緊張感を見逃してしまうのではないかと思うのです。

アジアのトップランナーとしての孤独

白人が有色人種を植民地支配し、黒人を奴隷同然に扱っている。アメリカの奴隷解放はリンカーンのときですから十九世紀半ば、当時から見ればついこの間のことです。

そんななか、一九一九年のベルサイユ講和会議において、日本が人種差別撤廃条約を提唱しました。これは、アメリカのウィルソン大統領が提唱した国際連盟という国際機関を設立することと関連していたのですが、あのパリ講和会議で、日本は人種差別撤廃という「道義」を提出したことに注目しなければなりません。有色人種の国は日本だけなのですから、白人が世界を席巻している、その真っ只中に入って、人種差別撤廃ということを主張した日本人の心とは何だったのでしょうか。二十一世紀の国際社会は人種平等が国際社会のルールであり、人種差別はないというのが共通の認識となっています。しかし、それはあくまで結果論なのです。当時の人は、人種差別がなくなって今のような世界がくるとは思っていませんでした。当時は人種差別のない世界などなんら約束されていることではありません。そういう時に人種差別撤廃を提案したのは武士道精神に他ならないと思います。武士道的外交なのです。義を見てせざるは勇なきなりとはまさにこのことではないのでしょうか。

私はこのときの日本人の正義感をもっと重視するべきだと思います。私はこれこそ国際舞台で最初に見せた武士道的外交として評価しています。もちろん、人種差別撤廃条約が可決されるはずがありません。この議決はアメリカの「国体」に反する以上、ある意味で負けることが運命づけられていました。

このために白人国家は日本を警戒するようになったのは当然です。さらにアメリカは国際連盟加入を国内の事情によって拒否しました。日本の行動を最も警戒したのはアメリカだったのです。

そしていまや隣国となった日本との国境最前線がフィリピンです。そのフィリピンの実質的な提督、フィリピン駐留アメリカ軍司令官こそがダグラス・マッカーサーの父アーサー・マッカーサー・ジュニアでした。ロシアのバルチック艦隊が北上し、対馬沖での日本海海戦で大敗北を喫したことを彼らは最前線でつぶさに見ていたのです。マッカッサー親子とって、このとき日本が大変な脅威に見えたに違いありません。日本にとっても、アメリカは太平洋の彼方の国ではない。ハワイを併呑し、グアムを支配し、フィリピンを植民地にしているわけですから、日本の隣国なのです。しかも、地政学的に重要な海峡一つ挟んで隣だったのです。

このことを重視しなければ、その後の日米の緊張関係は何故起こったのかが分かりません。アメリカは何とかして日英同盟を破棄させようと躍起になります。アメリカのアジア外交の重点は、日英同盟を如何にして破棄させるかということにありました。日本国内で日英同盟は不要であるから破棄せよという議論があったのであれば、一体如何なる議論がそこでなされたのかということになります。私も少々歴史の文献で調べてみたのですが、一向に判然としない。これは依然として謎です。謎というより、地政学的な視点から日英同盟破棄に関してしっかりと議論されていなかったことは確かです。

日英同盟破棄の謎

ここで、私は大胆な仮説を提唱したいと思います。日英同盟破棄にいたった歴史の謎を解く鍵はアメリカのウィルソン大統領が国際連盟を提唱したことにあると考えます。

国際連盟は多国間協調体制で世界の平和を作ろうという理念です。ではその理念は一体何なのか。それは、古典的な二国間同盟は世界の緊張を高めるため、多国間協調の「仲良しクラブ」を結成することです。でも、そのようなお人好しなことをアメリカ大統領が考えるでしょうか。私は信じていません。ウィルソンが狙っているのは日英同盟という古典的二国間同盟から日本を離脱させることです。もちろん、このようなことはどこの文書にあるのかと言われるかもしれません。私はそうした文書は発見していません。しかし、人間の考え方の必然性というものがあるのです。仮に多国間協調体制が正しいと相手が思ったときに、ふと振り返ると日英の間に古典的な二国間同盟がある。それがフィリピンのバジー海峡を挟んだ隣国なのです。アメリカの目の上のたんこぶが日英同盟だった。したがって日英同盟は解消されなければならない。米国の立場で考えれば分かることです。このことを指摘している歴史家は私の知る限り一人もいません。

パリ講和会議は一九一九年、日英同盟破棄は二年後の一九二一年です。ワシントン会議で四カ国条約が締結されてのことです。この四カ国条約が締結される前にアメリカはいろいろと動きます。当時、イギリスの植民地大臣はウィンストン・チャーチルです。アメリカはカナダやオーストラリアを通じてウィンストン・チャーチルに日英同盟を破棄するように働きかけていたのではないでしょうか。

ウィルソン大統領が国際連盟、多国間協調体制こそ未来の世界秩序だと主張している裏で、日英同盟を破棄させるための工作を同時に行っていた。それがアジア外交におけるアメリカの覇権に繋がるということを考えないはずがありません。これは人間の思考の必然性から導き出される結論です。

そういうことを誰か記録に残しているかと尋ねる人がいるかもしれません。しかし、本当に大事なことは記されません。最終的には個々人が歴史を顧みて想像するしかないのです。皆さんの人生もそうです。大事な事は文書になど残さないのです。一人の女性がどの男性を一番愛したかなど、永遠に謎なのですよ。そんなことは分かりきった話です。個人で往々にして起こりうることは国家においてはなおさらです。良き記憶は誇張しながら書き記し、悪い記憶は心の中に留めておく。したがって、日本がパリ講和会議で人種差別撤廃を提案したことを一番根に持っているのがアメリカであることは、常識的な想像力なのです。その想像力は歴史学で軽視されている歴史の語り方ですが、最も大事なことでもあるのです。

ところが、日本国内で日英同盟を存続させるか破棄するかという議論をどこまで詰めたのでしょうか。当時は外務省には親英米派とドイツならびに大陸派という派閥があったようですが、親英米派と言っても当時のイギリスとアメリカは全然違う。当時のイギリスは日本と同盟国です。しかも今の日米安保どころではない、守るも攻めるも協同する攻守同盟です。そのイギリスとアメリカは植民地独立戦争を戦った過去があります。まだまだアメリカのイギリスに対する警戒心が非常に強かった時代です。ただ同じ英語という言語を使っているだけで、何故ひとくくりにしてしまうのか。私にはまったく分かりません。当時のイギリスとアメリカは全く違うのです。

いずれにしてもアメリカはイギリスのチャーチル植民地大臣にはたらきかけて、日英同盟を切るということに成功します。ここから先もまた微妙な表現になりますが、イギリスは、日英同盟はまだまだ終わっていない、つまり日英同盟のメリットはあると考えていたようです。

問題は日本です。日本はそういう詰めた議論をしないままに、このワシントン会議に出かけていきました。このワシントン会議でいわば突然、アメリカは軍縮と四カ国条約を提示します。日本と英国、フランスとアメリカの四カ国です。四カ国条約に加盟したことにより、日英同盟という二国間条約は自然消滅するという一文が入っているわけです。時の全権日本代表は加藤友三郎海軍大臣です。その直後に首相に任命されることになります。

もし、みなさんが外務省、あるいは全権代表なら、どう思うでしょうか。四カ国条約に加盟することと、日英同盟という二国間条約を維持すること、なぜこの両方を達成する方針を採らなかったのでしょうか。多国間協調という体制と二国間同盟というのは必ずしも相反することではありません。今の国連に加盟していても二国間条約はたくさんあります。「あれか、これか」という選択肢ではないはずです。にも関わらず日米同盟廃棄の条項を入れて日本を四カ国体制に誘導したのです。加藤友三郎代表は欣然受諾するといって四カ国条約に入りました。それと同時に日英同盟が消滅したことは痛恨の極みです。

あまりに「武士道的」なのです。日本は日露戦争でかろうじてとはいえ世界最大の陸軍と世界最強のバルチック艦隊を破りました。その結果、軍事力にたいする過信が生まれはしなかったか。日英同盟によって日本は守られているということに対して、独立心が高まったのではないか。日英同盟に守られなくてもわれわれは独立できるという心理の隙が生まれてはいなかったか。これは論理というよりも心理と流れです。そう解釈しないと、日英同盟が自然消滅するような選択をしたことが理解できないでしょう。ここでもまた武士道的な自立心、ないしはちょっとネガティブに表現すれば思い上がりが見えてきます。いえば武士道の哀しさのマイナス面としての自立心の強さと私は申し上げたいと思います。

アメリカにとっては目の上のたんこぶが無くなりました。

アジアの黄色人種の、しかも常に正論を吐きたがる日本。

シナ人のように現実主義的に対応するわけではなく、正論と理念を述べたがる日本。

日英同盟破棄、ワシントン体制、軍縮。英米日で海軍力が五・五・三への軍縮制限。こういう理不尽な日本封じ込め政策が行われますが、これは冷戦時以上に露骨な封じ込めです。こういう封じ込め体制の中で日本は孤立感を深めていきます。多国間協調体制だから孤立しないですむというのは大きな間違いでした。

根強い人種差別の壁

さて、ここでもう一つ大きな問題があります。第一次世界大戦の戦後処理の講和会議の話をしましたが、第一次世界大戦の直後にロシア革命が起こります。このロシア革命が起こったときに、各国がシベリア出兵を行います。最初は日英米仏の四ヵ国が共同行動をしようということになります。ロシア革命を局所で封じ込めようというわけです。

その時地理的に最も近い日本が主導権をとるのは当たり前のことです。このシベリア出兵を日本は最も真剣に取り組みました。日本という立憲君主国を大事にすればするほど、ロシア革命に対する警戒心は大きいわけです。しかも明治末には幸徳秋水の大逆事件などの思想事件も起きています。日本にロシアの無政府主義、バクーニン、クロポトキンなどの危険思想も入ってきている。付言しますとバクーニンは大変な黄禍主義者で、黄色人種に対して強い偏見を持っていました。急進的な無政府主義者でさえ、当時は黄色人種に対して偏見を抱いていたのです。

こういうことを記憶しておくべきだと思います。すなわち、何故黄色人種を差別するのかといえば、ルーズベルトやマハンが言うのは、近代西洋が発見した民主主義、共和制という体制は白人種のもので、黄色人種や黒人種はこの政治システムに適応できないというのです。つまり人種偏見というものは単なる横の偏見ではなく、人種の発展段階であり、白人種は民主主義を使いこなすことができるが、黄色人種にその能力はなく、どうしても専制政治になる。黒人にいたってはもっと低級だから奴隷にされてしまうというのです。民主主義だから、共和国だから人種偏見がないということは全くありません。立派にその中に人種偏見が入っているということだけは申し上げたいのです。

黄禍論が世界に広がると同時に、それが政治体制論とつながっているということです。単なる肌の色が違うというだけで差別していると今の人は単純に言いますが、そうではありません。黄色い顔をしている人たちは民主主義ができない、共和制という立派な政治理念は体現できない、それができるのは白人種だけだ。そう言っていたのです。ですから、無政府主義であろうが、共産主義であろうが、人種偏見はあるということです。

日米はシベリア出兵をめぐって対立を深めます。ロシア革命が起こり、これがシベリアまで来てユーラシアの北半分までがロシア革命の影響下になった場合どうなるか。日露戦争を闘った日本人がそれをロシア革命と重ねて考えると、朝鮮半島を南下して日本に襲い掛かってくることを経験的に知っています。赤色革命がシベリア、朝鮮を通って日本にやってくることになるわけです。

歴史家はそうは申しません、しかし当時の心ある政治家たちは皆直感しているはずです。ロシア革命が朝鮮半島を通って日本の脅威になることを直感していたに違いないのです。同様に立憲君主国、明治憲法を制定してまだ日も浅い日本がそういう緊張感の中でロシア革命を見つめなければならなかった。シベリア出兵に最盛期で日本兵が七万人、つまりシベリアのみならずバイカル湖以東をほぼ日本が制圧しました。これによってロシア革命をバイカル湖より西の地域に局限することができました。

ここでもしアメリカが日本の足を引っ張らずにロシア革命をバイカル湖以西に押し込んでいたら二十世紀の歴史はまるで変わっていたでしょう。しかしこのことを一番気に入らないのはアメリカでした。

ここでまたウィルソン大統領を問題にしなくてはなりません。ウィルソン大統領はレーニンを絶賛していたという事実です。つまりソ連という共産国家の成立に対して何の警戒もなかったのがアメリカだったのです。イギリスは立憲君主国ですから、ロシア革命がいかに危険かを直感で理解していたはずです。従ってここでもまたアメリカとイギリスが日本に全然違った対応をすることになります。アメリカはシベリアに出兵している日本が憎い。アメリカがシベリア鉄道に権益を持とうとしていたとかそういう細かいことは全部割愛します。巨視的に見てシベリア出兵で日本に対する警戒感をますます強めたということです。

ところで、日英同盟を破棄されて気がついたことで、日本が最も恐れたのは、米国のマニフェスト・デスティニーという考え方です。白色人種が有色人種を支配することは、黄色人種に神の福音を与えることであり、そうすることを白色人種は運命づけられているという覇権主義です。この恐ろしい旗印に日本は対峙することになります。こういうことは、想像力を持って、人間が歴史の連続性の中に生きていることを前提としないとわかりません。

例えば、アメリカという国家は黒人奴隷を使役しながら西部を開拓し、さらにハワイ王朝を併呑し、やがてスペインとの戦争によってフィリピンを獲得するに至る。いわばアメリカは西へ西へと勢力を拡大させていきました。そのときアメリカが抱いていた「マニフェスト・ディスティニー（明白なる天命）」なるものを我々は想像すべきです。これは私が「メタフィジカル・ヒストリー」を考えるときの具体的な問題設定の一つなのです。

つまり、ペリー来航によってアメリカと日本は出会うことになりましたが、その日本と出会った瞬間もアメリカは「マニフェスト・ディスティニー」を抱いていたということを考えなければなりません。

このマニフェスト・デスティニーは、民主主義を広めることはアメリカの使命だということも含んでいます。黄色人種や黒人種に民主主義の福音を与えるという啓蒙的な使命が我々にあるということですから、アメリカよりもはるかに文明度が高い日本から見れば、これほど野蛮な思い込みはないのですが、それと対決しなければならない時代に突入したということです。それが日英同盟が破棄された後の「孤独と恐怖」なのです。

経済思想から見る日独伊三国同盟

さて、これまで述べた日米の対立がやがてABCD包囲網そしてハルノートへとつながっていきますが、その前にどうしても指摘しなければならないのは、何故、日独伊三国同盟が締結されたのかです。今日では松岡洋右外交こそ最大の外交的失敗だったと言われています。しかし日英同盟を破棄させられた日本は四カ国体制・九カ国体制で孤立を深めていきました。日本は共産主義に対する防共意識がいちだんと強い国でした。同じようにヨーロッパのドイツもまた反共意識が強い国でした。ここに日独防共協定が結ばれます。日独伊三国同盟は日独防共協定から出発したことを考えなければなりません。

ドイツのナチズムもイタリアのファシズムも反共という点では共通しています。共産党のようなプロレタリアートの国際連帯を拒否して、ナショナルエコノミーを非常に重視する体制です。階級的に言えば、プロレタリアートではなくミドルクラスによる国家体制です。当時、ヨーロッパは多かれ少なかれかなりナショナルエコノミー重視に傾いていました。何もドイツと日本だけではありません。

当時ヒトラーはナショナルエコノミーを保守してドイツのミドルクラス拡大を目指していましたし、イタリアはそれに成功していました。ですから、アングロサクソン的な資本主義を前提にして階級格差が極大化した国を作るのか。それとも国家社会主義によってミドルクラスの多い社会を作るのか。この二つの選択肢があったのです。近代国民国家においては所得格差が極大化するのを放置させるわけにはいきません。放置しておくと格差が拡大する資本主義という経済体制の中でいかにミドルクラスを大きくするかということが、二十世紀の国民国家最大のテーマだったのです。

こう考えますと、日独伊三国同盟が経済体制の面では根本的に間違っていたとは断言できません。二十世紀前半の資本主義の残酷な階級格差をどうするかということに直面して選んだ外交的な選択だったのです。ですから日本の歴史で言えば昭和維新運動の連続性としてこの防共協定があるといえます。国家社会主義的政策によってミドルクラスを拡大することを志向する国が三つ手を結んだのが日独伊三国同盟なのです。

武士道の哀しみ

そして、いよいよ日本が開戦を決断する「ハルノート」についてです。ハルノートの内容をここで説明するのは省きます。ここでは「ハルノートを日本が飲めばどうなったか」について述べます。

「ハルノートを受け入れれば、あれほど無謀な戦争をしないですんだ」、あるいは「インドシナと満州から日本が引き上げても日本が無事ならいいではないか」「日露戦争以前の日本に戻っても十分やっていける」、ハルノートを受け入れていれば日本は戦争しなくて済んだという言説はまことしやかに言われています。

しかし、どれも「相手」がいることを忘れた議論です。もし、ハルノートを飲めば、第二、第三のハルノートが突きつけられる。戦後の日本国憲法が、フィリピンの憲法に似ていることはよく知られています。

武士道には長所と弱点があります。武士道だからといってすべてが長所というわけではありません。外交で駆け引きをしたり、陰謀をめぐらしたり、このようなことは武士道の取る選択肢ではありません。少なくとも、国際外交上で多数派工作というようなことは武士道になじみませんでした。日本は最終的に日米開戦という決断を下した。そして敗北を喫した。その結果をして外交が下手だったと反省することは必要かもしれませんが、同時にそれが武士道の宿命だということを考えなければなりません。

人間はなるほど経済合理主義だけで全てを説明しうるかに見えます。しかし、人は合理主義だけでは説明仕切れない、メタフィジカルな領域を持って生きているのです。そのメタフィジカルな領域を復元しながら歴史を振り返ることが、いま必要なのではないでしょうか。実証史学を超えたメタフィジカルな領域まで語らなければ、なぜ先の大戦で最終的には特攻隊まで出して戦わなければならなかったのかという謎が語りきれないのです。

大戦末期、なぜ日本は特攻隊まで出して戦わざるをえなかったのか。敗戦間際、本土が空襲され、北の大地で南の島々で玉砕が相次いだとき、確かに日本はその戦況の不利を悟って降伏すればよかったのかもしれません。そうすれば、特攻隊という悲劇を経験することもなかったはずです。

しかし、日本は最後には特攻隊まで出して力尽きることになりました。特攻隊を出さずに敗れることと、特攻隊を出して力尽きて敗北すること。この差が私には大きく見えてなりません。そして、その差を語るのもまたメタフィジカル・ヒストリーの役目だと私は信じています。

日本人は形而上学的領域を大きく抱きながら歴史を生きてきたのであり、それこそが日本史の本質であり、リアリズムでは解き明かせないのが日本の歴史なのだということを考えるべきなのです。

大戦末期の特攻隊の出撃、この瞬間、我が国における武士の拡大再生産が行われました。大東亜戦争の最後の瞬間において、日本男児がすべて武士になったのです。

私がなぜそのことを強調するかといえば、大東亜戦争における日本軍の壮烈な戦いぶり、空における神風特攻や海における回天特攻まで行うに至るのは、実は大東亜戦争における特攻隊こそ近代日本の武士道の完成体であったからです。しかし、それは武士道の栄光であると同時に武士道の哀しみでもありました。武士道の雄々しさ、武士道の勇気と正義感と美学。これは同時に脆さを伴います。その行き着いた最後が特攻隊だったのです。特攻までやって祖国のために戦ってくれたのです。だからこそ永遠に語り継がれる近代日本史の物語になったのです。

武士道は江戸時代の終焉と共に滅んだのではありません。日露戦争そして大東亜戦争を通じて、日本男児すべてが武士になったのです。

全員が武士となった日本男児が、空に海に陸に次々と命を散らしていきました。いかなる歴史と社会が、この特攻という世界史上類希なる戦術を取ることができたのか。こういう兵士を生んだ日本という共同体とは何なのか。特攻を生んだ日本という共同体に対する恐怖を米軍将兵たちは感じたに違いありません。

連合軍による日本の占領政策は、この特攻を生んだ恐るべき共同体を破壊することにありました。もちろんそのようなことはＧＨＱの資料には書かれていないでしょう。しかしすべてのＧＨＱの政策は、日本という特攻を生んだ恐ろしい共同体を破壊するように動いたとしか考えられないのです。

私は国民学校一年で終戦を迎えましたが、私はこれほど戦ってくれたという感謝があるのみです。ですから私は国民学校一年から今日まで、欧米列強に対してコンプレックスなど一度も抱かずに生きてこられました。これはやはり、先輩たちが戦ってくれたおかげなのです。

もしあのとき日本が徹底的に戦っていなかったらどうだったでしょうか。おそらく「どうして戦わなかったのか」と、永遠に恨みをいだくでしょう。隣国の韓国人や中国人が気の毒なのは、我々のように徹底的に戦った歴史を持たないことです。「戦って敗れること」と「戦わずして敗れること」ははるかに違います。

ハルノートを飲むならば、戦わずして敗れるのです。そして国民の屈辱感は永遠に残ります。

しかし、よく戦い、そして敗れた先祖を感謝することはあれど、恨むということはありません。おそらく人類の歴史に照らしても、これほどの幸せな歴史を持った民族はないと断言できます。少なくとも有色人種の歴史の中では、日本だけではないでしょうか。

そういう運命的な物語を持っているのが日本人なのです。

戦後六十年、我々は歴史を物語るべき時を迎えているのです。そして、靖国神社はその雄々しい物語を語るべき聖域でもあるのです。（談）

第三部 甦る正統性——美神を求めた中国革命家たち

序章　故宮博物院と歴史の正統性

中原に美神を逐った蔣介石

台北の故宮博物院の最上階に展望のきく喫茶室がある。最初に台北故宮を訪れたとき、私はこの喫茶室で、興奮を鎮めつつ、やっと憧れの地にやってきた喜びを噛みしめたものだ。その二年前に北京の故宮紫禁城を訪れて以来、一刻も早くこの地に立ちたいと願ってきた。それがやっと実現したのだから、私の興奮ぶりは尋常でなかった。

前夜の雨が上がって、窓の外に青空がひろがっている。台北に投宿した最初の朝、朝食もそこそこにホテルからタクシーで乗りつけたため、私は東西南北の方位感覚を完全に失っている。大陸がどの方向かすらわからない。だが、窓外の青空が北京につながっていることに間違いはなく、私にとってはそれだけで十分だった。紫禁城にあった文物が、長い長い旅路の果てに、いまここにあるという距離感を勝手に想像しつつ、私は深い感動を覚えるのだった。

その二年前の中国大陸の旅は、作家の井上靖氏を団長とする訪中記者団（私は日本経済新聞社に在籍していた）の一員として行ったのだったが、そのときは香港から汽車で広州にはいり、そこから小型旅客機で桂林に行き、映画『天平の甍』（井上靖原作）の撮影隊とともに漓江下りを楽しみ、空路広州経由で北京入りした。その旅程を全部つなげてみれば、故宮の文物の旅路の距離とそう違わないだろう、などと思いつつ想像力をかきたてるのであった。

窓の向こうの青空に、中国全土の地図をイメージする。まずは満洲事変勃発後、北京から南京への輸送作戦が計画される。膨大な文物を乗せた特別列車の第一便が北京西駅を発車したのは一九三三年二月六日の払暁だった。しかしその南京も上海事変の拡大で数年にして危うくなり、蔣政権は重慶遷都を決意して、故宮文物の疎開を開始することになる。日本軍による南京陥落の直前のことだ。

故宮文物が疎開先の重慶から南京に戻るのは大東亜戦争にわが国が敗れてからのことである。ところがその後、大陸における国共の内戦は激化の一途をたどり、敗色濃い国民党政権は、やっと南京に戻したばかりの文物を上海港から台湾に脱出せざるをえなくなる。北京の紫禁城から台湾にたどりつくまで、十五年強の浪々の旅路だったのである。

その概略を思い浮かべながら、私は新しい茶を注文する。この喫茶室には中国茶の名品がそろっているのだが、過密スケジュールの団体客はここでくつろぐ余裕がない。したがって客はまばらで、まことに静かだ。そのときの私は休暇をとって故宮を見ることだけを目的に来ていたから、まったくの自由だった。一九八一（昭和五十六）年十月のことである。

十月十日は双十節、辛亥革命（一九一一年）の記念日、故宮博物院の展示品のレベルが最も高くなる季節だ。私がかねて観たいと切望してきた李唐（りとう）、范寛（はんかん）、巨然（きょねん）などの山水画の最高傑作が展示される時期である。もちろん陶磁器も書も最高レベルのものが出揃う。

私はいっときに、たくさんの眷恋（けんれん）の女神たちに出会ってしまったようなもので、めったなことでは興奮しない私も、このときばかりは例外だった。

だが、その展望喫茶で空を見ながら夢想しているうちに、私の興奮はしだいに別種のものになっていった。個々の女神たちの魅力もさることながら、二十万点とも三十万点ともいわれる美神たちを紫禁城から脱出させて、長旅の果てに台北にまで護送してきた情熱というものに深く感動するようになったのである。いったいその情熱、その執念、その哲学は何だったのか、と。

「美神たちの史上最大の護送作戦」というフレーズが私の脳裏に浮かぶ。その量においても、その距離においても、史上かつてなかった規模だろう。第二次大戦勃発の直前、フランス政府がルーブル美術館の優品をヒトラーの掠奪から守るために南部への輸送作戦を開始したが、途中で挫折している。

中国大陸におけるいくたの王朝興亡史にも、その例を見ない。極言すれば王朝が交代しても文物は動かない。交代期の混乱で、文物が掠奪され散逸することはあっても、秩序の回復とともに新しい王朝による大規模な収集が始まる。中原の精華を引き継ぐことが権威を高めることになるからだ。「中原の精華」を「女神」に喩えていえば「女神の争奪戦」だったのである。

事実、辛亥革命直後の紫禁城内の秩序紊乱は極に達し、最後の皇帝溥儀の高官までが、城内の優品を私物化するありさまだった。それに革命なったとはいえ、十数年間も中央政府が確立されず、袁世凱、張作霖、孫文などの群雄割拠時代が続いたのである。

清王朝の遺産を国有化して、一斉に点検し整理するようになったのは一九二五年、辛亥革命の十四年後、孫文率いる国民党政権・中華民国政府によって進められた。ここで注目しておきたいことは、孫文がこの年に死去し、国民党内の権力構造が蔣介石に集中しつつあったこと、もう一つは、その「善後処理委員会」(弁理清室善後委員会)の主要メンバーに汪兆銘(精衛)が入っていたことである。

中華民国の国父と称せられた孫文が革命の志士としてわが国で亡命生活を送ったこと、蔣介石がわが国の陸軍士官学校に学んだ武人政治家であったこと、汪兆銘が法政大学の卒業生であり、後に蔣介石と袂を分かって南京に親日的政権を樹立した(一九三九年)こと。三人とも戦前の日本と縁の深い人物だったことをここに明記したい。

「故宮博物院」という名称を決め、その機関を設立したのも当然、善後処理委員会である。そこで私の気になることの一つが、当時（一九二〇年代）の中国で「博物（学）」という言葉がどの程度流布していたのかだ。わが国においては西洋のナチュラル・ヒストリーの翻訳語として「博物（誌）」という漢語をつくった。中国古来の言葉でいえば「本草学」がいちばん近いのではないか。そしてわが国ではミュージアムを「館」とするのが一般的だが、中国流の言語感覚では「院」という格の高い語彙をつかいたくなるだろう。

孫文、蔣介石、汪兆銘の三人が日本滞在中に、東京・上野の博物館に足を運んだ可能性は十分ある。否、かりに行かなくとも、明治の維新革命後の日本政府が旧体制の文化遺産をどのように処理し、どのように保存したかについて知る機会はあっただろう。

実証する資料はないが、善後処理委員会の有力メンバーだった汪兆銘が、「故宮博物院」なる名称を強力に推した可能性は大だと、私は勝手に想像している。

さて、故宮文物の南京移送が始まったのは一九三三年、孫文没後すでに八年、蔣介石の権力基盤はゆるぎないものになっていた。したがって、「美神たちの護送作戦」の政治哲学の核心部分は蔣介石総統に発していると見てよいだろう。そして、それを大いにサポートしたのが汪兆銘ではなかったか。だが、その政治哲学を読み取れる資料は何もない。二度目に訪台したとき、院長以下主要スタッフにそれを求めたが、院史にも党史にもそれらしき資料のないことがわかった。したがって想像力を羽搏（はばた）かせるほかない。

歴史の正統性をめぐる戦い

台北故宮の文物がもしなかったら、蔣介石率いる国民党政権・中華民国の国際的立場はいかなるものになっていたか。

展望喫茶室で、私はそのような歴史の「イフ」を想像せずにはいられなかった。もしなかったら、台湾という小さな島に逃げ込んだ地方軍閥の一つぐらいにしか評価されなかったのではないか。少なくとも時間の経過とともに急速にそのような立場に堕しただろう。

台北故宮のある外雙渓はいかにも要害の地である。地形からして岩盤をくりぬいて収蔵庫をつくったことが一目瞭然だ。いかにも仮の棲み処といわざるをえないたたずまいである。本来の中国的都市思想からすれば、「天円地方」（天はまるく、地は方形）の方形の都市の中心に置かねばならないはずのものだ。しかし、台北市街のどまんなかに置くのは危険すぎる。

この外雙渓の地に中華民国国立故宮博物院が開館したのは一九六五年十一月十二日（孫文の誕生日）。まだ大陸反攻の夢の中で、仮の棲み処でなければならない理由が十分あった時代のことだ。逆にいえば、紅軍の空爆や艦砲射撃の可能性を前提に開館を急がねばならなかったということだ。

故宮博物院の開館のあいさつで王雲五（同院主任委員）は「いつか必ず大陸を回復したあかつきには、ここに保存された故宮の文物もまた、故宮・紫禁城に帰ることとなる」と明言した。

最初に台北故宮を訪れたときから、私の脳裡に「権力の正統性（レジティマシー）」というフレーズが明滅している。権力の正統性をめぐる史上最大のドラマ、それが北京から台北に到る美神たちの護送作戦の本質だったのではないか。日支事変（日中戦争）で破壊されることを恐れてとか、国共の内戦で紅軍に破壊されることを恐れて、という理由は枝葉末節のことにすぎなかろう。日本軍による奪掠を恐れてというのもまた同じ。

辛亥革命（一九一一年）以降の混乱と群雄割拠の乱世にあって、「権力の正統性とは何か」ということに悩んだ政治家たちがいた。異民族（満州族）の清王朝を打倒した漢民族にとって立憲君主政体の途はない。さらばとて選挙制度によって権力の正統性を担保する途はあまりにも遠い。しかしながら、異民族の王朝であっても中原に鹿を逐い、中原の精華をあつめて権力の正統性の証にするという伝統があった。そういう歴史を国民党の領袖たちが強く意識して、文化財を守るという名目のもとに、自らの権力の正統性を担保しようとしたのではないか。

それに加えて、一九二八年、蔣介石は国民党主席に就任すると同時に南京を国都とし、北京を「北平」と改名している。いわゆる遷都である。紫禁城の文物を満載した列車の第一便が北京西駅を出発するのが一九三三年だから、その五年前に遷都は決まっていたことになる。

もう一つ忘れてならないことがある。清王朝最後の皇帝・宣統帝溥儀が建国宣言をした満州国の執政に就任した（三二年三月一日）ことである。そのとき国民党の領袖たちが何を想像したか。日本軍に支援された溥儀が、国民党政府によって没収された文物の奪還を策するのではないか。そう考えたとて不思議はない。否、そう考えるほうが乱世にふさわしい想像力ではなかろうか。

ちなみにいえば溥儀が満州国皇帝に即位したのは三四年三月一日である。もし紫禁城内の文物の南京輸送があと一年遅れていたら、何かが起こったかもしれない。北京と満州国の国境線は五、六十キロの距離である。溥儀の心中やいかん。満州国の軍事を日本軍（関東軍）が掌握していたことが、奪還の可能性を封じていたともいえるだろう。

展望喫茶室の窓から雨上がりの青空を眺めながら、私は美神たちの「護送作戦」と紅軍の「長征」を比較していた。海路まで含めると、護送作戦のほうがはるかに長いのではないかと思ったことが、私をひどく刺激した。つまり、美神たちが権力の正統性のシンボルになったことから壮大な政治的ドラマが誕生したのだという着想に自ら興奮したのである。

『長征』の著者ハリソン・E・ソールズベリーは、その序文で「今世紀のいかなる出来事も、長征ほど、世界の想像をかき立て、未来に影響を及ぼしたものはない」と記しているが、そう書いたとき（一九八五年）、彼の脳裡に国民党軍の「美神たちの長征」のことが浮かんでいたかどうか。私には比較するに足る二つの長征と思えるのだが……。

彼も「長征」が「軍事的戦闘でも、勝利でもなかった」ことを認めている。「それは、蔣介石の爪牙から逃れようとする死にもの狂いの果てしない退却、危機一髪の敗北と災厄が次から次へと襲ってきた闘いを生き延びた人間の凱歌であった」と。長征とは名ばかりで実態は敗走の連続だった。にもかかわらず、それを「長征」というのであれば、敗走の連続だった美神たちの護送作戦もまた「美神の長征」といっていいことになる。

北京から南京への輸送は、いちおう遷都論の次元で解釈できる。南京が南宋の都だったのははるかな昔、一九二〇年代の南京は人口二、三十万の一地方都市にすぎなかった。したがってそこを都と定めるためには、それにふさわしい歴史的文物が必要だった。故宮の文物を移すにしくはなし。この一点において蔣介石と汪兆銘は完全に一致したようだ。ところが日支事変は拡大し、一九三七年八月には日本の陸戦隊が上海に上陸、同年十二月には南京陥落という事態になるのだが、南京政府は日本軍が上海に上陸した翌日（八月十四日）から文物の大輸送作戦を開始している。大部分は揚子江をさかのぼって重慶に移されたが、一部は北上して徐州、西安、成都を経由して峨眉（がび）に到り、一部は南下して長沙、貴陽を経て安順に到る。またひとたび重慶に落ち着いた文物も日本空軍の重慶爆撃を機に、さらに奥地の楽山に移送されている。

この三つのルートを合算すれば、これだけで紅軍の長征を超えているだろうが、日本の敗北で大戦が終了するや、再び南京めざして文物の帰還作戦が始まる。そして、国共の内戦に敗れて上海港から台湾の基隆港に移送されるのである。

かたや紅軍は、一九三〇年代半ばに国民党軍に敗れて瑞金や井岡山に立て籠もり、そこから追い立てられるようにして「長征」という名の敗走を始める。西進して貴陽、昆明に到り、そこから北上して安順の山中をさまよい巴西、会寧を経て延安にたどりつくのである。

ともに大部分は敗走の歴史である。だが、武器弾薬を携行しつつ、ときに掠奪すらして敗走する集団と、傷つきやすくして兵糧にもならぬ美神たちを護衛しつつ敗走する集団を比較してみると、私には後者のほうがはるかに興味深く思われる。まさしく「美神の長征」といわねばならないと。

だが、ソールズベリーも、あるいは『中国の赤い星』の著者エドガー・スノーも二十世紀最大の政治と美神の物語を見のがしている。

歴史の闇に埋もれた物語

「美神の長征」と呼ぶことにしよう。「紅軍の長征」が敗走と再生のくりかえしだったことに照らしていえば、故宮文物の護送作戦もまた敗走と蘇りの物語だったのだから。「美神の長征」と呼ぶことに躊躇する必要はないだろう。

問うべきは、その歴史観と政治哲学である。「紅軍の長征」のそれは過剰なまでに語られてきたが、前世紀末に起こった社会主義圏の崩壊とともにその神話性は地に堕ちた。それにひきかえ「美神の長征」のほうは、いまだに本格的に語られていない。その長征の経路というファクト（事実）は明らかにされているが、その歴史観と政治哲学は依然、闇の中にある。

最も大事なことは言葉にならないのか。個人の日記がそうであるように、政治的文書においても、最重要のことがしばしば言語化されていない。あえて秘密にしているのではなく、言葉にならない領域というものがあるはずだ。個人の日記においても国家的文書においても。

その言語化されていない領域に、ある言葉を近づけると、たちまちにそこに磁場が発生し、秩序だった文様が現れてくる、ということがある。

最初に台北故宮を訪れた直後に、私は「故宮幻想」という文章を書き、「美神と政治権力の正統性」というサブタイトルをつけた（『玩物喪志』所収）。そこで私は「蔣総統、あなたは、何を考え、何を思って、あの困難な輸送作戦を行ない、いかなる情熱によって台北故宮を築いたのか、その本当の意味をおきかせいただきたい」と問いつつ、「中国における政治権力の正統性を保証するものは、文物以外にないからである」と断じた。

ヨーロッパには王権神授説という神学の伝統があり、わが国においては天皇がその正統性を保証してきたわけだが、易姓革命の国においては天命と徳によってその正統性を説明するほかかない。だが、清王朝を倒して「近代的共和国」を打ち建てようとしている国民党が易姓革命論に依拠するわけにはいかない。さりとて、国民的規模の選挙によってその正統性を担保するには、遥かなる道のりが必要である。

そのようなレジティマシー・クライシス（正統性の危機）の只中にあって、国民党の領袖たちは辛亥革命の正党な継承者たることの証拠として、「美神の護送作戦」を敢行したのではないか。

当初は南京遷都という明確な政治的意図のもとに行われたが、それ以降は不測の事態の連続だった。だが、その試練によく耐えて「美神の長征」を遂行し、ついに台北にたどりついたのである。結果として、歴史にその例を見ない「政治と美神」をめぐる壮大なドラマになった、というのが私の直感だった。

ある日、突然、亜東関係協会（当時の台湾の駐日代表部）のT氏から電話があり、「故宮幻想」を読んだという。「日中経済協会会報」一九八二年三月号に掲載された直後のことだから、いまから二十年ほども前のことである。

T氏と六本木の台湾料理屋で落ち合って懇談したのだが、T氏いわく、「あなたが政治権力のレジティマシーというキーワードによって故宮博物院のことを論じてくれたことがうれしい。院長以下スタッフのあいだで大変評判になっている。これまでに書かれた論文は少なくないが、誰一人レジティマシーという言葉をつかっていない。あなたが初めてだ。ついては、あなたに故宮博物院の歴史を書いていただきたい」と。

私は一旅行者としての感想を書いたにすぎず、シナ学の専門家でもないから、いつまでに書くかの約束はできないが、やがて書いてみたいとは思っていると返答しておいた。

時代は李登輝以前、蔣経国の治下、日本における台湾派といっても今日のような台湾独立の支援者ではなく、台湾を中国文化の正統な継承者として擁護するというほどの立場にとどまり、国民党の大陸反攻が成功するとは思っていなかった、といっていいだろう。

私がいま二十年前の思い出を記すのは、「正統性」という一言が生んだ波紋の大きさを語りたいがためである。言葉にならない歴史の闇に、一つの言葉を近づけることによって生じた磁場の大きさに私自身が驚かされたのだった。もちろんT氏には明瞭な政治的立場と意図があり、台湾に立て籠もった中華民国の正統性を国際社会に向かって主張しつづけねばならない。だからT氏が私にもう一つの故宮文物論を期待したのであろうが、これまでの故宮論に「レジティマシー」の一語が欠けていたこともまた事実だった。なぜ、この一語がなかったのか。

それから数年のちに私は再度、台北故宮を訪れる機会を得た。わが国の出版人数人との訪台だったが、そのなかに故宮博物院の名蹟・名画を精巧に複製して評価を高めたN社の社長がいたために、博物院院長以下主要スタッフと懇談会を開くことになった。

私の関心はもっぱら、「美神の長征」についての歴史資料である。なかでも政治哲学論に相当する文書を求めていた。いつどこからどこへ何ケース輸送したかというような歴史的ファクトではなく、何故にその困難な大事業をやりとげることができたのか、いかなる政治哲学によって国民党内をまとめたのか、異論はあったのか、あったとしたらいかなる異論だったのか、というようなことだった。

すでに私は「正統性」という言葉をつかって、その政治哲学編を推論していたから、その一語につながる資料がほしかったのである。だが、スタッフはみな首を傾げて、「ない」のだという。もし、あれば、「われわれもとっくにそれをつかっていますよ」といわんばかりの表情だった。

「やはり、最も大事なことは文書として残らないものなのか、日記と同じだな」と呟きながら、私は諦めるほかなかった。

想像するに、「美神の長征」は極秘作戦の連続だったはずである。公に議論などしていたら、輸送の途中で「行方知れず」が続出すること必定だ。ごく限られた人たちの「沈黙と確信」がなければ不可能なことだからである。そのことに想い到れば、歴史的資料の乏しいことも納得できるし、私のなすべきことは、その数少ない資料によって明らかになったファクトから、何をいかに推論するかにかかっていることになる。

それにもう一つ、二十年前には予想もできなかったことが生起している。李登輝（りとうき）時代の到来とともに、故宮博物院の存在意味が急速に変わった。否、地殻変動が起きたのだ。これまで必要不可欠のものが、一転して邪魔ものになる、というほどのことである。

大陸反攻を夢見る人々にとっての正統性のシンボルが、台湾独立を夢見る人々にとっては障害のシンボルになる。

六年前（一九九七年）に訪台したとき、私は明瞭に言葉になった「故宮返還論」を耳にした。そのあまりの明解さに一瞬驚きはしたが、同時に私は故宮について語る自由を得たなと思った。現実の政治的難題が歴史的物語になる境界線に立っていると感じたからである。

第一章 皇帝のいない紫禁城

紫禁城を追われる溥儀

美神をめぐる政治ドラマは一九二四年十一月五日の朝に始まる。その日の午前九時、ときの国務院代行・黄郛首相の発した一通の公文書が宣統帝溥儀のもとに届けられた。要旨は次のようなものだ。

①本日より皇帝の尊号を廃し、溥儀は中華民国の国民と同等の権利を持つこととする。
②清室（清朝）は即日、宮城（紫禁城）を出ること。以後の住居は自由に選択してよろしい。
③政府は清室補助のため毎年五十万元を支給する。
④公共財産はすべて政府の所有とする。
⑤紫禁城からの退去は三時間以内とする。

宣統帝溥儀はただちに御前会議を開き、次のように回答した。

①一九一二年（中華民国成立時）の優待条件によると、頤和園に移ることになっていたが、それが遅れたのは国民政府の命令がなかったためである。
②紫禁城を出ることに異存はないが、三時間以内という要求には応じられない。
③城内の文物はもともと愛新覚羅家（清朝）の私産であり、管理権、処分権とも清朝にある。点検、没収にはとうてい応じられない。

その交渉は三時間におよんだが、すでに紫禁城の周辺は兵隊に包囲されており、裏山の景山には大砲が据えられていた。

交渉の結果、文物の点検、没収については一両日後に延期されたが、宣統帝溥儀らは直ちに退出せねばならなくなった。

溥儀とその妃婉容らを乗せた車が紫禁城を出たのは午後四時十分、向かったさきは生家の醇王府（北府といわれた）、随行したのは宦官（かんがん）、女官ら十数名にすぎなかった。ときに溥儀十八歳。辛亥革命のとき六歳だった幼帝も立派な青年になっていた。皇帝たる尊号こそ失って愛新覚羅溥儀という名の一国民になったわけだが、数奇の運命はまだまだ続く。

その数奇の運命の最大のものは、溥儀が日本に支援されて満州国の執政に就任（一九三二年）し、その二年後に満州国皇帝に即位したことである。紫禁城を着の身着の儘（まま）で追われた皇帝が、清王朝の故地である満州に建国された国の執政に就任したとき、そのことを「滅満興漢」（満人を滅し、漢人を興こす）を謳ってきた国民党政府の要人たちがどう受け止めたか。もし、溥儀が故宮文物の所有権を主張したらどう対応するか。国内の保皇党の残存勢力はまだまだ侮りがたい。

私は満州国の建国と故宮文物の南京への隠密輸送には深い関係があるとにらんでいる。だがそのことはいずれ書くとして、いまは話を紫禁城とその文物の国有化問題に戻さねばならない。

清室を紫禁城から追放した三日後の十一月八日、中華民国国務院は次のような声名を発表している。

「清室の財産は、国務院の命令によって有識者および清室関係者による委員会を組織し、公私の別を明らかにする。公有に帰するものは、番号をつけて整理した上で、国立図書館博物館に引き渡し、永遠にわたって、清の遺恵を表彰することとする」

これはまことに曖昧な文章である。「公私の別を明らかにする」とはいうが、その基準は何も示されていない。仮に有識者と清室関係者が会合したとて、すでに回天して十二年も経っているのだから、「これは皇帝溥儀の私物だった」と命を賭して主張する者はいないだろう。

十一月二十日、「弁理清室善後委員会」（清王朝財産の処理委員会）は中華民国政府から七名、清王朝側から四名の委員で構成され発足、その翌年（一九二五年）から文物の点検、整理が本格化した。

注目すべきは、その善後委員会の政府側委員に汪兆銘（精衛）がいたことである。

汪兆銘は一九二四年一月、国民党の第一回全国代表大会で中央執行委員に任命されたばかりか、孫文の信任あつく、健康にすぐれない孫文の個人的連絡係の任をおびていた。四十一歳の働き盛りで、胡漢民とともに党内における双璧といわれた。そのころの蔣介石は開校なった黄埔軍官学校の校長に任命されたばかりだった。

善後委員会が実働しはじめた二五年三月に孫文が肝臓癌のため北京で死去し、汪兆銘はその直後に中華民国国民政府の常務委員会兼軍事委員会主席に就任する。ライバルと称されていた胡漢民（こかんみん）がある暗殺事件の責任を取って辞職したこともあって、間もなく汪兆銘は名実とともに国民党のリーダーになった。

したがって善後委員会の初期活動の中心に汪兆銘がいたことは間違いない。こまかなことは部下にまかせるとしても、大きな流れとして汪兆銘の意にそむくようなことはなかったはずだ。

ところが、権力闘争の激しい革命政権のこと、反共政策を強硬に主張する蔣介石と、容共的姿勢をとる汪兆銘の対立が深まり、翌二六年五月、汪兆銘はすべての職を辞してフランスに渡ってしまう。以来、汪と蔣の対立と連携は終生くりかえされることになるのだが、一九三二年一月、汪・蔣が合作して南京に統一国民政府を樹立したことから、南京遷都の一環としての「美神たちの輸送作戦」がにわかに具体化する。善後委員会を設置したときからすでに七年強の歳月が流れていた。

「文人」汪兆銘と「武人」蔣介石

汪と蔣は対照的な人物だ。容共か反共かで対立したという定説は単純すぎる。もっと深い人間的対立があったに相違ない。汪兆銘が「文の人」であるのに対し、蔣介石が「武の人」であったことは明瞭だ。私はその二人が日本に留学したときに、それぞれが何を考えたかに注目したい。汪の留学先は法政大学、蔣の留学先は陸軍司官学校と異なるが、「近代日本」の驚くべき成果をしかと見たはずだ。

汪の来日が一九〇三年、蔣のそれが一九〇七年。日露戦争が一九〇四、五年だから、二人の青年（ともに二十歳で日本留学）はその世界史を変えた戦争を至近距離で感じ取ったことになる。ちなみに孫文が東京で中国革命同盟会を結成したのは一九〇五年である。

「文の人」汪は同盟会の機関紙「民報」で健筆をふるい、胡漢民とともに孫門下の両大関といわれるようになった。ところが、その過激な清朝打倒論に怒った清国政府がわが国政府に抗議、その結果、発行禁止、活動家たちの国外退去（一九〇六年）となったのである。

帰国した汪は北京に入るや、摂政王載灃（さいほう）の暗殺を企て、捕らわれの身となって死刑の宣言を受けるのだが、獄中で書いた国内改革の意見書が民政大臣の粛親王の目にとまり、特別に死一等を減ぜられたのである。これだけでも文才ゆたかな熱情家の閲歴というべきだが、もう一つそこにロマンスが加わる。愛人陳水如（のちの夫人）と獄中の汪兆銘が交わした「凄絶なる詩文」によって革命史が彩られたというのである。残念ながら私はその「凄絶なる詩文」をまだ読んでいない。

この感受性の鋭い汪兆銘が、日露戦争前後の日本にあって、何をどう考えたか、そして辛亥革命後の千々に乱れた大陸にあって日本をどう思い出し、そこから何を読み取ったか。私の関心はその一点に集中する。日本が見事な中央集権国家をつくった秘密はいったい何か。その権力の「正統性」は何によって確立されたのか。暮夜ひそかに、そう問いつづけたに相違ないのである。

人々が「掠奪者」になるとき

バクダッド陥落、サダム・フセイン政権崩壊、無政府状態になるや、群衆がいっせいに掠奪に走る。行き先の一つが博物館だった。当然、食糧庫も襲われただろうが、それと並行するように美の収蔵庫が襲われた。そのテレビ映像を見ながら私は権力と美神をめぐる象徴行為を目のあたりにしているな、と思った。独裁者は自らの歴史観にもとづいて美神を収集し、それを秩序だてる。権力を奪取して満足する程度の独裁者は真の独裁者とはいえない。歴史観の独占と、それにもとづく美学を独占してこそ真の独裁者だ。

イラクのフセイン大統領は自らを古代バビロン帝国を築いたネブカドネザル一世とエルサレムを破壊して多数の

ユダヤ人捕囚をバビロンの都に連行したネブカドネザル二世に擬していたという。だから、博物館における美的秩序もまたその歴史観を色濃く反映していたに相違ない。食糧庫を襲うことと博物館を襲うこととは、その意味するところがまったく異なる。食糧は直ちに胃袋を満たすことができるが、博物館の品々は換金しないことには胃袋につながらない。にもかかわらず、独裁的権力が崩壊すると、その二つの掠奪がほぼ同時に起こる。

食糧庫に走る人間類型と博物館に走る人間類型は明らかに異なるだろう。あなただったら、どちらに走るかと、読者に問おう。

バグダッドの中心部にあった巨大なフセイン像が引き倒され、その頭部が引き回された。そのとき挙がった群衆の喚声は権力が空位になったいっときを喜んでいるが如きものだった。無政府状態の真の恐ろしさを知る前のつかの間の解放感である。

古代文明を築いた民族の末裔（まつえい）たちは巨大な権力が崩壊するたびに、王宮などを襲って掠奪行為をし、王墓をあばいて副葬品を盗み出した。そういう歴史的一齣（ひとこま）を私たちはいまテレビ映像によってリアルタイムで見ているのである。フランス革命のときも、ロシア革命のときも、辛亥革命のときも当然、同じようなことが起こっているはずだ。

王宮にある美術品を掠奪することも、王墓を盗掘することも、博物館に乱入してその美的秩序を破壊することも、巨大な権力が崩壊するときに起こる一連の出来事といっていいだろう。そこに共通する深層心理は何か。政治的行為とどこかでつながっているに違いないのだ。仮に掠奪者、盗掘者においては一攫千金の野心にすぎないとしても、それに大枚をはたく人間にとってはそれ相当の意味がなければならない。たとえば栄華をきわめた権力者が執着した優品をわがものにする喜び、権力の断片を所有するに似た喜び、そこに潜むシンボリック（象徴的）な政治性、それらはみな解体された権力の動かぬ証拠品のようなものである。

美というものを単なる鑑賞の対象にしてしまったのはごくごく近代のこと。だから美神と権力の親密な関係に想像力が及ばなくなってしまったが、バグダッドの暴徒たちがはからずも、その権力と美神についての古来の関係を演じて見せてくれたのだ。

辛亥革命の直後にも掠奪が横行した。紫禁城の城壁は高いからバグダッドの博物館のように群衆がなだれこむことはなかったが、清王朝に仕える宦官、女官、城内で働く職員たちがみな盗賊のようになってしまったのだ。最後の皇帝・溥儀がその自伝で次のように書いている。

「今考えてもそれはまったく一場の大掠奪であった。掠奪に参加した者は、上下こぞってといってよかった。言い換えれば、およそ盗むチャンスのある者は一人の例外もなく盗み、それも大胆不敵にやったのである」（『わが半生』）

紫禁城の守りは鉄壁である。東西南北の四つの門以外に外部に開かれているところはない。城壁は高く厚く、これを盗賊が侵すことはまず不可能だ。だが、その城を守る警備の兵士までが肛門にゴマ油を塗って鍛え、そこに金銀宝石の類を入れて持ち出したというのだからどうしようもない。

清王朝の親族たちも、遠からず紫禁城を追われることを予感して、貴重な書画骨董を持ち出している。そうとなれば奸商（わるがしこい商人）たちが清廷に群がる。

皇帝・溥儀としては一族の財産を守るという意識が強かったのだろう。弟・溥傑とはからって極上の優品を天津のイギリス租界などに隠したとされている。このことをもって宦官、兵士たちの掠奪行為と同列視するのは不公平というものだが、権力の崩壊と美術品の散逸という次元においては密接に関係している。ほとんど軌を一にする現象といっていいほどのものだ。

王朝の興亡と美術品の収集・散逸がほとんど時差なくして生起するのはなぜだろうか。その権力と美神をめぐる壮大な物語を、近代の啓蒙主義とデモクラシー（民主政治）が追放してしまったわけだが、その最後の光芒が清王朝の滅亡と国民党政権の成立直後に起こった美神たちの大輸送作戦にほかならなかった。そして、再びそういうことは起こるまいと思っていたのだが、ことしの四月、古代メソポタミア文明を築いた民族の末裔たちが、同じ意味あいのことを実に粗暴に、かつあからさまにやってくれた。

フセイン大統領が古代バビロンの王ネブカドネザルを気取った独裁者だったから、大衆もまた古代の王朝が崩壊したときと同じように振る舞ったに相違ないのだ。独裁者を見限ったときの大衆の行動としてまことに興味深い出来事だった。

テレビに写し出された映像を見て、米英両国かユダヤ系の特務機関の策謀だろうと解説する識者もいた。その背後に古美術商の国際的シンジケートが闇躍しており、その世界もまたユダヤ系が握っているというわけだ。

しかし、私はその種の陰謀説をほとんど信じない。むしろ溥儀が証言しているように、権力の空白期に横行する「美の掠奪」の一種と解釈したい。「およそ盗むチャンスのある者は一人の例外もなく盗んだのである。権力者が収集した権力のシンボル大系の一部分を盗むという行為そのもののなかに、政治的エクスタシー（恍惚感）があるに相違ないのだ。

聳（そび）え立ち、磐石と思えた権力が音を立てて崩れ去るとき、そのさきに恐るべきアノミー（無秩序）を予感しつつも歓喜するのが大衆だ。いや、大衆に限定することはない。エロス（性）とタナトス（死）が渾然一体になるのがそういう崩壊と滅亡のただなかだとすれば、そこに起こる歓喜とエクスタシーは人類普遍のものとせねばなるまい。

溥儀や溥傑も、その臣たちも、崩壊感覚のただなかで、あたかも掠奪者になったような気分で伝世の美神たちを抱きしめたに相違ない。不可思議なエクスタシーを感じながら。

メソポタミア文明においても黄河文明においても古来、王朝の興亡とともに美神の収集と散逸が繰り返されてきた。その権力の空白期に大衆がつかのま美神を抱きしめて歓喜することがあっても、やがて落ち着くべきところに収まる。そのとうとうたる歴史に待ったをかけたのが、国民党による故宮文物の整理と大輸送作戦だったのである。

君主制と共和制の大葛藤

「辛亥革命成る」と歴史年表は一行で記すが、そのとき明るい未来が開かれたわけではない。確かなことは二百六十余年続いた清王朝が倒れたということだけである。

歴史を巨視的な結果論として見れば、わずかな混乱期にすぎないとしても、その時を生きている人間にとっては深い闇であり、いつ果てるともしれぬ乱世なのである。

その深い闇の中で、「国体問題」が噴出する。大きく分ければ「立憲君主制」派と「共和制」派の対立である。

清王朝打倒の革命運動の底流には「滅満興漢（めつまんこうかん）」という民族的対立があった。つまり満州族の王朝によって支配されてきた漢民族の解放・復権の運動である。それと同時にロシアに支援された蒙古族の独立運動とイギリスに支援されたチベット族の独立運動が起こっている。

そもそも辛亥革命の原動力、その隠された動機が「滅満興漢」であれば、その当然の帰結として清王朝の故地である東北三省（満州）の独立運動が高まる。冷静にいえば、清王朝を倒しながら、その王朝の最大限の版図（領土）

をそのまま引き継ごうとするところに無理がある。ヨーロッパ史でいえばシャルルマーニュ大帝の版図を無傷で継承するようなものだ。後の国民党政権も共産党政権も、その一点においては同じ、何ひとつ変わっていない。

閑話休題。一九九七年、サッチャー英元首相が香港返還のセレモニーに出席したあと日本に立ち寄ったとき、中国に関してラジカルな言葉を発した。「この二十世紀に古代帝国さながらの中国が存在すること自体が問題なのだ」と。拓殖大学主催のシンポジウムの打ち合わせをしていたときのことだった。長旅の疲れもあってか、彼女の表情はきつかった。「二十一世紀の最大の国際問題は中国です」と結んだのであった。

蔣介石の第一次掃共作戦が始まるのは一九三〇年、中国共産党のいわゆる長征が始まるのは三四年だから、辛亥革命直後の「国体問題」を考えるに際してはまだ無視していいほどの勢力にすぎない。むしろ重視すべきは、中国の政治家と知識人が近代日本の躍進ぶりをどう見ていたかである。

明治維新という復古革命を成し遂げた日本が立憲君主制によって見事な統一国家をつくり上げ、日清、日露の両戦役に勝利し、たちまちにして列強に伍しつつあるという現実を、中国の要路の人々がどう見ていたか。

日本人が古来、中国文化をどう見てきたかは過剰なほどに語られてきたが、中国の知識人が「近代日本」をどう見ていたかはまったくといっていいほど論じられていない。なるほど中華思想と華夷秩序によれば文化の流れは一方通行であり、東夷の倭国から学ぶものなどあろうはずがないのであった。

だが日清戦争以降、事情は急速に変わった。中国大陸からの留学生が陸続として日本にやって来たのである。日露戦争後にその数が一万人に達したといわれるほどだった。

それらの留学生の中に汪兆銘、蔣介石、胡漢民がいたことは前回記したが、辛亥革命期に活躍した日本留学組を思いつくままに列挙すれば、漢口の決死隊を指揮して名を上げた黄興は日本で剣道を学び、日本刀を手離さない武人、袁世凱がライバル視するほどに東北部で力をつけた呉禄貞は日本の陸軍士官学校の卒業生、黄埔軍官学校の教官になった陳果夫も日本留学組の一人だ。

革命派だけに注目してはいけない。反革命派が日本に留学しても不思議ではない。その一人が梁啓超、立憲君主制を説いて「保皇党」の幹部になった人である。

日本に亡命していた孫文が東京で中国革命同盟会を結成（明治三十八年）して多くの留学生を組織したという事情があって、われわれはどうしても革命派の立場から歴史を見がちだが、政治体制論からいえば、日本国という存在自体が中国における立憲君主派に少なからぬ影響を与えたと見なければならない。

しかし、漢民族にしてみれば、一種の征服王朝である清王朝を復活させるような立憲君主制にくみするわけにはいかない。さりとて純粋の漢民族王朝を復古させることは不可能だ。

しかし、一方の共和制を主張する側にも難題が山積している。辛亥革命直後の世界を見渡しても共和制の国はフランスとアメリカだけである。それに加えて共和制下における権力の正統性を確立するためには広範な国民による選挙を行わねばならない。中国をいくつかの民族国家に分割すれば可能だろうが、清王朝の巨大版図をそのまま保守しようとしたら不可能である。

孫文が南京に臨時政府を樹立して、国号を「中華民国」と定め（一九一二年一月一日）、自ら臨時大総統に就任したとき、首都・北京を実質的に支配していた袁世凱は抗議の電報を打っている。

「聞くところによると、南京ではすでに政府を組織し、孫文は総統就任の日に、満清政府の駆逐を宣示したが、これは、国会で国体問題を解決するということに明らかに相反する。（略）もし国会が君主立憲を議決すれば、この政府と総統はすぐに取り消されるのかどうか。すみやかに返電されたし」

この短い電文の中に二つの難題が明記されている。漢民族と満州民族の対立と共和制か立憲君主制かという政体についての根本的対立である。ただし袁世凱のいう「君主立憲」は必ずしも清朝の復活を意味していない。中国の正史は徹底的に権力の正当化のために書かれるから、中華民国の正史においての袁世凱は悪玉の親分にすぎない。だが、その後の中国の長い混乱と共産党政権の樹立（一九四九年）の過程をたどると、歴史のイフとして立憲君主制には捨てがたいものがある。

ところで孫文は袁世凱の抗議の電報に対して次のような返電を打つ。

「もし清帝が退位を実行し、共和を宣布すれば、臨時政府は決して嘘を言わない。文（孫文）は直ちに大総統の職を離れることを宣言し、功労と能力から見て、まず袁氏を推挙する」

誠実な電文ともいえるが、そこに共和制についての孫文の弱気、自信のなさがうかがえ、その不安と弱気はひとり孫文だけのものではなかった。

約束通り総統の地位を禅譲された袁世凱は南京に行くことを拒否し、北京の中南海に総統府を置き、自ら「中華皇帝」を名乗り紫禁城太和殿で即位式を行なう（一九一五年十二月十三日）。だが、袁世凱は病魔に侵され在位三カ月でこの世を去った。

このように共和派も王党派も失敗つづきで、政治権力の正統性クライシスは深まるばかりだった。

玉に喩えれば、鎮圭（最高位の玉）を佩びるに値する治者いまだ現れずだったのである。

革命家・孫文の軌跡

孫文という政治家は不思議な人物である。辛亥革命成って中華民国の初代臨時大総統に就任しながら、わずか三ヵ月で辞任してしまう。正確にいうと一九一二年一月一日に就任し、二月十四日に辞意を表明し、四月一日に任を解かれた。つまり在任は実質的には一ヵ月半。

当時の最大の政治課題は「国体」をいかなるものにするか、共和制か立憲君主制か。共和派の代表格が孫文、君主派の代表格が袁世凱。したがって孫文が一月一日の就任式で「共和政体宣布」をしたことは、時期尚早論はあるにせよ、持論を実践する政治家としては正しい。誠実といってもよい。この孫文の共和国宣言その他の因果あって二月十二日に清朝最後の皇帝・宣統帝溥儀が退位する。その二日後に孫文は辞意を表明してしまう。

このあまりにも早い辞任をどう解釈したらいいのか。誠実などという市民的倫理観で片づけられることではない。また歴史書が語るように、宣統帝が退位したら政権を禅譲するという約束が孫文と袁世凱のあいだで交わされていたとしても、袁が立憲君主論者であることは明らかなのだから、政体論からすると支離滅裂といわざるをえない。市民的誠実と思える振る舞いが、国家を大混乱に陥れることだってある。私が孫文を不思議な人物だというのはこの一点からである。

革命は歴史的権力の正統性を破壊し、新しく誕生した権力にいかにして正統性を付与するか、という極めて困難な課題をかかえている。革命政権の「神話づくり」だ。たとえば中国共産党政権が「輝かしい長征」という神話をつくったように。あるいはスターリンと金日成が個人崇拝を固めるために虚実おりまぜた「英雄的伝説」を創作したように。

中国古来の易姓（世）革命にのっとれば、まずもって天命を説き、天下人の徳を語り、歴史を全面的に書き換えねばならない。二十世紀半ばに登場した毛沢東すらそのことをよく熟知し実践したというのに、孫文にはその気配すらない。あえていえば孫文は中国的革命家ではなく、ことによると、中国的政治家ですらなかったのではないか。

急ぎ結論をいってしまうと、革命政権の初代臨時大総統に孫文が就任し、共和国宣言をした直後に辞任したことが国体の危機を深め、そのことが遠因となって政治的権力の正統性の象徴（シンボル）大系としての故宮文物の存在意義が浮上した。そこにいたるまでにはまだまだたくさんの状況証拠と推論を重ねなければならないが、まずは孫文という人間の考察から始めよう。

広東の中農に生まれた孫文は十四歳のときハワイへ出稼ぎに出た兄をたよってハワイに渡り、パール・ハーバー近くに店をもつ兄の手伝いをしながらカトリック系の学校に通い英語を学ぶ。そのころから孫文は聖書に親しむようになり、そのことを兄は心配する。「このままだと彼は中国人でなくなるだろう」と。

保守的だった兄は弟の将来を案じて彼を故郷に帰したのだが、三年間のハワイ生活で彼は完全にアメリカ文化の信奉者になっていた。十八歳のとき香港に出てクイーン・カレッジに入学し、そのころプロテスタントの牧師によって洗礼を受ける。

カレッジ卒業後、広東の医学校に入学、一年後に香港の医学校に転校、そこで民族革命運動の志士たちと親交を深め、満州民族の清王朝を倒し、いかにして漢民族によるデモクラティックな国家を建設するかを論ずるようになる。そして三十歳のとき広州で最初の挙兵を試みて失敗、香港経由で日本に立ち寄り、ハワイに渡る。

三十歳までの孫文の経歴と教養は米英派、二十六文字のアルファベットですべての言葉を表記する英語に感嘆したというエピソードが伝えられているが、その裏には膨大な漢字の習得に苦労することへのネガティブ（否定的）な判断がひそんでいる。プリミティブ（原始的）な象形文字ないしは表意文字に対し高度に発達し洗練された表音文字という、当時支配的だった言語発達史観に孫文もどっぷりつかっていたと思われる。わが国の歴史に照らしていえば明治の元勲・森有礼（もりありのり）の英語公用語論のようなものである。十九世紀末から二十世紀半ばにかけてエスペラント語（世界共通の人工言語）運動が盛んだったことにも配慮しておく必要がある。

広州の武装蜂起が一八九五年、それから辛亥革命まで十六年あるのだが、その間、孫文は少なくとも三回以上世界旅行をしている。つまり祖国に根をはるような生活を一度もしていないのである。なるほどハワイにあって革命結社・興中会を創設し、東京にあって中国同盟会（興中会、華興会、光復会の合流組織）を結成しているから清朝打倒の情熱は継続している。それらの行動によって海外から革命を唱導する孫文という神話が大きくなったことは間違いない。だが、同時にそこに孫文の弱点がひそんでいた。

清朝打倒は漢民族の民族独立運動ではあるが、その先の展望となるとはなはだ心もとない。もし、民族自決ということを主張するのであれば清王朝の巨大な版図（領土）を引き継ぐわけにはいかなくなるからだ。米欧での生活が長かった孫文は、革命後も清朝の版図をそのまま守ろうとすることの矛盾を誰よりも強く感じていたのではないか。

大胆な仮説を立てれば、孫文は共和政体を宣言して帝政を廃止するところまでを自分の仕事と考え、そのあとの五族をまとめる困難な力仕事を袁世凱に振ったのではないか。そうとでも考えないと、あの突然の辞任を解くことができない。五族とは漢・満・蒙・蔵（チベット）・回（ウイグル）のことで、それぞれが強弱の差こそあれ民族自決の胎動を始めていたのである。

この孫文の辞任が革命後の大混乱の始まりだった。孫文から禅譲されて大総統の地位についた袁世凱が帝政を復活させて自ら「中華皇帝」を名乗り、北京の紫禁城で即位式を挙行したときから、革命家たちは袁打倒の第二革命を唱えるようになった。群雄割拠の大乱時代への突入である。

首都は北京と南京に分裂し、軍は北の君主派と南の革命派が対立して南北戦争状態になり、加えてロシア革命(一九一七年)後は共産党の勢力が急速に拡大して、三つ巴の戦闘をくりひろげるようになった。

ところで、袁世凱が大総統になった背後に、汪兆銘の策謀があったという説がある。国民党史は何かにつけ彼を悪玉にするが、辛亥革命さなかの混乱を想像すると、汪兆銘の判断の方が正しかったのではないか。事情はこうだ。

革命前夜(一九一〇年四月)、汪兆銘は北京で清朝の摂政・醇親王載灃を爆殺しようとして捕まり終身刑に処せられたが、その彼を釈放したのが袁世凱だった。このことが策謀説の理由になっているのだが、革命の目的を清朝打倒にとどめ、共和制か君主制かの国体問題をその先に置けば、策謀説は成り立たない。汪兆銘は革命を成就し、混乱を収拾できる人物として、孫文よりも袁世凱を推したというにすぎない。

一度死んだ壮士・汪兆銘

「功なら黄興、才なら宋教仁、徳なら汪兆銘」

革命派の闘士たちがそうささやきあった。孫文をかつぎだそうとしているグループからすると、あやしからん噂ということになる。国内で命を賭して蜂起した武闘派にしてみれば、孫文はあきらかに外の人である。

黄興は武昌（漢口）蜂起の直前、アメリカ滞在中の孫文に「至急金ヲ集メテ送ラレタシ」との暗号電報を打っている。だが、その電文を孫文がコロラド州デンバーのホテルで解読したのは打電後十日以上たっていた。そして翌朝、ホテルの食堂で新聞をひろげると、「革命党、武昌を占領」という活字が孫文の目にとびこんできた。

しかしながら、孫文はすぐ帰国しようとはしない。デンバーから太平洋側に出て上海航路の船に乗れば二十日ほどで戦列に加わることができるはずだが、孫文は黄興に「コレカラ英国ト仏国ニ行ク」と打電してニューヨークに向かっている。

多くの歴史書は、孫文がそうした理由を「革命は中国にいる同志にまかせ、自分は外交面で力を尽くしたほうがよいと考え直した」としている。事実シカゴでは「中華民国成立大会」（預祝＝前祝い）を開催して地元のジャーナリズムに注目され、ロンドンでは新政府に対する借款を申し入れてはいる。だが、大陸は動乱のさなか、「新政府」といってもまだ海のものとも山のものともつかないのだから、異国の政治家を説得できるはずがない。

けれども、多くの革命家たちが、客家（ハッカ）の出身で英語圏（ハワイ、香港）で教育を受けた孫文に対して、在外中国人（華僑）からの寄付金集めと、欧米列強との折衝事に大きな期待を寄せていたことは間違いないだろう。

しかしながら、そういう期待をあまりいだかない人たちが密かに「功なら黄興、才なら宋教仁、徳なら汪兆銘」とささやいたに相違ない。

黄興は武昌起義（義のために立つ＝革命的蜂起）のとき、香港で孫文に資金集めを打電したあと上海経由で武昌に入り、革命軍陸軍総司令に就任するのだが、そのころの革命軍は清軍の圧倒的な兵力の前に後退をつづけて風前の灯になっていた。清軍の火力にまさる攻撃を前にして、黄興は「決死隊」を編成して自ら指揮をとり、日本刀をかざして「逃げる者は斬って捨てる」と檄をとばした。その軍刀は日本に留学して剣道に励んでいたころ、日本の軍人から贈られたものだった。

中国の歴史家は無視したがることだが、黄興は日本の武士道に憧れ、それを体現しようとしていたのだろう。決死隊は黄帝紀元の「黄」と黄興の「黄」の字を染め抜いた軍旗をつくり、「シャー（殺）」という雄叫びを上げて突撃し、清軍はその勇猛果敢さに恐れをなして退去、敗走する。そうして武昌、武漢の起義に勝利した革命軍が南京に攻めのぼって辛亥革命が成ったのだから、軍略における黄興の「功」は絶大だった。

「才」において称えられた宋教仁も日本留学組の一人、孫文政権にあっては法政院総裁という重責をになって新生共和国の法整備に邁進し、袁世凱政権にあっては農林総長に就任するが、間もなく袁のはなった刺客に殺される。共和派の論理的支柱でもあったのだから、袁世凱との対立は避けがたかった。三十一歳の若さで逝った革命派の星、長くその才知が惜しまれたのである。

汪兆銘は二十四歳のとき「革命之決心」という文章を書く（一九〇七年同盟会の機関誌『民報』掲載）。

「我が党には革命の決心を論ずる事のできる人間は沢山いる。だが、私には革命の決心は誰にでもわかりやすいものでなくてはならないと思うし、革命を口にしたからには実行せねば意味がないと考える。よって以下、口にしたことは実行するという持論から革命の決心について述べてみたい。」

陽明学のいう「知行合一」である。少年のころから読書好きで、特に王陽明の『傳習録』を諳（そらん）じていた。詩文に親しむ少年は十六歳のころから寺子屋で教師をして家計を助け、二十歳で日本に官費留学、約三年間法政大学に学ぶのだが、その間に起義に失敗した孫文が日本に亡命、革命を夢みる青年たちを集めて「中国同盟会」を結成する。

そのときの日本留学組にさきに触れた黄興、宋教仁、それに論客・胡漢民（後に南京政府の立法院長）らがいたのである。

汪兆銘はまた雄弁家だった。後に夫人となる陳璧君が汪兆銘に惚れこんだのは彼の演説を聴いて感動したからだった。彼女の実家はマレーシアでゴム園と鉱山を経営する華僑。孫文と汪兆銘らが革命の資金集めのためにペナンで講演会を開いたとき、その聴衆の中に彼女がいたというわけだ。彼女は父親の反対を押し切って東京にやってきて同盟会の事務所で働くようになる。

その陳璧君と結婚（正式の結婚は後に）した翌年、汪兆銘は密かに北京にはいり清朝の摂政・王載澧の暗殺を企てる。紫禁城の堀にかかる橋脚に爆薬を仕掛けての爆殺計画だったが、北京警察に発見され逮捕、死刑の宣告を受ける。ところが獄中で書いた国家改造の意見書を民政大臣・粛親王善耆（ぜんき）が読んで感動、刑死させるのは忍びないと死一等を免じた。堂々たる名文が命を救ったのである。獄中の汪兆銘を頻繁に見舞った新妻（資料によっては愛人）陳璧君は、獄卒を手なずけたばかりか夫の赦免運動に奔走した。その甲斐もあって辛亥革命直後に釈放される。

汪兆銘が獄中で書いた詩の一節を紹介する。

石をくわえてひたすらに
大海原をやりこめる
一人で飛んでも疲れない
鴎におくれをとるものか
（略）

堂々と北京で主義主張を通し
従容として囚人の名に甘んじよう
少年（自分のこと）の首を
さっぱりと斬ってくれ
たとえ肉体は灰と化しても
我が志はこの世にとどまり
燐（りん）の青い光は衰えることなく
夜毎に紫禁城を照らすだろう

汪兆銘の雅号「精衛」は、海で溺死した炎帝の娘の化身とされる小鳥のこと。溺死した無念を忘れず、海の水を一滴も飲まないと決意したばかりか、毎日せっせと小石をくわえて海に落とし、いつの日か海が小石で埋め尽くされる日を夢みた伝説上の小鳥が「精衛」である。

この革命的ロマンチシズムの横溢する雅号を汪が初めて使ったのは同盟会の機関誌『民報』の第一号だった。「精衛海を填（うず）む」といえば不可能なことを企てて徒労に終わることの喩えではあるが、その不可能性を予感しながら革命に身を投じ、そのごく初めに清王朝の最高権力者にテロを仕掛けるというのだからまさに「知行合一」だ。「徳なら汪兆銘」といわれるゆえんである。

ちなみにテロの対象になった摂政・王戴澧澧は最後の皇帝溥儀の父親、そして汪精衛の文章に感歎した粛親王善耆は日本名・川島芳子（本名・愛親覚羅顕玗（けんし））の実父。

汪兆銘は一度死んだ男である。燐の青い光となって夜毎紫禁城を照らそうと念じた男だ。そういう男にしか見えない世界というものがあるはずだ。

大器晩成の人・蔣介石

革命期に何歳だったかという年齢差はことのほか大きい意味をもつ。そしてそのとき、どこにいたかは決定的な意味をもつ。

それが運命というものだろう。

辛亥革命の起こる直前の一九一〇年（明治四十三年）十二月、蔣介石は新潟県高田町（現上越市）にあった陸軍第十三師団野砲兵第十九連隊に士官候補生として入隊する。体格検査の記録によると、身長五・五九尺（一六九・四センチ）体重一五・七八貫（五九・二キロ）。

ときに蔣二十三歳。かねての夢が実現したのである。

蔣が日本留学の夢をいだいて初めて日本の土を踏んだのは一九〇六年四月。ところが当時、中国人が日本の軍隊に入隊して訓練を受けるためには中国政府の推薦が必要だった。

そういう当然の手続きを知らずに日本に来てしまうところに、青年・蔣の性格がうかがえる。愛すべき直情径行ぶりというべきか。

当時の日本はそのような入隊志望の中国人留学生に基礎教育をほどこすために振武学校を設立し、そこを卒業した者を希望にそって各隊に入隊させていた。つまり蔣青年としてはいったん帰国して、しかるべき準備をしなければならなかったのである。

蔣は短期間ながら清華学校（東京）で日本語を学び、その年の冬に傷心をいだいて帰国するのだが、そのわずかな期間に革命の志士・陳其美（ちんきび）と知り合い、深い親交を結ぶようになる。この陳は後ちに袁世凱のはなった刺客に殺される（一九一六年）のだが、彼は日本の建軍の精神としての武士道と陽明学の関係を蔣に熱っぽく語るのだった。傷心の蔣に吉報が届く。清国陸軍が保定（河北省）に「保定軍校」（正式名は通国陸軍速成学堂）を開校し、各省ごとに学生を募集することになった。浙江省生まれの蔣の受験地は杭州、難関を突破してめでたく合格、生家の渓口鎮から保定まで一千数百キロ、一カ月余の長旅のすえ無事入学した。

後ちにそのころを振り返って次のように記している。

「全省の青年千余人が杭州で受験したが、私は十四人の合格者の一人となり、二十歳の夏に保定の学堂に入学した。しかし私の目的は、これをきっかけとして日本に渡り、その陸軍を学ぶことにあった。保定の軍校にはいることにより、日本に行って陸軍を学習する希望がかなえられる機会がもてるからである」

軍人たらんとした青年・蔣が何の資格もないままに日本陸軍に入隊したいといって来日した年を重視せねばならない。その一九〇六年（明治三十九年）とは日本が日露戦争に勝利してポーツマス条約に調印した翌年のことだ。黄色人種の小国が白人の大国を破って世界を震撼させた直後のこと、三百年以上つづいた植民地支配に風穴があいたかとアジア・アフリカの人々が燭光を見たころのことだ。

青年・蔣もそうした世界史の大転換を彼なりに強く直感していたと解釈しないと、無謀な初来日と再度の来日を理解することができない。

その再度の来日は一九〇八年（明治四十一年）三月、こんどは保定軍校の選抜試験に合格しての正規の留学生という身分である。大連港から船で神戸へ、そこから汽車で東京へ。そして振武学校（新宿区河田町）に入学した直後に、友人・陳其美と再会、彼の紹介で「中国同盟会」に加入する。このとき蔣青年は初めて革命の戦列に名を連らねたことになる。

そのころ軍事留学生たちが「丈夫団（じょうぶだん）」という秘密結社を組織しており、蔣はそれにも加入している。その命名は「富貴に心を乱されず、貧賤に志を曲げず、威武に屈せざる男を大丈夫という」（孟子）に由来する。リーダー格は辛亥革命のとき上海の参謀長として活躍することになる黄郛である。

蔣青年はこうして東京で多くの革命の志士たちと出会うのであるが、革命の父たる孫文はすでに日本を追われていたから、なかなか出会う機会に恵まれない。やっと会えたのが来日二年目の六月、孫文が世界旅行の途中日本に立ち寄ったとき、これまた友人・陳の紹介で面談する機会を得たのである。

ところが、そういわれているだけで、いつ、どこで、どういう内容の会談をしたのか、実証できる資料がないのだと史家たちはいう。唯一の証人は紹介者の陳だが、彼は前述したように革命直後に暗殺されてこの世にいない。革命神話にありがちなことではある。

一九一一年（明治四十四年）十月十日、武昌起義が決行され、辛亥革命の火蓋がきられた。翌日には漢口、漢陽にとび火し、いわゆる武漢三鎮に革命の火がひろがった。そのとき上海にいた陳其美から蔣のもとに「至急帰国されたし」の電報が届いた。高田連隊に入営中の蔣のもとに、それほど機密性の高い電報が直接届いたのかどうか。

暗号電報だったのか、誰か知人を介してなのか不明の部分が多い。

蔣は同僚の張群（保定軍校からの無二の親友、後ちに行政院院長）らと謀らって帰国を決意、連隊長に四十八時間の休暇願いを出して東京へ向かう。同盟会の事務所に寄って旅費を受け取り長崎へ。

四十八時間以内に帰隊しなければ当然、脱走兵と見なされて憲兵隊の追及が始まる。途中、蔣は和服姿に、張は学生服に着替え、軍服と帯剣を郵便小包で高田連隊に送り返す。「学ぶところ多かった日本での軍隊生活に最後のけじめをつけておきたかったからだ」と後ちに蔣は述懐する。

当時、地元の「高田新聞」は「野砲兵の決起」という見出しを付けて、「さきに休暇許可の上帰国せる三名の学生、なおいまだ帰隊の途に就かざる……」（同年十一月十二日付け）と報じている。

高田連隊の上官たちは、蔣、張らの行動の意図をすべて承知の上で対応していたようだ。当時のわが国には宮崎寅蔵（滔天）、頭山満、内田良平、萱野長知、北一輝、寺尾亨ら辛亥革命の理解者、支援者がたくさんいたし、特に陸軍内部には革命同調者が多く、武昌や漢陽へとんで陣頭指揮をとった兵士が何人もいたほどだから、蔣らの行動を見て見ぬふりしたに相違ないのだ。

当時の第十三師団長・長岡外史は「留学時代の蔣君は才能胆略を内に含んで表に出さず、これといって抜きんでたところはなかった」と回想している。だが一九二七年（昭和二年）、対共産党問題で国民革命軍総司令を辞任して来日したときの印象はまるで違っていた。

蔣は長岡宅（原宿）を訪問して「不負師教」（師の教えにそむかず）と揮毫する。そのときの印象はかつてとはまったく違っていたと長岡は述懐する。「英姿煥発、青年外交官のように見えた。蔣君のように、恩義を忘れない人はほんとうに得難い。日本留学時代には何ら異彩をはなたなかった蔣君が、今日のような地位にあるのは、こうした心の中の美徳による。私は恩義を忘れぬ蔣君に無限の尊敬を持った」と。

「栴檀(せんだん)は双葉より芳し」という言葉があるが、その逆に、化けに化けて大成する人間もいる。蔣介石はまさしく、そういうタイプの人間だった。そう考えないと、後ちの「美神の大輸送」という大業にたどりつけない。

第二章　蔣介石の旅路

蔣介石、京都へ

明治維新という復古革命によって幕藩体制を否定し、天皇を中心とする強力な中央集権国家を築いた日本。その維新革命からわずか四十年足らずにして大国ロシアとの戦に勝利した日本。そこに日清戦争で一敗地にまみれた清国から多くの留学生がやって来た。

彼らは日本に来て、何を学んだか。すでに大日本帝国憲法が発布され（明治二十二年）、立憲君主国における国軍の統帥権が確立されていた。軍事に関心の強い留学生は当然、精強なる日本軍の秘密を探って天皇と国軍の関係を知ろうとするだろう。新渡戸稲造が『武士道・日本の魂』（英文）をアメリカで公刊したのは明治三十三年（一九〇〇年）だから、その評判を聞き知った留学生は当然その武士道の淵源を知ろうとするだろう。あるいは歴史と文学の好きな留学生だったら『平家物語』や『太平記』を読んで、この国の政治権力と朝廷の不思議な関係に驚き、そこに日本的政治権力の正統性の秘密を発見するかもしれない。そして、そこまで思いが及べば、玉体（天皇）をやや強引に御所（京都）から江戸城に遷座することによって復古革命を成功に導いたというあやうい歴史を知ることになるだろう。

日露戦争に敗れたのちに清国からの留学生が夷狄の国・倭国に来るようになるのだが、その心中はさぞや屈折していたことだろう。特に中華意識（自分たちが世界の中心で最も高い文明文化を持っているという自惚れ）の強い若者にとっての日本留学はかなり複雑な心理劇を伴うものだったに相違ない。日本から学びたいのは精神領域の文化ではなく、近代化のためのノウハウにすぎないのだ、と。

さきの大戦の敗戦直後にアメリカに留学した日本の若者だって少々身構えて、自分たちが学びたいのは豊かな物質文明を築いたシステムにすぎないのだといったように、中華思想などない国の若者だって、敗戦国から戦勝国への留学にはつらいものがあった。

大正八年（一九一九年）秋、蔣介石が孫文の密命をおびて日本に来る。十月二十五日上海を出航、神戸港から東京へ。同月三十日午後、蔣介石は孫文の代理人として病臥している犬塚信太郎を見舞っている。犬塚は孫文を通じて辛亥革命の志士たちを支援した人物である。

そのとき蔣介石は孫文と親しかった山田純三郎、萱野長知、頭山満、秋山定輔（ていすけ）などとも会っている。さらなる援助の要請だった。

このときの来日は一ヵ月足らずのものだったが、その旅程で私が注目するのは十一月十一日から京都に移り、伏見桃山陵を参詣していることである。

歴史書は、菊の花を好んだ蔣介石は東京でも京都でも菊を見て歩いたというふうにさりげなく書いているが、伏見桃山陵は明治天皇の陵墓にほかならない。

一九一九年といえば第一次世界大戦の戦後処理をどうするかということでパリ講和会議が開かれた年である。日本が世界に向かって「人種差別撤廃」を訴えたのがこの会議だし、赤道以北の南洋諸島を日本が統治することになったのもこの会議だった。名実ともに日本が「列強に伍した」年だったといっていい。

そういう年の十一月に蔣介石が明治天皇のみささぎを参詣したのである。

ときに蔣三十二歳、折しも十一月三日は天長節（明治天皇の誕生日）。菊は皇室の紋章だから、さぞや美しい菊花が飾られていたことだろう。

日本陸軍に学んだ蔣介石が、その統帥権の総攬者たる大元帥のみささぎに足を運んだのである。そのとき蔣の胸中に去来したものは何か。そのことについては蔣自身は何も書き残していない。そのうちに、蔣が伏見桃山陵に行ったという一行すらも歴史書から抹殺されてしまうかもしれない。

今日のように「反日」をあたかも国是の如くに掲げる中国の政治家だったら過去に「みささぎ参詣」の一行があれば、失脚するに十分だろう。夷狄に魂を売った漢奸（売国奴）というわけである。

そのころ孫文も蔣介石も失意の時期にあった。革命成って八年が経つのに、軍閥間の争いは泥沼化し、党内の派閥争いも絶えなかった。

心身ともに疲れ果てた青年蔣は、胃痛、耳鳴り、目まいに悩まされるほどだった。軍の職を辞して三年ほど欧米に留学したいと申し出た蔣に対して、孫文は慰労をかねた日本行きを提案したのである。

蔣は軍紀を重んじ不正を許さない潔癖な青年将校だった。それゆえに革命後の秩序紊乱と私利私欲に走る徒輩を許しがたくてノイローゼ状態に陥ったのだった。

東京にいるとき蔣介石は日比谷公園で開催されていた菊花大会を見たり、上野の美術館で開かれていた帝展などを見に行っている。

ちなみにいうと、上野寛永寺の跡地に「勧業博覧会美術館」という名称の建物（日本館）が竣工したのは明治十五年、それが帝国博物館官制により「帝国博物館」となったのが明治二十二年、帝室博物館官制により「帝室博物館」と改称されたのが同三十三年である。

傷心の蔣介石がそのとき見たものの一つが帝国日本の秩序だった社会といっていいだろう。日比谷公園とその周辺の官庁街を散策し、上野の森で帝室博物館を見たとしたら、そこで何を考えたか。帝国日本の繁栄と秩序の源泉はいったい何だろうかと思案しないはずがない。辛亥革命後の秩序の紊乱に悩まされて、半ば逃避行のようにして日本にやって来たのだから。

日比谷公園に行ったのだから、もちろん皇居（当時は宮城）の周辺も見て歩いただろう。

そうするうちに蔣介石は、京都を見たいと痛切に思ったに相違ない。革命前の留学のときは振武学校と高田連隊に入営していたから自由行動は許されず、時間もなかったからほとんど何も見ていない。そのことに気づくと矢も楯もたまらず京都に行きたくなった。そこに日本の秘密、繁栄と秩序の源泉があるに違いないのだと。

高田連隊にいたころは、しきりに日本の武士道について考え、自分なりにその本質を理解したと思っていた。だがその軍の統帥権の頂点に天皇がいて、それが軍隊の規律を保守し、兵士の士気を高めているという構造がいまひとつわからなかった。

それればかりではなく、街を歩いても、乗り物に乗っても、買い物をしても、日本人の礼儀正しい行動に感心し、その不思議な秩序感覚のよってきたるところは何か。それらの秘密もまた京都に行けばわかるかもしれない。

悩める青年蔣はそういう思いをいだいて、京都に行ったのだ。伏見桃山陵に行ったというのだから、もちろんその前に御所にも行ったはずである。そう仮説しないと明治天皇のみささぎに参詣したという謎めいた行動が理解できない。

その京都旅行で、青年蔣介石が日本文化の本質をどのように理解したかは、文献が何も残されていないのだから、想像するほかない。しかし、その後の行動から逆にそれを推論することは可能だろう。

たとえば後に故宮（北京の紫禁城）の文物を南京に運ぶ大移動作戦を指揮するときに、日本が維新革命のときに玉体（天皇）を京都から東京に遷座せしめた明治の元勲たちの故事を想像していたかもしれないのである。

失意の旅のゆくえ

失意のときの旅は、当然、もの思う旅になる。ものごとの本質に思いがおよぶのも、そういうときだ。三十二歳の蒋介石が胃痛、耳鳴り、目まいに悩まされつつ、静養のために日本に来たときが、まさにそういう旅だった。当然のことながら公的行事は無きに等しいのだから、政治的人間の伝記としては数行で足りる。

また政治的人間は、本能的に自分の弱点を隠し、終生そのことを語ろうとはしない。政敵にいつどんなかたちで攻撃されるか、わかったものではないからだ。この政治的人間に共通する一般論に加えて、中華意識のつよい中国人は夷狄の国から何かを学んだということを言いたがらない。ましてや政治家であれば、東夷の倭国から多くを学んだなどと書き記すわけにはいかない。場合によっては失脚につながりかねないほどに危険なことなのである。

その過剰な中華意識が、中国の近代化を阻んできたことを彼らも知ってはいる。だが、日清戦争で一敗地にまみれているから、彼らの心中は複雑だ。率直に学ぶというわけにはいかない。たとえば孫文をはじめとする辛亥革命の志士たちも、明治の日本から多くを学んでいるはずだが、それを率直に語ろうとはしない。

もちろん、歴史の領域のことは文書として残されているかいないかが決定的になるが、その文書の多寡だけをもって判断するわけにはいかない。文書を残さず革命に斃（たお）れた烈士のなかに、日本の武士道に熱烈に憧れつづけた男がいたかもしれない、ということをいちおう想像してみる必要があるだろう。

三十二歳のセンチメンタルジャーニー。三度目の来日。それまでのキャリアからして、蒋介石の日本観はこのころ深まり出来上がったと推察していいだろう。大事なポイントがいくつかある。上野の帝室博物館にいったとき何を考えたか。宮城（皇居）の周辺を散策したとき何を考えたか。そのあと京都に移って、御所と伏見桃山陵を前にしたとき何を考えたか。

帝室博物館の中を、蒋介石がていねいに見たかどうかはわからないのだが、帝室博物館というものが存在するということ自体が彼の想像力を刺激したことは疑いようがない。辛亥革命成ってすでに七年が経っているが、紫禁城内の文物はいまだ未整理のままである。いったいこれからどうしようとするのか。青年将校の立場とその職務を超えた問題ではあるが、彼がそういうことを思い巡らせたとしても不思議はない。

それに二年前（一九一七年）に張勲が清王朝復活のクーデターを起こして失敗しているではないか。もし成功していれば、紫禁城内の文物は再び愛新覚羅家の私有物に戻っていただろう。さいわい日本の支援を受けていた安徽省の軍閥段祺瑞の軍が北京を制圧して事なきをえた。そのころの蔣介石はまだ紫禁城を知らず、ましてその文物の詳細を知るよしもなかった。だが、書をたしなみ、求められれば揮毫する青年将校だったのだから、書画に関心がなかったはずはなく、文武両道を夢みる青年だったと想像せねばならない。

ちなみに蔣介石の終生のライバルになる汪兆銘は、陽明学徒のテロリストにして詩人であり、清朝摂政・王戴澧を暗殺するために紫禁城を下見分している。その暗殺未遂事件が起こったのは革命前夜の一九一〇年だった。そして後に、この汪と蔣が力を合わせて紫禁城内の美神たちの大輸送作戦が始まるのである。その汪兆銘もまた日本に留学していたころ、上野の帝室博物館を見ているだろう。そのことを文書で確認することはできないが、そのロマンチックな文人気質からして、上野の博物館に足を運ばなかったということは想像しにくい。

天皇と歴史の正統性

中国には「博物館」という言葉もそれに近い概念もなかった。古典に出てくるのは「博学」「博観」「博古」などで、いずれも学問が広いというほどの意味である。歴史的文物を収集して一般人に公開するところを「博物館」と名付けたのは明らかに日本、つまり和製漢語である。もちろん、その概念の発するところは近代の西洋だが、「ミュージアム」を博物館とか美術館と訳し、「ナチュラル・ヒストリー」を博物誌とか博物学と訳したのは日本人だった。西欧近代のさまざまな科学技術用語が和製漢語になってから中国に渡った例の一つである。したがって一九二五年に紫禁城の文物を整理して「故宮博物院」と名付けたこと自体に、日本の「帝室博物館」の影を見ることができる。

汪兆銘と蔣介石だけではなく、日清戦争から故宮博物院と命名されるまでの間に日本に留学して帝室博物館を見学した中国人は数十万にのぼるだろう。なにしろ日露戦争後の中国人留学生が年間一万人近かったというのだから。日本人の観光客だって京都御所に行っても伏見桃山陵にまで足を延ばす人はめったにいない。にもかかわらず、蔣介石がそこまで行ったということに、私は容易ならざるものを感じる。その心中やいかん。

辛亥革命成ったといえども、中国の混乱は深まるばかり。秩序の確立と統一国家を夢見る軍人蔣介石の絶望は深かった。高田連隊に入隊して日本軍の志気の高さと国軍としての規律と統制の見事さを知ってしまった彼としては、どうしてもその彼我の差のよってきたるところを知りたい。その淵源は何か。

その関心と悩みの深さは、間違いなく日本人の想像の外である。万世一系の天皇をいただくことの僥倖というものを、日本人はほとんど自覚しないでいるが、軍紀と統制の問題でノイローゼに陥った軍人蔣介石からしてみれば、その僥倖は狂おしいほどの羨望の的だったに相違ないのだ。そうと解釈しないと、伏見桃山陵まで足を運んだことが理解できないのである。宮城、京都御所、伏見桃山陵。何をどう考えて、そのような行程になったのか、そのことを彼は一言も書き残していない。けれども、中国の若い軍人がその伏見桃山陵への行程を思いつき、思いつめて実践したということに、私は感動を禁じえない。その鬼気迫るほどの悩み方に。

明治維新は王政復古の革命だったが、辛亥革命のように異民族の王朝を倒した「滅満興漢」の革命に復古はありえない。それを百も承知のうえで、彼があのような行程の旅をしたのはなぜか。その謎は深い。日本社会をより深く理解するために、というような優等生的解釈ですむわけもなく、またノイローゼ状態の自分を癒すためという今風の解釈が成り立つとも思えない。謎は深まるばかりだ。

中国における易姓革命は徹底した実力主義の天下取りであり、朱子学が強調するところの正統論はその権力の維持と補強にすぎず、その権力は形而上学的聖性に欠けている。青年蔣が、どういう思索の旅をしたのかはよくわからないが、おそらく、日本における「万世一系の天皇」に比肩しうるものを中国の歴史に求めるとしたら何か、というようなことを考えたことは疑いようがない。幾多の王朝を超えて今日ある紫禁城の文物に、その聖性のアナロジーを見た可能性はある。それがこの旅の核心だ。

蔣介石の見た皇軍と武士道

何のために戦うか。その大義が明らかな場合、軍人の精神は安定し高揚するが、その大義が不明の場合、軍人の精神は不安に陥り戦意を喪失する。

青年・蔣介石が日本陸軍に留学して体験したことと、帰国後に祖国で体験したことの決定的な違いがそこにある。辛亥革命なったとはいえ、実態は清王朝が倒れたあとの軍閥間の覇権争い、千々に乱れた私闘の世界。

群雄割拠の乱世といえば、小説家の好む題材ではあるが、生真面目な青年将校にとってはたまったものではない。日本に留学して国軍というものの規律の高さを知ってしまった蔣介石にとって私兵同然の中国軍は我慢ならないものだっただろう。

彼が日本で体験したことは、明瞭な国体を確立した国家の軍隊だけがもつ軍紀の正しさだった。留学中にはそのことに気づかなかったが、帰国後に中国兵を指揮してその差を痛感し、その埋めがたい落差をまえにして彼はノイローゼ状態に陥ってしまったのだ。

国体を護持するための戦い、それが将兵にとって最もしあわせな戦いだろう。戦士にはそういう明白なる形而上学が必要なのである。たぶん蔣介石は軍閥間の私闘同然の戦いを経験しながら、あらためて日本の国軍というものに激しい憧憬の念をいだいたに相違ない。そのように想像しないと、彼が日本滞在中にひそかに伏見桃山陵を参拝したという謎が解けない。逆に考えてもよい。日本軍の士気の高さの秘密を知るために国体という観念の中心にあった明治天皇の陵墓を詣でたのだと。

蔣介石は日本の武士道に深い関心を示していた。武人として当然のことではあるが、明治以降の日本軍の精強さを考える場合、江戸時代の武士道を知るだけでは解き切れないということに、彼は気づいていない。幕藩体制下の武士道を考えることと、王政復古の大号令によって確立された国体と国軍の濃密な関係を考えることの差に、彼がどこまで思い及んでいるかという疑問である。しかし、ともあれ蔣介石の日本武士道論に耳を傾けてみよう。

蔣介石はのちに日本滞在時の経験と思索を織りまぜながら日本武士道について語っている。彼が日本武士道というのは、中国古来の「士道」との違いをはっきりさせるためだった。

「われわれ中国の儒教が、かつて日本に教えたものは、本来は『士道』の二字であった。『士道』とはもともと読書人（文人）の道であるが、彼らはそれをきわめることができなかった。

のちになって、日本国内の藩閥の武士たちが、思うがままに武力を用い、割拠紛争して国をそこない、民を苦しめることとなるにおよんで、彼らは『士道』の上に、特別に『武』一字を加え、一般の武士も、みな『士道』をわきまえなくてはならないことを表明したのである。つまり、武人が道理をわきまえないことをおそれ、読書人（文人）のみならず武人もまた『士道』を知らなければならないということから、『武士道』という言葉ができた。

日本の武士道とは、このように日本固有の宝物ではなく、中国が彼らに盗みとられたものである。日本人はそれをもって日本の民族精神とし、それを用いてわれわれ中国の侵略をあえてしようとしたのである」（『中国の立国精神』一九三二年）

儒教文化の中国における武人の地位は、文人のそれに比してはなはだ低い。韓国でも武は野蛮の象徴なのである。引用したような文章を書いているときの蔣介石は通俗的な意味においての政治家にすぎない。青年のころに激しく憧憬した日本軍の美質は隠されている。ならば次のような文章はどうか。

「日本人は、武士道を、国家民族の魂のありかと見なし、これを大和魂と称して篤く信仰して疑わず、王陽明の知行合一の学説を実践した。「即知即行」とは、たとえば道徳、知識、文化に対して、苦心研究して了解することを第一歩とし、つづいて篤行実践して実現を促すことを第二歩とする。日本人は、いささかも疑わず、惑わず、怠らなかった。明治維新ののち、よく西欧の物質文明を吸収し、列強に追いつき、くつわを並べることができた理由である」（『実践と組織』一九五〇年）

一九五〇年といえば国共の内戦に敗れて敗走のさなかのこと、書かれた年月と公刊の年月に多少の差はあるにせよ、そこに日本に対する故意の蔑視はない。次に引くのは日本留学時の思い出の一節である。

「私はその後、書店へ行き、王陽明哲学に関する本が非常に多くあるのを発見した。なかには、わが国で見かけることができないものさえあった。私は陽明哲学に関係する本を、財布の許すかぎり買って研究してみた。その結果、私自身もこの哲学の神髄にふれ、心酔するようになって、ついに悟るところがあった。すなわち、一小国である日本が、このように強大になり得たのは、じつは王陽明の「致良知」および「即知即行」の哲学がもたらした結果である」(知行合一』一九五〇年)

日本の青年将校たちが「ひとときも本を手放さずに、一心に学びとろうとしていた」本が王陽明の『伝習録』だったという一節もある。蔣介石にかかると、なにもかも王陽明のおかげという調子になってしまう。浙江省出身の蔣が同郷の英傑である王陽明に心酔する気持ちはわかるが、これだけでは、近代日本の武士道の秘密に迫れない。なるほど王陽明（一四七二〜一五二八）の陽明学が江戸時代の儒者たちに与えた影響は大きいし、士分の倫理規範の一部になったことも事実ではあるが、それだけで近代日本の成功を語るのは無理というものだ。

蔣介石もそのことの無理は十分に承知していたと思われる。一九一九年（大正八年）に来日した折りに伏見桃山陵まで足を運んでいたのだから。彼が夢の日本留学を果たし高田連隊に入営したときは明治の皇軍だったのである。日露戦争の勝利の余韻さめやらぬころで、天皇を戴く国体と、天皇の統帥権のもとの国軍が、理想的なかたちで結びついていた。青年蔣介石が日本で見たものは、そのまばゆいばかりの理想形だったのである。

だが、辛亥革命の報に接して馳せ参じた祖国の革命軍は、その対極にあった。青年将校の蔣は、その軍紀の乱れに悩まされ、疲れ果て、胃痛、耳鳴り、目まい、不眠症に陥ったのである。蔣は辞職願いを出した直後に詩を書いている。

明月は空に冴え、晩潮の波音は高い。
国事は定まらず、憂いに胸は痛む。
いつの日にか正義の長風に乗って、
万里の波浪を越え逆賊を討とう。

蔣が悩まされたものの一つは出身地別の派閥争いだった。広東軍、福建軍、浙江軍など省単位の反目とその下の出身地別の対立が重なるというありさまで、とうてい国軍とも革命軍ともよべない武装集団だったのである。
蔣介石は日本軍の軍紀の正しさと士気の高さの源泉が天皇をいただく国体に起因することを知っていた。だが、それを中国人に伝える言葉を持たなかった。歴史があまりにも違いすぎたからだ。それに過剰な中華意識もあって、中国人に対しては「王陽明、王陽明」と連呼するほかなかったのである。

蔣介石、四十路(よそじ)の離再婚

蔣介石は一九二七年十二月一日、宋美齢(そうびれい)と結婚する。ときに蔣四十歳、美齢二十六歳。結婚式は午後三時から上海の宋家において、ごく内輪の者だけが集まり、キリスト教式で行なわれた。花嫁は宋財閥三姉妹の末娘である。

姉の宋慶齢は孫文の妻、辛亥革命起こるの報に接して留学先のアメリカから帰国、孫文の秘書をつとめたのちに結婚した。いわば革命期によくある同志的恋愛結婚である。

同志的恋愛といえば、汪兆銘と陳璧君のそれが有名だ。革命前夜に清王朝の摂政・王載澧の暗殺を企て失敗、死刑を宣告された汪兆銘と、彼を救出すべく奔走する陳璧君。二人の恋愛と結婚は革命期のロマンチシズムの象徴でもあった。

ところが蒋介石と宋美齢の結婚については艶っぽいエピソードというものがない。結婚する五年ほど前に広州の孫文の自宅で紹介されたのが縁だった。むしろ蒋と縁の深かったのは宋家の長男・宋子文で、宋が国民党政府の財政部長（のちに行政院長）だったころ、蒋は国民革命軍の総司令の地位にあったのだから革命の同志ということになる。

ちなみにいうと、美齢の父・宋耀如は、広東出身の華僑で、アメリカで成功し財を成し、革命派を資金面で援助していた人物。長女・靄齢を孔祥熙（のちに行政院長）に嫁がせ、次女・慶齢を孫文に嫁がせ、それにこんどは三女・美齢を蒋介石に嫁がせようというのである。堂々たる閨閥の形成、儒教的価値観からすると、立派な父親であり、賢い娘たちということになる。

ところが蒋介石には妻がいた。毛福梅という五歳年上の姉さん女房である。それに姚怡誠と陳潔如という若い妾が二人いた。

愛娘を嫁がせる宋家としては、蒋介石が離婚して身ぎれいになることが絶対条件である。

『蒋介石書簡集』（全三巻、みすず書房）に興味深い一通の手紙が収録されている。「蒋介石から毛懋卿へ」（一九二七年十月二日）と題される一文で、相手は妻・福梅の兄であり、革命の同志でもある。

手紙としては異常なほどに長いのは、離婚を義兄に納得してもらおうと悪戦苦闘しているからだ。

「懋卿兄鑑－我々は現代に生まれたので、自由と人権が徐々に伸長し、博愛と人道も次第に端緒が現れ、人生の幸福が円満な境地に到達するよう期すことができる。人生観についていえば、無窮の希望と最高の喜びがあるはずである。しかし、ひとたび環境及び現在の家庭を回顧すれば、耐えられないほど悲痛である。」

なかなか離婚話が持ち出せない。人生論風の文面が長々と続く。

「ただ、中国社会の悪習及び腐敗した法律は妾を蓄えることをあたりまえのこと、離婚を恥辱と見なしている。それ故、社会では妾を蓄えるという最も非人道的なことをさせ、最も公明正大な離婚の自由という言葉を語るのを許さないので、自ら奮起、刷新してこの世の第一等の人間になるのを不可能にしているのである。」

長い前置きのあとに、やっと本題にはいる。

「私は、今、兄上に一言申し上げることができる。即ち、私は、今日、令妹と離婚するけれども、その第一の目的は苦痛を一掃して精神上の幸福を求めさせることにあり、第二の目的は婢妾を解放して死ぬまで堕落の人であることを免れさせることにあるのであって、決して肉体上の快楽を追求して、いわゆる『妾を妻にする』ものではないということである。」

「このことは兄にとって聞くに耐え難く、言うに耐え難いことはよく分かっているが、兄の菩薩のような慈悲心が解決するのでなければ、私が苦痛に身を沈め、永遠に生活に潤いがないばかりか、令妹が我が蔣家にいても決して人生の楽しみはない。」

やっと伝えるべきことを言ったわけだが、この長い手紙の末尾で、蔣は説得の労を義兄に頼んでいる。

「是非や利害、軽重や緩急について、令妹にうまく取り繕っていただきたい。私の今日の悲哀に満ちた至言を憐れみ、私と福梅との離婚を許していただけるのであれば、御指示を仰ぎたい。私の言いたいことはみな相談できることである。さもなければ、諸々の官庁に訴えるだけである。言葉では意を尽くせないが、伏して御明察を乞う。」

離婚と再婚を決意したと思われる時期に、蔣介石は短期間、日本に滞在している。一九二七年九月二十八日上海を出航、十一月十日上海に戻る。それからわずか二十日後の十二月一日が結婚式である。

キリスト教会での式は内輪で行われたが、上海の大夏飯店で行われた結婚披露宴には一千三百余人の賓客が招待されている。当時の結婚披露宴としては最大級のものだった。

一カ月半ほどの日本滞在だったが、その間に蔣介石は、時の総理大臣・田中義一（ぎいち）はじめ、立憲民政党総裁浜口雄幸（おさち）、満鉄総裁・山本条太郎らと精力的に懇談している。

このときの蔣介石の旅程は長崎港から雲仙へ、ここで同志の歓迎を受けたあと、宋子文と二人だけで、有馬温泉に向かっている。当時、宋美齢の母・倪桂珍（げいけいちん）が有馬温泉で療養中だったからである。

宋子文は宋家の長男、美齢の長兄。蒋介石としては、彼を伴って倪桂珍を見舞うというかたちをとって、宋美齢との結婚を承諾してもらいたかったのである。快諾された二日後に、蒋は再び有馬温泉を訪れ、倪桂珍に宋美齢へのエンゲージリングを手渡している。

そのあと蒋介石は奈良、大津、箱根、河口湖、熱海、伊東、東京という順路で日本の秋を楽しんだ。今回で四度目の日本滞在ということになるが、日本の元号でいえば、この昭和二年の滞在が、蒋介石にとっては最後の訪日となる。

東京滞在中に、蒋介石は多くの日本人と会談し、宴席を共にしている。その一端を名のみ記せば、宮崎龍介、頭山満、内田良平、萱野長知、梅屋庄吉、渋沢栄一、犬養毅、長岡外史らである。

蒋介石と会った当時の日本人の最大の関心事は、孫文亡きあとの国民党政権の行方だったに相違ないのだ。それを蒋の言動から知りたかった。

たとえば梅屋庄吉は、革命軍総司令の職を辞して日本に来た蒋が「これから米国へ行こうと思っている」ともらしたときに激怒している。「苦境に陥ったからといって逃げ出すとは何事か」と。宋美齢との再婚の近いことを知ったら、もっと激怒したことだろう。

孫文が北京で死去したのは一九二五年三月十二日である。享年六十。だが、その訃報は九日間伏せられていた。そのころ蒋介石は広東省の前線で戦っていたから、国父の死に立ち会ってはいない。北京の病院で孫文の遺言を代筆したのは蒋のライバル汪兆銘であり、病室に出入りできたのは宋子文、孫科、孔祥熙ら孫家と妻・宋慶齢の親族だけだった。

孫文最期の事情を知ったとき、蒋介石は激しい嫉妬と羨望をいだき、ひそかにあることを夢想するようになったのではないか。

孫文の死と蔣再婚の秘策

蔣介石は永年つれそってきた妻・毛福梅（もうふくばい）に離縁を言い渡したのち、わずか二カ月後に宋美齢と再婚するという離れ業をやってのけた。そのとき長子・蔣経国は十七歳。長じてモスクワ大学に留学してばりばりの左翼になる。あやういかな、修身斉家治国平天下。

不惑（四十歳の別称）にして宋財閥の三女を娶った理由は何か。

結婚という私事をあれこれ詮議するのは一般論としては下司（げす）の勘繰りに類することだが、対象が国民革命軍総司令という地位にある人物のこととなれば不問に付すわけにはいかない。治国平天下に大いに関係ありと思えるからである。それに結婚を純粋な私事とする考え方はごくごく近代の自由主義社会の通念にすぎない。しかも無名な人間の特権のようなものである。戦後の日本人が特にそういう傾向を強めたのは、単一民族の歴史の上に無階級社会がうまく重なったからにすぎなかろう。

しかし、儒教的価値観からしたら、そうはいかない。結婚は、それぞれの一族の浮沈にかかわる盛事である。ましてや乱世となれば、生き残るための計略が必要であり、計略なき結婚などというものは愚か者のすることである。そのような価値観からすると、二十六歳の才媛美齢が四十歳の軍人、それも離婚したての男に嫁ぐ決意を固めたことを、いちおう褒めてやらねばならない。宋家の命運を彼女なりに背負おうとしたのだから。

彼女は姉・慶齢と同じく米国のウェルズリー大学を卒業したクリスチャンだったから、アメリカ的自由の何たるかも熟知していた。また父・耀如が辛亥革命をサポートしてきたことを幼いころから知っていたし、八歳年上の姉がその革命の指導者・孫文と運命を共にしようとしたこともよく知っていた。つまり宋家の命運が革命の成就にかかっていたのである。

だが、その革命の父孫文が死んだ。一九二五年三月十二日、享年六十、死因は肝臓ガン。

蔣介石のプロポーズを宋家が承知した事情はそれなりに納得できる。だが、四十路の武人が妻子を棄ててまでして宋家の三女を娶ろうとした理由はよくわからない。権力や財力に関する野心だけで説明のつくことではないだろう。もし、蔣が生来の欲張りであったなら、立派な軍人たらんとして日本留学などしなかっただろうし、軍紀の乱れた革命軍に絶望してノイローゼになるようなこともなかっただろう。

少なくとも青年時代までの蔣介石は潔癖性といっても過言でない性格の武人だった。そういう彼が四十歳にして突如、物欲に目がくらんで財閥の娘を娶ったとは考えにくい。いくつかの理由のなかに軍資金の調達という計略があったかもしれないが、結婚すればそれが容易になるとは限らない。情が移って調達しにくくなる、ということだってあるのだ。いずれにしても物欲説でこの結婚を解釈するのは低俗にすぎる。なら何なのか。

その謎を解く鍵の一つが、ノイローゼ状態を治癒するために来日したときの彼の行動にある。彼はそのとき、日本人でもめったに行かない伏見桃山陵に参詣している。この陵墓は明治天皇のみささぎにほかならない。だが、中華意識のつよい中国の指導者が、東夷の倭王の陵墓で考えたことを正直に告白することは危険きわまりない。政敵ないしはライバルに攻撃の材料を与えるに等しいからである。だから何も書き残すことなく胸の奥に封印してしまった。

ところが、革命の父にして国父となった孫文の訃報に接したときから、日本で考えたことがしきりと蘇るのであった。たった六年前のことなのだから、まるで昨日のことのように思い出されるのだった。一言でいえば「正統性（レジティマシー）の危機（クライシス）」である。

順を追って蔣介石の考えたであろうことを推論しよう。

まず、武人が切実に求めるものの第一は、そのために死ねるような至高の観念、具体的にいえば政治権力の正統性ということになる。三十二歳の青年蔣が日本に来て、明治天皇陵にたどりついた意味がそこにある。皇軍の精強さの秘密は何か、その軍紀の高さはどこからやってくるのか、その淵源をたずねて、ついに伏見桃山陵に到ったことは疑いようがない。そのとき彼は、革命の父たる孫文に権力の正統性を託するほかにないという祖国の現状を思い知ったのである。

辛亥革命後の中国は軍閥間の抗争が絶えず、世は千々に乱れて、中国古来の易姓（えきせい）革命の論理に沿っていえば、孫文に天命が下ったとはいいがたかった。なるほど清王朝は倒れたが、その革命の中心人物たる孫文自身が西洋かぶれの革命家だから天命を信じていない。彼が共和国を夢みて、なにかにつけて「選挙と多数決」を主張するのは政治権力の正統性の根拠を「選挙」に置いていたからである。

ハワイと香港のミッションスクールに学んで成人した孫文は、中国古来の政治思想というものをほとんど信じていなかった。天も天命も、それにもとづく易姓革命も、そしてその独裁的政治権力の正統性を固めようとする朱子学も、彼の目には否定すべき古い思想と映っていたようだ。また彼の行動を見るかぎり、初期革命政権が統治を確立するために発動するべき独裁的権力の行使すら認めていなかったといえる。

そういう孫文の政治姿勢に悩まされた政治家は多かろうが、最も深く悩まされたのは命を賭して戦う革命軍の将校たちだった。

青年時代の蔣介石がノイローゼ状態に陥った原因の一つが孫文の優柔不断な政治姿勢にあったことはまず間違いないだろう。だが、皮肉というべきか、孫文はそのことに気づいていない。たとえば蔣介石が軍隊内の不和から降格人事を求めたことに対して、孫文は概略次のような手紙を認める。

蔣の「勇敢かつ誠実」であることを称えつつ、その性格が「剛直」故に「世俗を憎むことが余りにも甚だしい」ことを諫める。それはそれで正鵠を射ているだろう。だが次の一文は革命の最高指導者としての資質を疑わせるものである。「私は主義と政策が私と一致するよう期待するだけであり、三十年来、共和主義を唱えてきたというのに、どうして専制君主のように言葉に偽りがないことで得意になろうか。」（一九二〇年十月二十九日、『蔣介石書簡集』）

一事が万事と見るべきである。

そういう状況の中で、蔣介石が近代日本の統治の秘訣について思い巡らしたことは疑いようがない。「権威」（天皇）と「権力」（総理大臣）の二元論による統治である。つまり孫文を建国神話の領域に祭り上げつつ、まずは武によって国を統一すること、そう考えることによって蔣は自分自身をも立て直そうとしたに相違ない。

しかし、孫文の死によって事情が一変した。孫文が北京で客死したとき、蔣介石の地位は国父の棺を担う立場から遥かに遠かった。

急がねばならない。権力との距離を縮めなければならない。野心家の蔣はその秘策を思い巡らすうちに、宋三姉妹の末娘のことを思い出していた。

宋家の三姉妹と権力の正統性

革命（辛亥革命）の父・孫文、国父・孫文という神話、その神話の草創期にあって宋三姉妹の果たした役割は大きい。もし、そのときに、三姉妹がいなかったら、革命神話は孫文の死とともに雲散霧消してしまっただろう。なるほど孫文には先妻との間にもうけた孫科という息子がいたが、父が死去したとき、彼は三十四歳の若武者にすぎなかった。しかも、青春時代をほとんどアメリカですごしているから、革命後の乱世を治める力量を持ってはいない。

したがって孫文の死後、宋三姉妹が形成する閨閥というものが大きな意味を持つようになる。長女の靄齢が結婚した相手は孔祥熙。彼は後に行政院長や中国銀行総裁を歴任することになる実務家ではあるが、革命神話の主人公になるような人物ではない。次女の慶齢の結婚相手はいうまでもなく孫文である。そして三女の美齢はまだ独身。それに宋家の長男・宋子文の存在も大きかった。彼は国民党政府の財政部門の中枢にいた人物で、後に財政部長や外交部長を歴任することになる。

蔣介石が宋美齢との再婚を決意して、日本の有馬温泉で静養中の美齢の実母にその結婚の承諾を得るために来日したとき、同行したのが宋子文である。察するに、宋家長男の子文としても、宋家繁栄のために政治的軍人の力を求めていたとも思われる。孫文亡きあとの宋家の守護神たる役割を蔣介石に託そうとしたのではないか。

堂々たる閨閥の形成というべきである。けれども日本人の立場から見ると、その閨閥の成立によって、中米関係が固められ、したがって日中の和解が永遠に遠のいたともいえる。

宋三姉妹はそろってアメリカで教育を受けウェルズリー大学を卒業している。そして長女の結婚相手・孔祥熙はアメリカのオベリン大とエール大学に学んでおり、次女の結婚相手・孫文はハワイのハイスクール卒業後、香港のミッションスクールに学んでいる。それに加えて孫文の長男・孫科はカリフォルニア大とコロンビア大を卒業しており、宋家の長男・宋子文はハーバード大の卒業生である。唯一人の例外が蔣介石というわけだが、彼はその微妙なコンプレックスを埋めあわせるがごとくに宋美齢と結婚した直後にプロテスタントの教会で洗礼を受けている。『蔣介石秘録』(第七巻) に次のような文章がある。

「——一九三〇年のある日、江牧師は宋美齢から電報で呼ばれ、蔣介石にキリスト教の入信をすすめ、できれば洗礼もほどこしてほしいと依頼された。

その年の秋、蔣介石は開封付近で敵軍に包囲され、危機におちいった。そのとき蔣介石は上帝(キリスト)に祈り『神が救助してくれれば、キリストを救世主として信仰する』と誓った。上帝はこの祈りに答えて、季節はずれの大雪を降らせ、蔣介石に勝利を与えた。そのあと間もなく、蔣介石は江牧師の手によって洗礼を受けた——。」(董顕光著『蔣総統伝』による)

閨閥の一角に入ったことと、このキリスト教への入信によって、蔣介石の内面でいかなるドラマが起こったか。少年のころから憧れていた立憲君主国日本、天皇の統帥権のもとに蘇った武士道、その結果としての精強なる日本軍、彼はその秘密を知りたくて、日本留学を果たしたのであるが、そういう青春の日々が、急速に遠ざかっていったに相違ないのである。そして、そのかわりに彼のこころを領するようになったのは、宋三姉妹たちが醸し出す「アメリカ」だったに相違ないのである。

同じ日本留学後に革命政権の中枢にはいった汪兆銘が、日中の和解なくして東亜の安定なしと考えて、南京政府を樹立したこと(昭和十五年)などと思い合わせてみると、蔣介石と宋美齢の結婚の歴史的意味はまことに大きかったと言わざるをえない。

ここで、日露戦争以降に欧米で起こった黄禍論について一言触れておかねばならない。特に有色人種の移民を安価な労働力として使役したアメリカ合衆国における黄禍対策のエッセンスは、日本民族と漢民族をいかにして離反させ、反目させ、抗争させるかにあった。逆に言えば、彼らが何よりも恐れたことが、両民族の和解であり、協力だったということだ。そしてまた、旧ソ連邦の世界戦略においても、両民族の対立抗争はぜひとも必要だったのである。おそらくアメリカのチャイナ・ウォッチャーたちは蔣介石と宋美齢の結婚を諸手を挙げて歓迎していたに相違ない。

そして、もう一つ。後に決定的になる蔣介石と汪兆銘の対立の構図が、この結婚によって仕組まれたともいえるのである。

蔣介石は孫文の遺言状を代筆した汪兆銘に対して激しい嫉妬の念をいだいていた。北京での孫文の臨終に立ち会ったのは宋慶齢、宋子文、孫科（そんか）、孔祥熙、汪兆銘らだったのだが、そのとき蔣介石は南方の広東省の前線にいた。彼は創設したばかりの陸軍軍官学校の校長の身分にすぎなかったのだから、国父の近くにいなかったのは当然のことといわねばならない。けれども、『蔣介石秘録』（第六巻）によると、孫文は臨終のまぎわに、「介石よ、介石……」と呟いたことになっている。そして、孫文の死を知ったとき、蔣介石は「茫然自失のあまり、自殺さえ考えたほどであった」とも述懐している。

孫文がほんとうに「介石よ、介石」と呟いて息を引き取ったかどうかは、詮議するほどのことではない。わらって読み過ごしていいほどのことだ。しかしながら茫然自失のあまり「自殺さえ考えた」という文言の意味するところは何か。悲しみの比喩としても尋常ではない。

蔣介石という軍人は、しばしば「そのために死ねるか」という問いを自分に投げかけるタイプの人だった、と解釈していいのである。日本の武士道に憧れ、にわか仕込みとはいえ陽明学徒となった蔣介石らしい問いかけなのだ。彼は、孫文の説く「三民主義」(民族主義、民権主義、民生主義)のために死ねるかと問うことよりも、孫文先生のために死ねるかと問うことを好むタイプの武人だった。つまり、彼はイデオロギーに命を賭けるタイプの人間ではなく、仁を重んじて人間に入れ上げるタイプの人間だった。したがってまた彼は政治思想に権力の正統性を希求するというよりも、その思想を発する人間に権力の正統性を求めようとする。そうであるからこそ、革命の父にして国父となった孫文の死に際会して「殉死」に近い感情をいだいたに相違ないのである。そのとき、伏見桃山陵を詣でたことのある彼の脳裏に、明治天皇の崩御に殉死した乃木希典のイメージが明滅したことだろう。

そういう悲しみ方をした蔣介石が、国父亡きあとの国民党内部の分裂の危機を感じながら、革命政権のファミリーの一角に入ろうとした。権力の正統性を外側から支えるのではなく、美齢を娶って内側から支えること。それが朱子学の正統論にもかなっている。さいわい宋家の嫡男・子文もそのことに賛同してくれた。

かくして、めでたく華燭の典が開かれたのである。

第三章　汪兆銘の夢

紫禁城と汪兆銘の宿縁

閑話休題。「蔣介石像、観光資源に」という主見出しで面白い記事が産経新聞（九月二十二日）に掲載されていた。「没後三十年…『王朝』は遠い過去」となり、台湾各地に建てられている蔣総統の銅像百体以上を、台北郊外の大渓鎮に集めて「記念公園」にしようというのである。

大渓鎮は蔣介石の別荘があったところで、蔣介石と蔣経国父子の遺体が仮安置されているところでもある。仮安置されている理由は、大陸反攻成った暁に蔣一族の故郷である浙江省に埋葬するためだった。しかし、没後三十年、台湾は大きく変容し、蔣一党の大陸反抗の夢自体が傍迷惑なものになったのである。

というわけで、蔣父子の遺体は来年四月に「国軍公墓」に正式埋葬されることになった。それは孫文らの辛亥革命に始まる国民党の歴史が蔣父子とともに埋葬され、台湾が新しい独立国家となるための儀式のようなものである。ところで、蔣介石夫人の宋美齢はどう振る舞ってきたか、夫の死後、彼女がニューヨークに移り住み、そこで昨年十月死去したことは大きく報じられた。

日本人の立場からすると、蔣介石が親米派の宋美齢と結婚したことによって日中の和平が永遠に遠のいたともいえる。仮安置された蔣の棺の前には白い十字架が建てられている。結婚後に洗礼を受けた蔣の改宗はほんものだったのかどうか。棺の前の十字架は美齢夫人の要望によるものだったのかどうか。

知りたいことはたくさんある。だが同記事の次の一行が、この夫婦の愛のかたちを象徴している。

「宋美齢さんは蔣介石の死後、米ニューヨークに住居を移してから一度も参拝していない」

北京故宮の文物が南京、重慶を経て海を渡って台北に到る長大な物語の主役は蔣介石だけではない。なるほど国共の内戦に敗れて海を渡って台北に到る後半の主役はまぎれもなく蔣介石だったが、前半の主役は汪兆銘といわねばならない。蔣にとって汪は宿命のライバルだったから、国民党の正史から汪の功績は抹殺されているが、詩人の魂をもつ汪兆銘こそが、前半の主役である。

私が「美神の長征」と名づけるこの長大な物語にとって決定的に重要な時期は一九二四年から三三年の九年間である。すなわち二四年に紫禁城から清廷を退去させ、城内の文物をどうするかを検討する「弁理清室善後委員会」（略称・善後処理委員会）を設けてから、翌二五年の孫文の死去という重大事とその後の混迷期を経て、国民党の南京政府が汪蔣の協力によって固められる三二、三年までが最も重要なのである。城内にある厖大な文物の梱包作業を始めたのが三二年の秋からであり、南京に向けての輸送作戦が実施されたのは翌三三年二月五日の深夜だった。

まず蔣介石が初めて北京の地を踏んだのは一九二八年だった、ということを押さえておかねばならない。そのときまで蔣介石は紫禁城の何たるかを具体的には何も知らなかったのである。

それに対して汪兆銘は南方の広東省の出身でありながら、清朝の摂政王・載灃の暗殺を計画して北京に潜伏し、城内をうかがい暗殺の場所まで決めて、そのチャンスを待ったのである。一九一〇年三月、辛亥革命の前夜、汪青年二十七歳のときのことだ。

汪青年の日本留学（法政大学）は一九〇三年から〇六年までの三年間。その間に孫文という師と出会い、胡漢民、黄興、宋教仁、朱執信らの同志を得るのであったが、詩人の魂をもつ汪兆銘は、いつくるかわからない革命の日を待てずに、テロリズムの夢をいだいて紫禁城を目ざしたのである。そして失敗、死刑の宣告。

汪青年のテロリズムは言葉と行為を分かちがたい詩人のものだった。獄中でつづった詩には死刑囚のものとは思えない透明感がある。以前に紹介したが、また一部を引用する。

堂々と北京で主義主張を通し
従容として囚人の名に甘んじよう
少年の首を、さっぱりと斬ってくれ
たとえ肉体は灰と化しても
我が志はこの世にとどまり
燐の青い光は衰えることなく
夜毎に紫禁城を照らすだろう

それから十四年後に、その紫禁城に汪兆銘は善後処理委員会の中心人物として入ったのである。その感慨はいかばかりであったか。

孫文は北京で「客死」したと多くの文献に記されている。客死とは旅先の異郷の地で死ぬことである。辛亥革命の父にして中華民国の国父と称される人物が、その国の首都で死んだことが、どうして「客死」なのか。

孫文が妻・宋慶齢、側近の汪兆銘、邵元冲（しょうげんちゅう）、李烈鈞（りれつきん）らを伴なって、広州から北京を目ざして旅立ったのは一九二四年十一月十三日。陸路は治安が悪いから香港から日本郵船の「春陽丸」に乗って日本経由で北京に向かった。そのとき日本に六日間滞在し、神戸の女学校で行なった講演が、後に「大アジア主義」を語った演説として有名になるのである。

孫文が首都北京に向かうのは、意外なことにこのときが初めてだった。神戸から「北嶺丸」で天津に到着したとき、孫文は肝臓の痛みを訴えて床に伏した。側近たちは北京での治療を得策と考えて、旅を急ぎ、十二月三十一日、ようやくにして北京飯店にたどりついたのである。

そして外国人医師団の手当てもむなしく、翌年の三月十二日に孫文は息を引きとった。「客死」といわれるゆえんである。したがって孫文はついに紫禁城を見ずに鬼籍の人となったということになる。

孫文の遺言を代筆したのが汪兆銘である。そして、そのとき蔣介石は広東省に設立したばかりの黄埔(こうほ)軍官学校の校長の身分だった。ちなみにいうと孫文と汪兆銘の年齢差は十七歳、汪と蔣介石のそれが四歳である。したがって、宋美齢と結婚して国父・孫文の義理の弟分になる前の蔣介石にとっての汪兆銘は見上げるほどの人物であったはずだ。だが、権力ファミリーの一員になってからの蔣介石は、露骨なまでに汪兆銘をライバル視するようになる。

そのライバル物語はおいおい書くとして、紫禁城についての関心のつよさについていえば、革命政権の中枢部において汪兆銘が頭抜けていたことは疑いようがない。なにしろ己が命と引き替えようとした対象なのだから。自分が「燐の光」になって「夜毎に紫禁城を照らすだろう」と歌った人が、その紫禁城にようやくにして入ったのだから、これはもう不思議な運命としか言いようがない。

善後処理委員会のメンバーは中華民国政府から七人、清廷側から四人。その委員の一人が汪兆銘だったわけだが、当時の汪の名声と実力からして、彼が委員会をリードし、その方向を決定づけたことは疑いようのないことだ。

詩人の胸中に「美神の大移動」というイメージが宿ったのはいつのことか。

汪兆銘と革命の哲学

たとえ肉体は灰と化しても
我が志はこの世にとどまり
燐の青い光は衰えることなく
夜毎に紫禁城を照らすだろう

死刑囚となった汪兆銘が獄中で詠んだ詩の一節である。

この詩は、陽明学のいう「帰太虚(きたいきょ)」を彷彿とさせる。「太虚」とは万物創造の源であり、その太虚に戻ることが「帰太虚」である。つまり、自分の肉体を灰にして太虚に戻し、そうすることによって生死を超越した正義の光が衰えることなく輝き、永遠に紫禁城を照らすだろう、と。

汪兆銘の号は「精衛」、伝説の小鳥の名。この小鳥は小石をくわえて飽きることなく海に運び、落とす、いつか大海が小石で埋まる日を夢見ながら。永遠の苦行を引き受ける覚悟の表明である。

陽明学の祖・王陽明の『伝習録』を汪兆銘は六歳のころから諳んじた。早熟な文才と詩魂がそこから生まれた。

三島由紀夫は自決する直前に、『革命哲学としての陽明学』という文章を書き、陽明学の神髄である「帰太虚」という観念を「能動的ニヒリズム」とか「ディオニュソス的行動」という西洋的概念に置き換えている。

「陽明学を革命の哲学だというのは、それが革命に必要な行動性の極致をある熱狂的認識を通して把握しようとしたものだからである。私がこう言うのは、学問によってではなく行動によって今日までもっとも有名になっている大塩平八郎のことをいま思いうかべるからだ」

「革命は行動である。行動は死と隣り合わせになることが多いから、ひとたび書斎の思索を離れて行動の世界に入るときに、人が死を前にしたニヒリズムと偶然の僥倖を頼むミスティシズムとの虜(とりこ)にならざるを得ないのは人間性の自然である。


一九二四年十一月五日の朝、紫禁城内にいた宣統帝溥儀のもとに、中華民国国務院の指令文書が届けられた。退去命令と資産の国有化に関する指令である」

一、本日より宣統帝の皇帝の尊号を廃し、中華民国の国民と同等の権利を持つこととする。
一、清室は即日、紫禁城を出ること、以後は自由に住居を選択してよい。
一、清室の私産は清室の享有に帰し、公共財産はすべて政府の所有とする。

この公文書の署名は「国務院代行・黄郛首相」である。黄郛は日本留学組の一人で東京の陸軍陸地測量部修技所を卒業し、辛亥革命では陳其美らの上海蜂起に馳せ参じている。

この国有化の指令が発せられたころ、孫文一行は広州を出発し、日本経由で北京に入ろうとしていた。孫文はその途次に神戸で「大アジア主義」という有名な演説を行なっている。

「数千年の歴史からいえば、中国は兄であり、日本は弟だ。兄弟が寄り集まるには、まず一家の和睦を求めなくてはならない。弟たるものは、兄のことを心配し、不平等条約を改良し、奴隷の地位を離脱しようとする兄を助けるべきだ。そのあとで、中日両国は、はじめて兄弟の国となりうるのである」

そして神戸から海路、天津に着いたころから孫文の病状は重篤に陥っていた。側近たちはその事態を伏せてはいるが、当然、後継者問題を考えざるをえない状態だった。

当時、汪兆銘と胡漢民が、孫文門下の両大関といわれたり、国民党内の双璧ともいわれていた。汪も胡も日本留学組で、ともに法政大学に学んでいる。

本来ならば、紫禁城を退去する皇帝、首都に凱旋する孫文、天安門上で演説する孫文という革命劇の大団円が演じられたはずである。だが、孫文の病状は篤く、ベッドを離れることができなかった。

一九一二年一月一日、孫文らは南京を仮首都として革命政権の樹立を宣言したが、当時の南京は人口二、三十万人の一地方都市にすぎなかった。そして、同年二月十二日には最後の皇帝・宣統帝溥儀の退位の詔勅が発せられてはいるものの、それ以後なんと十二年の長きにわたって紫禁城は廃帝の住み処だったのである。

中国人は古来、「天円地方」（天は丸く地は方形）という宇宙観によって都市を築き、その方形の都市の中心に皇帝のいるところが首都である。この形以外の都(みやこ)はないのである。したがって皇帝退位の詔勅が発せられても、そこに廃帝が住まわっているかぎり、そこが首都であり、宇宙の中心ということになる。それに圧倒的多数の国民は帝政以外の政治体制というものを想像できない。

孫文はハワイ（ハイスクールまで）と香港（大学）で英米流の教育を受けて育ったために、中国古来の都がなんたるかの哲学を軽視していたのではないか。だから南京を仮首都にして十二年の歳月をやりすごしてしまった。もし、中国古来の首都観を持っていたら、いかなる犠牲をはらっても北京を制圧し、紫禁城を開放し、天安門に上って新しい建国を宣言したに相違ないのである。

中国共産党の毛沢東は一九四九年に天安門上で見事にそれを演じた。新しい皇帝さながらに。

もし、明治の維新革命のとき、玉体（天皇）を江戸城に遷座せしめなかったら、たぶん維新革命は成就しなかったことだろう。いや、それどころか、国家分裂の危機に直面しただろう。

ハワイ育ちの孫文はアメリカ建国と新首都ワシントンＤＣの造営についてロマンチックな夢を見たのかもしれない。「共和制」にふさわしい新生中国の新しい首都をつくりたい、と。そうとでも解釈しないと、あの十二年間の空白の理由が解けない。なるほど孫文も日本に亡命したから維新革命と玉体の遷座について知らないはずはないのだが、共和制論者の彼にあっては日本よりもはるかにアメリカが上位だったことは疑いようがない。それになおいえば中国伝統の華夷秩序に加えて、英米を頂点とする世界的華夷秩序から日本を見ていた可能性すらある。

しかしながら、汪兆銘、胡漢民、黄郛、蔣介石らの若い世代は違う。彼らは青春のただなかで、日清・日露の両戦役に勝利して旭日昇天の勢いにある日本を体感し、その国運隆盛の秘密を学ぼうとして留学したのである。

もちろん彼らの脳裏に古い華夷秩序がなかったとはいえないが、孫文の世代とは明らかに異なっていた。それに何よりも若い世代にはハワイ育ちの孫文のような西洋コンプレックスがない。大国ロシアを破った日本に希望の燭光を見出していたのだ。

その若い世代の日本留学組が、首都というものをどう考え、政治権力の正統性をどう考えたか、そして紫禁城とその文物にどう対処したか。

それらがこれから語りたいテーマなのだが、ともあれ孫文はついに天安門に上ることなく息を引きとった。汪兆銘代筆の遺言をのこして。


「革命はなおいまだ成功していない。すべての同志よ、すべからく余の著した建国方略、建国大綱、三民主義にのっとって努力を続け、目的を貫徹するよう努めよ」

テロリストの魂と美神たち

紫禁城から清室が退去し、城内の文物が国有化された。一九二四年末のことであるが、このときから北京は首都の首都たるゆえんを失うのである。

孫文の死去によって国民党もまた中心を失う。汪兆銘と並んで党内の双璧といわれた胡漢民は廖仲愷（りょうちゅうがい）暗殺事件の責任をとって辞職（二五年）、その翌年には中山艦（ちゅうざんかん）事件によって汪兆銘が辞職に追い込まれる（二六年）。

頭角を現わしたのは蔣介石である。

かたやソ連の対中国工作が活発になり、コミンテルンの指令に基づいてボロディンやロイの中国共産党育成と国民党への露骨な分断工作がつづく。

かくして国民党は容共派と反共派に分裂し、容共派が武漢政府の成立を宣言（二七年）して汪兆銘を担ぎ出し、武漢政府が蔣介石の党籍を剝奪するや、蔣介石は南京を国都（首都）にすることを宣言（二七年）して南京国民政府を樹立する。

ところが、汪兆銘が蔣介石の辞任を条件に武漢政府と南京政府の合作を持ちかけると、蔣介石はその提案をあっさり受けて総司令の地位を辞し、下野する。その結果、武漢政府が南京に遷都するという形をとって統一政権が誕生した。

ところが、とまたいわねばならない。こんどは汪兆銘が広東コミューン事件の責任を問われてフランスに亡命すると、蔣介石が統一政府の総司令に復職する。

孫文亡きあと、三年たらずの間に以上のような政変がつづいたのである。

蔣介石が国民政府の主席に就任し、南京を首都とする南京国民政府が正式に発足したのは一九二八年十月八日。そのとき北京を「北平」と改名する。歴代王朝が都としてきた北京を放棄し、新たに南京を首都とする覚悟を固めたということにほかならない。

汪兆銘と蔣介石はその後もいくどとなく離反したり協調したりを繰り返すことになるが、首都というものについての思いの深さにおいて、二人の差は大きかった。

汪兆銘は南方の広東省の出身だが、テロリストとして北京に潜入し、陽明学いうところの「帰太虚」を実践した。いわば命を賭して首都とかかわったのである。

かたや蔣介石は浙江省の出身だが、軍人として活躍した場所はほぼ揚子江の南に限られており、首都のなんたるかをいまだ体験していない。その意味では北京を知らずに死んだ孫文と似ている。

したがって北京を棄して南京を首都にすることに関して、汪と蔣のあいだにはかなりの隔たりがあったことだろう。二人の来歴の違いに加えて、人間類型としても汪兆銘は詩人タイプの革命家であり、蔣介石は規律を重んじる軍人タイプの典型である。

紫禁城という権力の中枢に命を張って敢然と立ち向かい、「たとえ肉体は灰と化しても」自分は燐の青い光になって「夜毎に紫禁城を照らすだろう」と詠った汪兆銘にとって、首都は屹立（きつりつ）していなければならない。自分の命と引き換えにするのだから。そう思うのがテロリストの心理であり、願望である。

テロリスト特有の美学が、そこに胚胎する。テロの対象は壮大であり、かつ壮麗であればあるほどに、棄てる命が輝くということだ。逆にいえば矮小で醜いものはけっしてテロの対象になりえないのである。

したがってテロリストというものは、そのテロルの対象について贅沢な願望を抱くものだ。殉教者というものが絶対神あってはじめて成立するようなもので、テロルの対象もまた絶対の権力者でなければならないと、無意識のうちに願望するのである。

獄中で詠んだ汪兆銘の詩には、そういうテロリスト独特の美学がよく表現されている。夜毎に照らしだされる紫禁城は、燦然（さんぜん）と輝いていなければならない。

詩人でもある汪兆銘が、陽明学のいう「帰太虚」をどのようにイメージしていたか、その詩作から察するに、相当に審美的だったに相違ないのである。「精衛」なる号が伝説の「小鳥」に由来するという一点をとっていえば耽美的とさえいえる。

テロルの直接の対象は清朝の摂政王・載澧であったが、詩人・汪兆銘が胸に宿した「帰太虚」のイメージは、己が命を紫禁城もろとも太虚に帰すことだったのではあるまいか。

しかし、汪兆銘は太虚に帰すことならず、生きながらえて紫禁城に入城することになった。汪兆銘の感慨はいかばかりだったか。テロルの失敗が一九一〇年、二十七歳のときだったから、それから十五年後に「弁理清室善後委員会」の中心人物として入城したことになる。

国有化した紫禁城と、そこに収蔵されている文物をどうするか。それが汪兆銘の新しい仕事になった。これは、もう「帰太虚」の対象ではなく、その正反対の善後処理という現実的にして散文的な仕事の対象になったということを意味している。詩人の魂の領域のことではなく、現実的処理能力で対応すべき仕事になった。

しかし、文物の国有化などという仕事は中国の王朝交代の歴史にまったく例のないことなのである。ある王朝が滅べば、その財宝は掠奪の対象となって散逸するか、新しい征服者が独占するというかたちで美神をめぐる争奪合戦が繰りひろげられる。そして骨董商たちの活躍によって収まるべきところに収まっていく。その掠奪と商行為に身を任せることが美神たちの運命だったのである。

したがって辛亥革命という言葉が人口に膾炙（かいしゃ）したその日から、紫禁城に出入りする臣下たちは、城内の財宝をいかにして持ち出すかに知恵の限りを尽くし、城下の骨董商たちは、それを売買するチャンスにありつこうと知恵をしぼった。

それが中国大陸で何千年ものあいだ繰りかえされてきた王朝交代期の狂騒だったのである。だが、こんどは違う。善後処理委員会が紫禁城内の文物を整理するために「故宮博物院」を設立したのは一九二五年九月であり、革命記念日である十月十日の双十節に初めてその一部を公開した。このときの中心人物が汪兆銘だったのである。

この中国史上はじめてのことをするにあたって、汪兆銘が日本のことをしきりに思い出していたことはまず疑いようがない。

彼が留学生として日本の法政大学に学んだのは二十歳からの三年間であるが、それはまさに日露戦争をはさむ三年間だった。

上野の寛永寺跡地に建てられた勧業博覧会美術館が帝国博物館官制により「帝国博物館」になったのは一八八九（明治二十二）年である。

文人気質の青年汪が留学先の文化を知るために、この「帝国博物館」に足を運ばないわけがない。そして、近代国家という「公」が、美的文物の収蔵と展覧に関与していることに驚いたに相違ない。中国大陸の歴史にかつてなかったことだからである。

だが、中国においても、そのときがきた。「博物院」という呼称も、一般公開という大英断も日本にならってのことと断言していいだろう。

日本に見た陽明学の真の姿

青年・汪兆銘が留学生として法政大学に通っていたころ、東京の街を歩きながら、日本という国をいったいどのように考えていたか。

留学期間は一九〇三年（明治三十六年）から一九〇六年の三年間である。つまり日露戦争という世界史的大事件、日本人にとっては最大級の国難の時期に、青年汪はその国の首都にいたことになる。

来日したのが二十歳であるから、少年時代に日清戦争で清王朝が敗れたことを知っている。ただし少年汪は南の広東省の人だから、北の清王朝が北辺の局地戦に敗れたという程度の認識だったことだろう。そのころの中国人にはまだ「国民国家」という言葉も「国民」という自覚もなかった。

汪兆銘は広東省政府の官費留学生の資格で日本に来ている。東京で出会うことになる革命家・孫文は同郷の人である。

広東省の人から見れば、清王朝は明らかに満州族の征服王朝ということになる。孫文らの国民党の初期スローガンが「滅満興漢」だったのはそのためである。つまり満州族の王朝を倒して漢民族の国家をつくろうという民族運動だったわけだが、中国共産党との合作と離反をくりかえすうちに、国際共産主義革命の理論に影響されて版図をひろげるようになった。

日本が日清戦争に勝利した直後から中国人留学生が急増することになるのだが、それを今日いうような意味で国家を背負った留学生とみるのは間違いだろう。特に揚子江以南の漢民族の留学生たちには、程度の差こそあれ、反清王朝の気分がたちこめていた。火をつければ燃えあがるほどに。

しかし、反満感情と同郷意識は強くても、国民国家を建設するような民族意識は希薄だった。清王朝の版図が古代ローマ帝国以上に広大だったから、民族自決を前提にしないかぎり、近代的な国民国家は成立しがたい。ローマ帝国が解体してヨーロッパ諸国が誕生したように。

広東省のしがない商人の家に生をうけた汪兆銘は、幼いころから読書好きで、六歳にして王陽明の『伝習録』の素読を始めた。蔵書家の叔父（おじ）の感化あってのことだった。そして父親の死後、十七歳にして家計を助けるために寺子屋の教師になる。

少年の魂に、陽明学という危険思想が宿った。革命思想としての陽明学は当時の中国にあっては禁書同然だったのである。

ところが日本に留学してみると、陽明学が大道を闊歩していた。明治の維新革命の志士たちがみな陽明学に連なっていたことを知って、青年・汪兆銘は感動する。吉田松陰と西郷南洲（なんしゅう）がその典型だった。

それを知って汪兆銘が感動しないはずはなく、そして、維新革命の志士たちに強い連帯感をいだいたことも疑いようがない。

士族という特権階級に独占されてきた「武士道」が国民皆兵の制度によって、国民に等しく開放され、その結果として世界最強の国軍が誕生したことを、汪兆銘は眼のあたりにした。日露戦争がそれだった。ナポレオン率いるフランス陸軍を壊滅させて以来、ロシア陸軍は世界最強といわれたが、日本陸軍はそれを旅順で撃破した。そしてまた世界最強とうたわれたロシアのバルチック艦隊を、日本海軍が対馬沖で殲滅(せんめつ)したのである。汪兆銘は、その日露戦争を東京にいて、リアルタイムで知ることができた。この体験は彼の人生にとって決定的な出来事だった。少年時代に魅入られた陽明学が、この国日本で完璧な形で花開いたのだから。

青年・汪兆銘から見れば、日露戦争を勝利に導いた指揮官たちはみな理想の陽明学徒だった。そればかりでなく、下士官と兵もまた立派な陽明学の徒といわねばならない。

そう思ったに相違ない証拠の一つが、日本留学を終えた直後に発表した「革命之決心」（中国同盟会の機関紙『民報』に掲載）である。言葉と行ないを分かちがたい唯ひとつの心をマニフェスト（宣言）風に書いた文章だが、そこに見られる高揚した措辞は明らかに日露戦争に感動した陽明学徒のものである。「知行合一」「理気一元論」の決意表明だった。

その知行合一の決意表明の延長線上に摂政王・載灃の暗殺計画がある。日本留学を終えて四年目のことだから、準備は当然、帰国直後から密かに進められていたと解釈せねばならない。

暗殺未遂、逮捕、死刑宣告。そのとき汪兆銘二十七歳。彼は真の陽明学徒であることを、己が命を棄てる覚悟で実践したのであるが、それは私の見るところ、精神の形としては日本留学時に経験した精神の高揚感の延長線上にある。

青年・汪兆銘は、日本留学中に何度となく宮城（皇居）前の広場にたたずんで、王政復古という形の維新革命について考えたはずである。この広東出身の詩人が、そのとき孫文のように西洋風の共和政治を夢見ていたとは思えない。天皇を中心に「一君万民思想」で結束をかためて大国ロシアを破った日本を見てしまったかぎり、そう単純に共和政治を信じるわけにはいかない。

腐敗しきった満州族の王朝を倒すことに異存はないが、その先の政体について確たる信念があったとは思えない。その深い迷いと絶望感を隠し持ったまま、「滅満興漢」の一点において孫文を支持したのではないか。詩人テロリストの誕生という事実が、汪兆銘という人物の複雑さと孤独の深さを示唆している、と私は思う。

辛亥革命が成功して清朝が滅び、孫文が臨時大総統に就任したが、孫文はほんの数カ月にしてその地位を袁世凱に譲ってしまう。一九一二年の出来事だが、革命前夜に特赦を受けて出獄した汪兆銘は、翌一三年に、新婚まもない陳壁君を伴ってフランスに行ってしまった。かの地で学研生活をしたいと言って。

政敵たちは汪兆銘夫妻のフランス行きを、恩赦の見返りだろうといって批判した。真相はわからないが、汪夫妻は政治的ピンチに陥ると、その後も何回かフランスに逃亡している。

察するに、テロ未遂事件と死刑宣告を受けたことで、汪兆銘の熱狂的な陽明学徒としての青春が終わったのだろう。その精神の転換に時間がかかったためか、最初のフランス滞在は三年に及んでいる。

フランスへ出航した年（一九一二年）に、汪兆銘は日本の乃木希典（のぎまれすけ）大将が明治天皇の崩御に殉じたニュースに接している。彼から見ても乃木将軍の人生はほぼ完璧といっていいほどの陽明学徒の生涯だった。

そのとき汪兆銘は、明治という時代の日本の強さの秘密を直感した。国家というものの揺るぎない正統性を体現している天皇と、そのために死ねる武人がたくさんいることを、彼は嫉ましい思いをいだきながら考えた。すると、日本留学時に見聞したことが新しい意味をおびてくるのであった。

後に北京から南京に都を移すに当たって、汪兆銘が考えたことは、明治日本の東京遷都だった。

権力の正統性を保証する天皇と三種の神器に相当するものは何か。玉体は何か。それが紫禁城内にいる美神たちだったのである。

第四章 満州国建国と飛び立つ美神たち

ラストエンペラー、再び

天津に蟄居していた愛新覚羅溥儀のもとに一通の手紙が届けられた。

「二十年待ち続けた好機がついにやってきました。時機を失することなく、祖宗発祥の地に帰り、大計を図っていただきたい。日本人の支持のもとでまず満州に本拠地を築き、つづいて関内をうかがおうではありませんか」

手紙の主は吉林省長官・熙洽（きこう）。日本の陸軍士官学校卒業の軍閥で満州国建国に奔走している人物。その手紙を携えてきたのはかつての臣・羅振玉（らしんぎょく）。

「二十年待ち続けた」というのは、清朝最後の皇帝・宣統帝が退位して以来ということ。「関内をうかがう」というのは万里の長城の南、「中原に鹿を逐う」の中原、すなわち黄河流域の平原における覇権争いをうかがうというほどの意味である。

そのころ溥儀は天津の日本租界の宮島街で、妻・婉容（えんよう）や老臣・陳宝琛（ちんほうちん）らとひっそりと暮らしていた。

溥儀の回想録『わが半生』によると、彼はしばしば関東軍の土肥原賢二大佐らと会っている。

「この新国家は、どのような国家なのか」

「私（土肥原）がすでに述べたとおり、自主独立で、完全に宣統帝（溥儀）が主（ぬし）となるものです」

「私（溥儀）がきいているのはそのことではない。この国家は共和制なのか、あるいは帝政なのか、帝国なのか、ということを知りたいのだ」

「これらの問題は瀋陽（奉天）へ行けば、すべて解決できます」

「だめだ」私ははっきりと主張した。
「もし、復辟（帝政復活）ならば、私は行く。そうでなければ行かない」
「もちろん帝国です。これは問題ありません」
「もし帝国であるならば、私は行こう」

一九三一年十一月二日夜の会話である。そして、天津からの隠密裡の脱出行は同月十日に決行された。翌三二年三月一日、「満州国建国宣言」が発表された。清王朝時代の東北三省（翌年熱河省が加わって四省になる）の分離独立で、人口約三千万。新国家の政体については議論が紛叫し、結局おもて向きは共和制、内にあっては帝政とでもいうべきものになった。溥儀は国家元首にして執政。二年後に正式に皇帝に即位するのであった。数奇な運命である。

溥儀が宣統帝に即位したのは三歳。辛亥革命によって退位させられたのが六歳、紫禁城から放逐されたのが十八歳、それから浪々の身となって十年、満州国執政に就任したとき二十六歳、皇帝即位が二十八歳。

彼がものごころついてから見た世界は千々に乱れた乱世だった。孫文ら革命家たちは帝政を廃して「共和制」を宣しているが、実態は四分五裂の権力闘争に終始している。「滅満興漢」を叫んで満州族を排斥するが、漢族の統一国家ができる気配すらない。孫文や袁世凱が「総統」に就任したが、国民的信任は得られない。欧米の共和国の大統領制を模倣しても、広範な国民による選挙という洗礼を受けなければ権威というものが生まれない。孫文の唱える「三民主義」（民族主義、民権主義、民生主義）はまったく実態をともなわない言葉だけのものだった。

溥儀が二十年間見聞したのは、そういう世界だったのである。

したがって溥儀が、満州国の建国にあたって「帝政」にこだわったのは当然といわねばならない。察するに、千々に乱れて収拾のつかなくなったシナ大陸の状況と、パリ講和会議（一九一九年）以降、とうとう高まった民族自決運動を前提にすると、溥儀の関心事はすでに清王朝の復活にはなく、満州族の民族自決による国家建国を願望するようになっていたのではないか。

さきに引用した土肥原との会談で、溥儀が「もし、復辟ならば、私は行く。そうでなければ行かない」と語ったのは正直すぎるほどに率直だった。何故にそう思うようになったのか。

中国史上最大の版図をもつ清王朝は、古代帝国さながらの多民族国家であり、その多民族間の秩序は「華夷秩序」によって保持されていた。したがって漢民族を中心とする辛亥革命が民族運動の色彩を強め、清王朝を打倒したのちの「政体」をどうするかについては必ずしも明瞭ではなかった。漢民族中進の「帝政」を敷くか、それとも「共和制」に移行するか。ハワイ育ちの孫文は迷うことなく「共和制」を宣言したが、当時の中国知識人のあいだに「立憲君主制」を説く人は少なくなかった。張謇や梁啓超らである。

青年・溥儀が、そういう国体に関する議論に鈍感だったはずはない。そして現実を知れば知るほどに清王朝の復活の不可能性を悟ったに相違ないのだ。

また、当時の満州の民度と社会情勢からして共和制は不可能だから、溥儀が「帝政しかない」と思うのは当然のことだ。

最も大事なことは、帝政を打ち建てるに際しての「正統性」である。清王朝は満州族の征服王朝だから出自については正統性は申し分ない。そして、その最後の皇帝だった溥儀が漢民族の革命によって追放され、一族の故郷に戻ってくるというのだから、これまた申し分ない物語なのである。

逆にいえば、関内にあって、「立憲君主制」を主張する人々にとってみれば、溥儀の復辟は垂涎の的である。漢民族の王政復古を実現するためには明代か宋代の皇帝の末裔を探し出して復辟させねばならないからである。

一九三二年三月一日、溥儀を執政（国家元首）とする満州国建国のニュースが世界に報じられた。そのとき、紫禁城内において、美術品の整理に当たっていた人々は何を感じ、何を想像したか。

いや故宮博物院のスタッフに限定する必要はない。政治的権威と美学との関係について一度でも考えたことのある人々が、そのニュースに接して何を想像したかを問わねばならない。

国家元首となった溥儀が、その権威の象徴として何を欲するのか、という問題は同時に、統治に関与する国民が元首たるゆえんの象徴を求める、という問題でもある。時間差はあっても国民大衆もまた、元首の元首たる証拠としての象徴を求めるようになる。

そのような国民各層の無言の期待に、溥儀自身が応えねばならないと思うようになり、時間の経過とともにその思いがふくらむ。

「政治と美神」が出会い、たがいに求め合うようになる。政治的権威にとっても宗教的権威にとっても、美神との結託は古来、必要不可欠のことだったのである。

紫禁城にのこされた厖大な美術品を整理しているスタッフのなかに、「政治と美神」の切実な関係を直感している者がいれば、その人は必ずや、満州国の元首に復辟した溥儀が遠からず紫禁城内にのこしてきた文物の返還を求めてくるだろうと想像するはずだ。

ところが政治家はそのことを直感したとしても、別の理由を言う。たとえば「日本軍による破壊を避けるために南京に移したのだ」というふうに。

国家権力をなすシンボル体系

満州国の国家元首（執政のちに皇帝）に就任した溥儀が、紫禁城に残してきた文物の返還を求めてきたら、どうするか。溥儀の背後には精強なる日本軍がついている。しかも満州国の国境から北京の紫禁城までの距離はわずかに五、六〇キロメートルにすぎない。

国民党政府は南京遷都（一九二七年）を布告して以来、北京を「北平」と改称している。すでに都ではないのである。一地方都市にすぎなくなった北平の治安はすこぶる悪くなっていた。北平住民から見れば、権力はここを見捨て南京に逃げ去ったということになる。

満州国の建国宣言（三二年）以前から、日本軍の駐留する東北三省の人口は増えている。治安が良好だからである。それに加えて清王朝の崩壊以降、満州族と漢民族との関係が逆転、支配階層だった満州族が追われる立場になった。「滅満興漢」（満州族の王朝を倒して漢民族の国家をつくる）のスローガンのもとに起こった辛亥革命の結果、万里の長城を境に民族移動が起こったのである。

清王朝最後の皇帝・溥儀にとっても、無名の満州族にとっても、満州国の建設は父祖の地に戻っての国づくりにほかならなかった。大陸に巨大な征服王朝を築いた民族の帰還運動ともいえるのである。明王朝を滅ぼして清王朝を打ち建てたのが一六四四年だったから、およそ二百八十年ぶりの帰還ということになる。

国家を打ち建てるためには、それにふさわしい歴史物語とシンボル（象徴）体系が必要である。歴史物語としては諸民族を従えて大清帝国を築いた満州族の輝かしい歴史ということで十分だろう。しかし、シンボル体系として何があるかと問うたときに、複雑な問題が発生する。

愛新覚羅溥儀という人間の存在そのものが満州国のシンボルであることは間違いないのだが、当の溥儀にしてみれば自分の正統性を証明し、保証するたくさんのシンボルが必要不可欠だ、ということになる。

そのときに溥儀の脳裏に浮かぶものは何か。

それが紫禁城に置いてきた皇帝たるゆえんを保証する文物だったことは疑いようのないことだ。血統が正しければいいというわけにはいかない。当の本人にしてみれば、生身を鎧うたくさんのシンボル体系が必要なのである。

わが国のプリースト・キング（祭祠王）たる天皇に「三種の神器」があるように、大陸のエンペラー（皇帝）にもそれ相当の権威のシンボル体系がなければならない。明澄にして簡素な日本文化の対極にある濃厚にして過剰なる中国文化にあっては、そのシンボル体系もまた日本よりはるかに濃密になる。だからたとえ血統が正しくても、生身は幾重にも鎧わねばならないのである。

そのような文化と感受性についての彼我の差異を、どのように考えるかが、満州国建国の重要なポイントなのだが、溥儀を担ぎだした当時の日本人（おもに関東軍の面々）はそういうことにほとんど思い及んでいない。たとえば溥儀に日本陸軍の軍服を着せるなどというのがその好例である。

溥儀は「正統性」ということに極めて敏感な人間だった。そういう性格が最も端的に表されているのが満州国皇帝に即位させよという要求である。関東軍が保証した「国家元首としての執政」という地位には満足せず、「皇帝即位」を要望する十二カ条を認めている。そのいくつかを要約し列記する。

一、王道を実行し、綱紀を重んずるならば、正統でなければならない。
一、国家を統御するには人民の信仰と敬慕が必要であり、そのためには正統でなければならない。
一、大多数の人民は共和制の害毒を嫌悪し、本朝をなつかしく思っている。ゆえに正統でなければならない。
一、満蒙人民は旧慣を保存しており、彼らを信服させるには正統でなければならない。
一、中国が帝政を回復することができれば、中日両国民は政治思想と精神において正気を保存することになる。そのためには正統でなければならない。
一、貴国の興隆は明治大帝の王政によるものであり、そのことを私は尊敬する。明治大帝のあとを追うためには正統でなければならない。
一、蒙古の諸王公はなお旧号を称している。もし共和制を行えば、人心は分散して統制できなくなる。ゆえに正統でなければならない。
一、私の主張するところは純粋に人民のため、国家のため、中日両国のため、東亜の大局のためであって、その間に私利はみじんも存しない。ゆえに正統でなければならない。（『わが半生』）

「国家元首」であることを保証すると、関東軍はいっているが、溥儀から見れば「執政」は共和制における最高位の地位というにすぎない。歴史的にいえば古代ローマの共和制における「執政」があり、ナポレオンは共和制における執政をつとめたのちに、帝政をしいて皇帝に即位している。

しかしながら、日本側には「五族共和」（満、蒙、漢、朝、日）という理想があるから、直ちに溥儀の復辟を認めるわけにはいかない。異民族による征服王朝というものを経験したことのない日本人は、多民族国家の建設に関してナイーブすぎたともいえる。だが、異民族統治を常態としてきた溥儀からすれば、自ら皇帝に就いて五族を統治することに違和感はなかった。それに建国の地が満州なのだから、皇帝即位の「正統性」は盤石なのだと、溥儀は主張してやまないのであった。

溥儀は板垣征四郎（関東軍参謀）と帝政か共和制かについて言い争う。

「満州の人民は閣下を新国家の元首に推戴しております。それが人心の帰趨であり、また関東軍の同意するところであります」

「だが日本は天皇制の帝国ではありませんか。なぜ関東軍は共和制の建設に同意するのですか」

「もし閣下が共和制が妥当でないとお考えでしたら、共和という文字を用いません。これは共和制ではなく、執政制なのです」

「私は貴国の熱誠なる援助に深く感謝しています。しかし、この執政制だけは受け入れるわけにはいきません。皇帝の称号は祖宗が残したものです。もし私がそれを取り消したならば、不忠不孝です」

「宣統帝（溥儀）が大清帝国の第十二代の皇帝陛下であられることは、明らかなことです。将来、議会が成立いたしましてから、かならず帝政回復の憲法を可決するものと信じます。したがいまして、現在の執政はあくまで過渡期の便法にすぎません」

「議会にとりえはありません。第一、大清皇帝の称号はそもそも議会などから受けるものではありません」

（『わが　半生』）

満州国建国宣言から二年後の三月一日（三四年）、溥儀は念願かなって満州国皇帝に即位した。

その即位のことはひとまずおくとして、国民党政府は満州国建国宣言の半年後の秋から故宮博物院文物の梱包作業を極意裡に始める。南京への大輸送作戦の準備である。

国民党政府が真に恐れたのは日本軍による掠奪や破壊ではなく、最後の皇帝・溥儀からの返還要求だったのではないか。

権力の美神たちをめぐる争い

一九三二年という年が決定的に重要な年になる。紫禁城の美神たちが、いよいよ世紀の長旅に出立する運命の年だからだ。

その年の一月一日、蔣介石と汪兆銘の両派が合体して新国民政府を樹立した。南京を拠点にする蔣介石政権と広州を拠点とする汪兆銘政権がさまざまなゆきがかりを捨てて、ようやくにして統一政権をつくった。前年九月に勃発した満州事変が統一の機運を高めたことは明らかだった。

統一の条件として蔣と汪の両雄が表舞台から去り、新政権の主席に林森（りんしん）、行政院長に孫科（そんか）が就任した。こうして三二年元旦、南京を首都とする統一政権が発足したのだが、孫科はよほど心細かったのか、さっそくに蔣介石に手紙を書く。

「新政府は誕生しましたが、先生（蔣介石）や展堂（胡漢民）、李新（汪兆銘）の両兄は南京に来られず、党と国は重心を失っています。ぜひ南京においでください。中枢に主があれば、人心は自ら安まるのです」

林森は孫文とほぼ同世代の人で、アメリカから革命運動を支援したことで孫文との親交を深め、革命後に帰国して政治の現場に入った人物。孫科はいうまでもなく孫文の子息、父と同様アメリカ留学組である。

対立久しかった汪兆銘と蔣介石が表舞台から退いて、国父・孫文ゆかりの人物を表舞台に立てた形ではあるが、ひよわの感はまぬかれがたい人事だった。しかし、この人事にはアメリカ合衆国の国民党支援をよりいっそう引き出そうという深謀遠慮が隠されていたといわねばならない。蔣夫人・宋美齢のアイデアかもしれない。

案の定、ひと月足らずで孫科が辞意を表明する。そのとき蔣介石は汪兆銘に言う。

「行政院長を空席のままにすることはできない。あなたがすみやかに院を組織し、大政をとりしきってほしい。私は地位にこだわらず心から協力するつもりだ」

こうして汪兆銘が行政院長に就任するわけだが、そのとき汪は蔣と合意のうえで日本留学（法政大学）時代からの盟友である胡漢民（党常務委員）の入閣を要請するが、胡の体調がすぐれないために実現しなかった。しかしこのとき、短期間ながら、汪、胡、蔣という日本留学組が党と政府と軍で重きをなしたことは間違いないのである。

長幼の序にそっていえば胡漢民（一八七九年生まれ）、汪兆銘（一八八三年生まれ）、蔣介石（一八八七年生まれ）となるが、胡と汪はともに広東省出身、ほぼ同時期に法政大学に留学し、東京において孫文の影響を受けて革命を志し、中国同盟会の機関誌においてともに健筆をふるった。いわば日本留学時代からの盟友である。そして蔣は日本の陸軍士官学校に留学し、新潟県の高田連隊に入営した経験を持つ。

三人とも明治の維新革命の成功に感銘を受け、その成功の秘密を必死に読み取ろうとした共通の青春を持っている。しかしながら、反共意識の強い蔣介石と、容共に傾きがちな胡漢民、汪兆銘との対立には根深いものがあった。たとえば一九二七年、蔣介石らが南京を国都と定めて南京政権を樹立したとき、胡漢民・汪兆銘らの武漢政権との合作が実現し、胡が立法院長に就任したこともあったが、長くは続かなかった。汪は広東コミューン事件の責任を問われてフランスに亡命し、胡と蔣の対立は抜きさしならぬものになって、同三一年には胡が蔣によって監禁されるという事件も起こっている。

国民党内における権力闘争もさりながら、急速に勢力を拡大しつつある中国共産党と国民党との闘争は内戦の様相を深め、特に一九三〇年、蔣介石が第一次掃共作戦を開始して以来、終わりなき内戦状況にはいっていた。

辛亥革命直後は、清王朝の残党との内戦、王党派と共和派の対立、そして共産党の急伸によって三つ巴の内戦状態に突入した。それに加えて一九三二年三月、満州国建国という事態が出来する。中国東北部、満州族清王朝の故地に独立国が誕生したのである。

これはもはや主導権争いとか権力闘争というレベルの問題ではない。

満州族の故地に、清朝最後の皇帝溥儀を元首とする満州国が建国されたという事態は、いやおうもなく、国家権力の正統性とは何か、その正統性を担保するものは何か、という難題を惹起するのであった。

汪兆銘が南京の統一国民政府の行政院院長に就任した日（一月二十八日）に、くしくも上海で日中両軍が衝突する。いわゆる第一次上海事変である。

ことは急がねばならない。革命後二十年にしてようやく成った統一政権の正統性を確立するためのあらゆる作業を急がねばならない。

一九三二年二月、満州国建国を実現するための会議が日中両国の要人によって開かれ、新国家の首都を長春に造営することを決定した。当時の長春（のち新京）は人口十三万の中都市にすぎなかったが、それ故にロシアの影響がほとんどなかったし、地価が安いという利点もあった。

関東軍参謀の板垣征四郎はさっそく吉林省省長と交渉し、長春を中心とする二十四キロ四方の土地売買を禁止する法令を公布させ、土地投機を防止した。そうして三月一日に満州国の建国を宣言する。

首都であるかぎり、皇帝の住まう宮殿がなければならず、その宮殿は南面していなければならない。それが中国の首都の歴史的原則である。ところが満鉄経済調査会の設計した新京（長春）の執政府（のちに宮殿）は南面していなかった。溥儀とその側近が承服するはずがないのである。

満鉄スタッフの言い分はまことに単純、パリやウィーンの宮殿は南面していないというものだった。

「新京は、伊通河の支流の小河川が何本も市街予定地を流れ、かなり起伏のある地形のため、宮殿として適している高台は三カ所に限定され、そのどれを選ぶか、また南面させるかどうか、という問題で打合会は紛糾したのであった。」（越澤明著『満州国の首都計画』）

紛糾の結果、宮殿は南面することになるのだが、そのような新首都造営に関する情報を、南京政府の面々がどう受けとめたか。たとえば汪兆銘なら次のように思うだろう。

新宮殿の中に何を入れるつもりなのか。溥儀一党が紫禁城を追われたとき、そこそこの財宝を持ち出したと聞くが、それらを新宮殿に入れて満足するとはとうてい思えない。とすると、必ずや紫禁城に残してきたものを欲しくなるに相違なく、その奪還のために日本軍が動く可能性は大いにある。満州国と北平（北京）の距離はわずか五、六十キロにすぎない。急がねばならない、と。

それに中国共産党は何を考えているか。ソ連からの支援を受けて、近年北部で急速に勢力を伸ばしている。彼らもまた紫禁城の財宝をねらっているに違いない。ボルシェビキは革命でロマノフ王朝を倒したが、その財宝をそっくり引き継いでいるではないか。

胡漢民、汪兆銘、蔣介石は三人三様の性格の持ち主ではあるが、満州国建国と新京造営という事態を前にして、日本留学時代に東京で考えたことを思い出していた、という一点で一致していたことだろう。その核心が東京遷都と玉体の遷座と三種の神器の物語である。

溥儀にとっての「三種の神器」

日本人はさいわいにして、政治権力についての正統性の危機に陥ったことがない。万世一系の天皇制がつづくかぎり、今後ともそうだろう。もちろん南北朝時代とか幕末の動乱期にレジティマシー・クライシスがなかったわけではないが、辛亥革命後の長期にわたる混乱に比べれば、なきに等しい。

日本に留学した中国の若者たちはみな、天皇をいただく立憲君主国の安定性に憧れ、その秘密について思案した。少なくとも政治的志をいだく青年にとっては、興味つきない対象だったはずである。そして軍事に関心のある青年だったら、皇軍の精強さの秘密は何かを解こうとしただろう。東海の小国が眠れる獅子の清国を破り、世界最強のロシアを破ったのだから。

蔣介石がそうであったように、多くの中国人は、武士道を陽明学によって解釈し、その淵源が中国にあったと言いたがる。なるほど陽明学は危険思想であり、革命的行動主義とは結びつくが、厳格な規律の上に成立する近代的軍事にはあまり役立たない。

汪兆銘は少年のころから陽明学に親しんでいたから、孫文を中心とする中国同盟会に入って活躍するが、機の熟する日を待ち切れずにテロリストになってしまった。そして、いったんは死刑囚として死を覚悟した日々を送ったのちに釈放されたのである。

詩人である汪が獄中でいい詩を書いたことは有名だが、同時に獄中で日本のことをあれこれ考えたに相違ない。それが私の仮説であり確信でもある。たとえば紫禁城と日本の天皇のおられる宮城（きゅうじょう）（戦前の呼称）の差などを、留学時代の思い出とともに考えなかったはずがない。

人間類型論でいえば、汪兆銘のようにテロリストになった詩人というのは、象徴主義的人間の典型である。しかも牢獄に幽閉されているとなれば、その象徴主義的想像力が、最大限に発揮される。

汪が清王朝の摂政王・載灃の暗殺に失敗して、死刑を宣告されたのは二十七歳、ようやく成熟のときを迎える年ごろである。

獄中にあった歳月は一年八ヵ月ほどだったが、汪はその間に日本に留学した日々のことをくりかえし思い出していた。貧しかった少年時代に比べれば、官費留学生として日本で暮した日々は青春のただなかの黄金期のようなものだったはずである。

詩人・汪兆銘はそのとき、日本国の政治と文化における精妙きわまりない象徴主義的体系を直感的に全面的に理解した。文献で証明することは不可能なのだが、汪兆銘の気質と才能と能力からして、私はそうと確信する。

そもそもテロリストになったことからして、象徴主義的確信犯といわねばならない。自分の命とひきかえに載灃を暗殺したとて、革命が成就するとはかぎらない。何の保証もありはしないのである。にもかかわらず決行してしまう。そう決意するに際して、日本の侍たちの自死（切腹や玉砕）の思想と、その美学と倫理学を思い浮かべていたことだろう。

汪兆銘は、露骨なリアリズムと、それにもとづく権力闘争というものが嫌いだった。だから権力闘争に疲れ果てると、しばしば国外に逃亡してしまう。行き先はフランスが多かったが、それはフランスが伝統的にシナ学の盛んなところで、中国の革命家たちを受け入れていたからだった。だが、そのフランスに、象徴主義の詩人がたくさんいたというようなことを言いたいのではない。

日本の天皇という存在の象徴的意味を誰よりも深く理解したのは汪兆銘だった、と私は思えてならないのだ。彼だったら、たとえば「三種の神器」という言葉を耳にすれば、たちどころにその本質的意味を直感し、天皇をいただく政治体制というものが象徴の体系であることを理解したはずである。

そうとなれば、千々に乱れた中国にあって、「三種の神器」に近似したものは何か、と思案しないはずがないのである。

そして、その権威の象徴としての「三種の神器」を最も強く希求したのは誰かと思いめぐらせば、汪兆銘を第一に挙げねばならないだろう。

「八咫鏡（やたのかがみ）」「天叢雲剣（あまのむらくものつるぎ）」「八尺瓊曲玉（やさかにのまがたま）」――この神器あってはじめて皇位が継承される。このような象徴行為に鋭敏なのはどのような人間なのか。中国の革命家の中では誰なのか。

蔣介石も天皇制には強い関心をいだいていた。京都の御所を見学したし、明治天皇の陵墓に参詣している。けれども、そのことと、シンボリックなものとしての「三種の神器」に深い意味を見いだすこととは、位相が異なるだろう。

満州国の建国が宣言され、紫禁城の最後の皇帝だった愛新覚羅溥儀が執政（国家元首）に就任した。一九三二年三月一日のことである。

満州族からしてみると、皇帝が北京から新京（長春）に遷座したともいえるのである。そうとなれば、「三種の神器」に相当する文物を紫禁城から新京の皇居に移さねばならないということになる。

なるほど溥儀は辛亥革命によって紫禁城を追われたわけだが、満州族の王朝がその出身地である満州の地に帰って、そこに王政を復活させることを妨げる理屈はない。あったとしてもはなはだ弱い。溥儀からしてみれば、「滅満興漢」のスローガンによって北京を追われたのだから、故郷に戻ったにすぎない、という理屈になる。

ここで問わねばならないことの一つは、汪兆銘がテロに走った最大の動機は何だったかである。もちろん理由はたくさん挙げられるだろうが、彼が南方の広東省出身であったことから推して、「滅満興漢」こそが最大の動機だったといえるだろう。まずは満州族の王朝を倒すこと。そのためにおのれの命を賭した。いかにも陽明学徒らしい決断だった。

広東省の人から見れば、北辺の満州族の故郷は異国に近い。孫文も広東省の出身だから、革命の第一段階としては「滅満興漢」のスローガンの下に清王朝を倒すことだった。

それよりもなによりも、紫禁城のことを一番よく知っているのは汪兆銘だった。テロリストとして北京に入り、紫禁城周辺をくまなく調べ上げて、テロの機会を待ったのだから。それに溥儀を紫禁城から追放した直後の善後処理にかかわったのも汪兆銘だったのだから、革命家のなかでは最も城内に詳しかった。

その経験と詩人の直感力によって、満州国の元首になった溥儀が、その地位の正統性のシンボルとして、何を求めているかを、汪兆銘はいちはやく見抜いたに相違ないのである。

長春という小都市を新しい都にすべく工事を進めているが、その急ごしらえの皇宮に入る溥儀が何を切実に求めているか。そういうことに関する想像力の豊かな人物は、革命家のなかでは汪兆銘をおいていない。

「いま、溥儀は切実に、三種の神器を求めている」という想像力だ。

その神器が何であるかはわからなくとも、その必要性を理解できるかできないかの一点が重要なのだ。

汪兆銘は日本に留学していたころ、『平家物語』を読んだかどうか。原文で読まなくても、平家の一門が幼い安徳天皇を擁して西方に逃亡したことぐらいは聞き知っていただろう。

英人ジョンストンの証言

『紫禁城の黄昏』の著者R・F・ジョンストンは、清朝最後の皇帝・溥儀の家庭教師（帝師）を務めた人物で、紫禁城内のことに詳しいばかりでなく、満州国の建国事情についての第一級の歴史の証人でもある。それ故に、わが国を裁かんとする東京裁判において、彼の著作は弁護側の資料として採用することを却下されたのであった。

その待望久しい『紫禁城の黄昏』の完訳本が、渡部昇一監修、中山理訳によってことしの三月刊行された。おかげで満州国建国に関する、東京裁判史観はほぼ完全にくつがえされたといえる。たとえば、その建国の歴史的意味を次のように語る。

「私が満洲朝廷（清王朝のこと）に入ってそれほど長くない頃、いろいろな方面からうかがい知るようになったのだが、シナの各地で影響力のある指導者たちの中には、口には出さなくとも、多かれ少なかれ、その復辟運動に同情的な者が大勢いるようだ。さらに君主制主義者の希望が、主に満洲に向いていたことも知ったのである。満洲は清室の古い故郷であった。その後は、独自の言語と風習を持つ独立民族としての満洲族が徐々に姿を消しつつあったにもかかわらず、満洲地方には、漢人、蒙古人、満洲人、そして数多くの混血民族など、王朝に忠誠を尽くす人々がすこぶる大勢いた。だからこそ満洲は、革命で積極的な役割を全く演じなかったのである。

帝室が満洲に逃避して、革命主義者と妥協しなかったとしても、地方の軍閥や地方政府が帝室に敵意を抱いたり、反対したりするとは到底考えられない。それどころか、大清朝のもとに『満蒙』帝国がシナから完全に独立することを宣言し、それを成功裏に維持することも決してありえないことではない。そうなれば、やがて熱河（ねっか）、察哈爾（チアハル）はもちろん、新疆（しんきょう）（外蒙古）、甘粛（かんしゅく）の回教地区やチベットまでも、これに合流したかもしれないのである。そうなれば、中華民国は、強固な一枚岩のブロックとなった潜在的な敵対国家群と向き合うことになったであろう。（中略）

もしシナが、分離国家としての満蒙帝国の安定を脅かすような態度をとれば、満州帝国はますますもって日本と密接な提携関係に入った公算はすこぶる高い。そうなれば、それからちょうど二十年後にシナや世界が直面した状況と酷似した状態になっていたことだろう」

ここでいう「二十年後」というのは一九三二年に「日満議定書」が調印されて、日本に支援されつつ満州国が建国されたことを指している。著者ジョンストンはその二年前の三〇年に、故郷の英国に帰国している。

ジョンストンはもうひとつ重要なことを繰り返し強調している。

「ここで再び強調しておかなくてはならないのだが、『シナ帝国』という言葉が通用するのは、西洋の術語だけあり、それ以外では存在しない。その帝国とは『大清国』のことであって、その皇帝は『大清国大皇帝』であり、それにもっと近い英語表現はただの『ザ・マンチュウ・エンペラー』（満洲皇帝）である」

このことは、日本のシナ学者のほとんどが見逃していることであり、辛亥革命とは何だったのかという根本問題につながっている。

私も何回か辛亥革命のスローガンが「滅満興漢」だったことを指摘してきた。その意味は、漢民族が満州族の征服王朝を倒して、漢民族の国を興そうということにほかならず、その底には万里の長城の北にいた北狄に征服されて久しい漢民族の悲哀と、民族自決という悲願が込められていた。つまり、フランス革命やロシア革命とも異なる、征服王朝打倒という民族主義的革命だったのである。

したがって辛亥革命後の国民党政権が北京という清王朝の首都を解放することに執着せずに、南京を首都と定めたことには深い意味があったといわねばならない。一言でいえば北狄の満蒙民族と訣別して、漢民族の国家をつくりたかった、ということだ。

満蒙民族と漢民族との対立が、政治体制における君主制と共和制の対立に複雑にからみあい、そこに日本を含めた列強の影響力が及ぶ。清朝の父祖の地である満州が、その政治的対立によってにわかにクローズアップされたのである。君主制を復古させるとしたら、満州の地の他になし、というふうに。

そのような事情をつぶさに知るジョンストンは、リットン調査団の報告書に深い疑念を表明している。満州国の建国と溥儀の復辟は、辛亥革命後の長期にわたる混乱の結果にほかならなかった、ということをジョンストンはよく理解していたが故に、東京裁判では葬られたのである。

さて、辛亥革命によって退位を余儀なくされた宣統帝溥儀が、父祖の地に建国される満州国の皇帝に復辟するとなれば、その正統性を証明する「三種の神器」が必要になる。溥儀はもとより、側近たちも、それを切実に願望する。そして新しい国の国民もまた自分の国の皇帝が正統であることの証拠を求めるようになる。

共和制ならば「選挙」の洗礼を受けることによって権力の正統性が担保できる。だが、君主制の場合は血統と歴史物語と、それらを象徴するシンボル体系が必要不可欠になる。

いったい、どうしたらいいのか。どうしたら、建国なった満州国民が納得するのであろうか。溥儀と側近たちの悩みは深い。正統性を証明するほとんどすべてを紫禁城内に置いてきたからである。

満州国皇帝に即位するとして、その玉座はどうするのか、新しくつくればいいという問題ではないだろう。玉璽(ぎょくじ)はどうするのか、新しくつくればいいというのか。紫禁城の交泰殿には二十五個の重要な玉璽が保管されているはずだ。

儀式に欠かせない笏杖(しゃくじょう)はどうするか。先端に翡翠(ひすい)のついた黒檀の杖だが、これも新しくつくればよいというものではない。

それに各種の礼服をどうするか。皇帝の礼服のみならず、すべての臣のさまざまな礼服をどうするか。

玉座と玉璽と笏杖が、日本の天皇における「三種の神器」に相当するのではないか。

ジョンストンは紫禁城内でとり行われる各種の儀式に参列した体験を振り返りながら、シナの豪華絢爛たる宮廷衣装の中にいる自分のモーニング姿を「黒いシミ」のようなものだったと表現している。

しかし、共和主義者たちは、その「黒いシミ」を好むようになった、とも付記している。

国民党政権は紫禁城内の文物を国有化したが、溥儀が満州国の皇帝に復辟するとなれば、その「三種の神器」の返還を要求するに相違なく、ことによったら、日本軍の支援を受けて奪還作戦の挙に出るかもしれない。

汪兆銘、蔣介石ほか日本に留学した経験のある政治家たちは、天皇の正統性のシンボルとしての「三種の神器」の物語と紫禁城内の文物の存在意義について思い巡らしたことだろう。

ことは密かに、かつすみやかに運ばなければならない。

独人シュネーの見聞記

英人リットン卿を団長とするリットン調査団が満州の地にはいったのは一九三二年の二月で、その年の十月に調査報告書が公表される。

そのリットン報告書が、日本の国際的孤立を決定的にしたわけだが、同時に同年三月一日に建国された満州国にとっても、はなはだ不利な報告書であった。

いわゆる満州事変は日本の権益を守るための自衛手段として認められず、満州国に関しては溥儀を中心とする満州族の自発的独立運動として認定されなかった。

前回紹介した『紫禁城の黄昏』（R・F・ジョンストン著）によれば、辛亥革命の直後から溥儀の復辟というかたちをとった満州族の民族自決運動があったわけだが、リットン卿一行はそれをほとんど無視している。

リットン調査団に同行したドイツ人ハインリッヒ・シュネーは『「満州国」見聞記』のなかで執政溥儀と会見したときの印象を次のように語っている。

「執政は黒ガラス、黒縁の色眼鏡をかけていた。柔和な顔つきで、唇は厚く、好感のもてる印象を与えた。彼が中国語で読み、通訳によって英語に訳されたスピーチの中で、執政はリットン調査団に挨拶するとともに、『満州国』の理想と目的を述べ、自分は民族協和の原則に基づいて政治を行なうと語った。リットン卿がこのスピーチに短く答えたあと、われわれは小さな隣室に入り、立食の昼食をとった。その際われわれは、愛想のよい、とらわれない性格の執政と話し合った。一同執政とともに写真をとったあとわれわれは辞去した」

シュネーの見聞記で少々気になるのは次の一節である。

「元皇帝は『満州国』元首、執政の地位に就くよう求められたが、彼はそれを拒否したというニュースが新聞に載った。だが彼は二度拒んだあと、三度目の申し入れを聞き入れた。一九三二年三月九日、新国家誕生の式典が盛大に行なわれた。しかも式典が行なわれた場所は、われわれ調査団が溥儀から迎えられたのと同じホールであった」

溥儀が二度拒んで三度目に執政就任を受け入れた理由は何だったのか。シュネーはそのことを記していない。読みようによっては日本の傀儡（かいらい）政権の執政になることを拒んでいるようにも受け取れる。当時の国際世論もそのように解釈して日本を批判した。

けれども、R・F・ジョンストンの『紫禁城の黄昏』に描かれている溥儀の復辟願望を前提にして読めば、二度拒んだ理由は「皇帝」ではなく「執政」だったからと解釈せねばならない。

溥儀の自叙伝『わが半生』を熟読すればわかるように、彼は権力の「正統性」というものにひどくこだわっていた。つまり、満州国の建国に当たった日本側の知恵者たちが最初から「帝制」を前提に、溥儀の皇帝即位を求めればよかったのである。

しかしながら、日本は満州の地に「五族協和」の「王道楽土」をつくろうとしたがゆえに、満蒙漢朝日の五族の調和を優先させた。したがって満州族のみを優遇する結果になりかねないという理由から「溥儀の復辟」を先送りにした。異民族を支配したことのない日本の歴史、多民族のなかに秩序を打ち立てる知恵を持たなかった日本人の限界ともいえる。

シュネーは南京を視察した折に汪兆銘と蔣介石とも会っている。そのとき汪は国民政府の行政院長（首相に相当）だった。

「中国の人事録で、汪院長の経歴を調査ずみだった私は、彼に実際に会い意外の感にうたれた。私は断固たる決意をもった狂信的革命家に会うことを想像していたのに、現実の汪院長は、柔和な魅力的な紳士だったからである。

（中略）彼の話す中国語を一言半句も解せなかったが、彼が目を輝かし、いきいきと語るのを聞くのはまったく快かった。彼は唇に上品な笑みをたたえながら、柔和なリズムのある話し方をした。声のひびきもよかった。（中略）顔つきばかりでなく手つきにも特徴があった。汪院長の手は大きく肉づきもよかったが、その手を動かすたびに、長い指が外へ上へと屈伸した。私は、弁論、文学、芸術の能力がある理想的タイプの人間に会ったような印象を受けた。私はこのような人物から、使徒や殉教者、また場合によっては宗教の創始者が出てくるのではないかと考えたりした」

シュネーは明らかに汪兆銘に魅了されている。最高級の褒め言葉が並ぶ。

汪院長と会談した直後にシュネー一行は蔣介石と会っている。当時の蔣は中国陸軍の総司令官、軍事委員会委員長である。

「蔣元帥は夫人（宋美齢）をともなって現れた。彼は中肉中背で、大変若々しかった。頭部はやや小さく顔の色つやはよく、鼻すじはまっすぐに通り、褐色の眼は、例の東洋人特有の細い眼ではなく、明るく大きくいきいきとしていた。顎の形はよかったが、極端に発達してはいなかった。だが厚い下唇がいくらか前方に突出しており、これが元帥の顔つき全体に敢闘精神があふれているという印象を与えた」

この記述は気の毒といってもいいほどのものだ。西洋人がモンゴロイドの骨相を述べているにすぎない。同席した宋美齢は英語が上手のはずだが、会話に口をはさまなかったようである。もし彼女が夫を助けてシュネー一行と対話をしていたら、こんな記述にはならなかったはずだ。

一行は林森国民政府主席とも会っている。林はアメリカ在住の華僑の立場から孫文の革命運動を支援し、革命成ったあと帰国、孫文の同世代の友人として遇されていた。

「林主席は、われわれが国民党政府首脳たちの中で初めて会った老人であった。灰色がかった白髪、健康そうな赤ら顔、眼鏡の奥のいきいきした小さな眼、灰白色のかなり長い顎ひげが彼の特徴であった。（中略）彼はわれわれ五人の調査団委員と順番に一人ずつ話し合ったが、かならず『私はあなたの国を訪問しました』といった。ドイツではハンブルクとベルリンに滞在したという」

大金持ちの華僑の子息の自慢話だったということだろう。

これらのシュネーの記述からも察しがつくように、当時の南京政府の中心人物は汪兆銘だったといえる。シュネーがその汪兆銘の人物を語るに当たって最大級の賛辞を並べたことに注目すべきである。「私はこのような人物から、使徒や殉教者、また場合によっては宗教の創始者が出てくるのではないかと考えたりした」という文言は尋常でない。

シュネーが何を根拠にそう直感したのかは判然としないが、汪兆銘のその後の人生を跡づけてみると、なるほどと思われる。

紫禁城の美神たちの密かなる大輸送作戦を最初に思いつき、その意味するところの重大さを正確に直観したのは汪兆銘その人にほかならないだろう。史上例のなかった政治学と美学の結合である。

現在のところ、それを汪兆銘が断行したとする文献はないが、私はそうと確信している。

第五章　権力と美の系譜学

「平家物語」の象徴的政治学

日露戦争でわが国が白人大国のロシアを破って以来、中国からの留学生が急増、年間一万人を超えたという。驚くべき数字である。

日露戦争勝利が一九〇五年、辛亥革命成って清朝が滅亡するのが一九一二年、その間に少なく見積もっても五万人を超える青年たちが日本に学んだことになる。

清朝が満州族の王朝だから当然、満人系の留学生も多かっただろう。彼らは日本の立憲君主制に学んで、清朝の近代化を考えていたに相違ない。そして漢人系の留学生はナショナリズムに目覚めて、西洋列強との闘いと同時に征服王朝たる清朝打倒を夢見ていたことだろう。

広州蜂起に失敗して日本に亡命した孫文が、留学生たちに大きな影響力を与えたことは過剰なほどに語りつがれているが、保守革命に失敗して日本に亡命した康有為や梁啓超が若者たちに対していかなる影響力を発揮したかについては、ほとんど語られていない。両氏の日本亡命は一八九八年（戊戌の政変）のことであるから、日露戦争後の留学ブームほどではなかったにせよ、日清戦争（一八九五年）の三年後のことだから、すでに中国人留学生は相当の数に達していたはずである。

いや、数が問題なのではない。帝政を維持しつつ体制内改革を説く康有為や梁啓超らの革新運動のほうが、孫文らの説く革命による共和制への移行よりもはるかに現実的だったはずである。もし中国の近代化ということが革新運動の目的ならば、立憲君主国でも十分可能だった。留学先の日本がまさにそれを見事に実現していたからである。

日本留学の目的は、近代化の方途を探ることであったが、孫文の周辺に集まった若者たちのあいだにあっては「滅満興漢」というナショナリズムと共和制への移行という政体論が優位になった、というべきだろう。

つまり君主制下における近代化の秘密を探るという所期の目的が変質したのである。

とはいえ、政体論はひとまずおくとして、すべての留学生にとっての最大の関心事が、立憲君主国日本の長足の進歩発展にあったことは疑うべくもないことだ。その秘密は何なのか。

いつの時代においても留学生は、留学先の国民性を理解するために、代表的な国民文学に関心を示すものだ。「万葉集」とか「古今和歌集」という勅撰和歌集とはどういうものなのか、女性が書いたとされる「源氏物語」とはどういうものなのか、というように。

けれども和歌という短詩を味わうためにはよほど日本語に通暁しなければならず、そこまで達する学生はごくまれだろう。「源氏物語」の世界はどう考えても中国人の感受性の外だろう。

そのようにあれこれ想像してみるに、中国人留学生がもっとも関心を示しそうな文学は「平家物語」ではなかろうか。

中国の知識人にとっての文学は政治と歴史につきる。「平家物語」の原文を読むほどに日本語に精通していなくとも、その粗筋(あらすじ)を知っただけでも、その作品に強い関心をいだくに相違ないのである。

そもそも日清戦争に敗れた中国人が日本に留学するのだから、そのモチベーションの最上位に皇軍の精強さの秘密を知りたいという願望があるはずだ。つまり天皇制の秘密と武士道の秘密である。

「平家物語」にはその二つの秘密が隠されているようだ、と彼らが直感しただろうことは十分想像できる。原典を読まなくとも、少年向けの読み物でもよし、能や講談などの芸能を通じて知るもよし、断片的な知識の寄せ集めでもよし、とせねばならない。

源平の合戦に武士道の原型を、「三種の神器」に天皇制の秘密を知り、幼帝・安徳天皇の末期にあわれを知るだけでも、日本という国の本質を解く手がかりにはなるのである。

毎年日本に留学してくる中国の若者のほんの一、二割の者が、「平家物語」について知ることができたとしたら、そして、その物語について何人かの友人に語ったとしたら、たちまちにして膨大な中国人が天皇制の本質を直感することになる。

もし、汪兆銘が「平家物語」を読んだとしたら、どういうことを考えるか、もし蔣介石が「三種の神器」の重要性を納得したら、どういうことを想像するか。

そして、どう行動するか。これほどスリリングなイマジネーションはふたつとない。

平家一門は、自らの権力の正統性を明かすために、皇位継承に絶対不可欠な「三種の神器」とともに幼い安徳天皇を擁して西国へ落ち延びる。しかし、これは単なる敗走ではない。必ずや失地回復して正統なる権力を再び打ち立てる覚悟あってのことである。

けれども武運つたなく最期を迎える。そのとき二位殿（幼帝の祖母）は安徳天皇を抱きしめつつ「波の下にも都はございます」と言って海に身を投じるのであった。

余談ながら、その幼帝入水の直前に平家の指揮官・知盛がお召し船にやってきて、「もはやこれまでと思われる。見苦しき物はみな海中に捨て、船をきれいに掃除せよ」と指示して、自ら清掃する場面がある。敗北における日本的美意識の明瞭なる表現である。

詩人であり文士でもある汪兆銘は日本留学時代に多くの文学作品に接したことは間違いないだろうが、「平家物語」を読んだという確証はない。だが、何らかの形でその粗筋と大事なポイントぐらいは知っていただろう。彼は少年のころから陽明学に親しんでいたから、日本の武士道と軍記物には特段の関心を寄せていたはずである。

前回紹介したシュネーの言葉を借りれば、汪兆銘は芸術的感受性がきわめて豊かで、殉教者あるいは宗教の創始者タイプの人間ということになる。陽明学徒であったことと併せて考えてみるに、汪兆銘が「平家物語」について全く無知だったなどということはありえないだろう。

問題の核心は、汪がどの時点で、紫禁城の文物と「平家物語」を結びつけたかということである。つまり権力の正統性というものを保証する天皇という存在と、その継承に絶対不可欠な「三種の神器」を、もし中国史に当てはめるとしたら、どういうことになるのか、という想像力がいつ芽生えたか、ということなのである。

辛亥革命以降、混乱は深まるばかりで、天命のくだるところが定まらないとなれば、中国伝統の易姓革命という思想そのものが成立しない。

別の言い方をすれば、実力主義による決着ないしは解決が永遠に訪れないということでもある。永遠の乱世という絶望感に沈むほかない状況だったのである。

そういうときに、詩人的政治家が、シンボリック（象徴的）な政治学に救いを求めるのは、しごく自然のことではないのか。それは象徴主義で現実の混乱を終息できると思うことではなく、象徴的秩序によって政治家自身が精神の平衡を回復しようとする営為である。

それを象徴主義的政治学と名づけるとしたら、その必要性を最も早く、かつ切実に求めるのが詩人政治家の汪兆銘だろう。

中国人留学生と和製漢語

中国から大挙して日本にやってきた留学生はわが国で何を学んだか。

最大の関心事が明治の維新革命以降の長足の発展の秘密を探ることにあったことは疑いようのないことだが、同時に彼らは日本を通じて西洋を学んでいたともいえるのである。わが国の知識人の類まれなる翻訳能力によって西洋文明と諸学問を摂取した。

よく言われる例が「中華人民共和国」である。「人民」という言葉も「共和国」という言葉も和製漢語であって、中国古来の漢語ではない。そもそも国名をつけるに際して、その前提となる「国家」という語も和製漢語なのである。つまり中国古来の漢語は「中華思想」の「中華」だけだったのだが、実はその「思想」なる語も日本人の創案なのである。

日本人の造語能力には驚くべきものがある。一説によると「明治時代の最初の二十年間で二十万語もの新単語が英語、独語、仏語などの対訳語として作られたとされる。もちろんそれらの多くは、日本や漢字の故国中国には存在しない概念ばかりだった」（黄文雄著『大日本帝国の真実』）。

かりに二十万語がオーバーな数字だとして、その一〇パーセントの二万語でもすごいことである。そしてもう一つ確認しておくべきことは、その訳語がきわめて的確であり、漢字の本家の中国人においても、その訳語を超えられなかったということだ。

たとえば、日本の書家はいにしえより書聖・王羲之の「蘭亭叙」を最高の教本として臨書してきたし、江戸時代の知識階層はこぞって四書五経（四書＝大学・中庸・論語・孟子、五経＝易経・書経・詩経・礼記・春秋）を熟読し、諳じてきた。しかし、一部の通辞（通訳）を除いて、中国語で音読したわけではない。日本式の訓読で熟読し諳じたのである。つまり日本人にとっての漢字はつねに表意文字であり、意味であり、その語源をたずねることが学問だった。

そういう学問の伝統があったから、ヨーロッパの諸言語と出合ったときも、発音の正確さを期すよりも、まずその意味をたずね、それに最適な漢字を見つけ出し、それを組み合わせた。そもそも日本人にとっての外国語の習得はコミュニケーションの手段であるというよりも、その言語の意味体系を考えることだったといえるだろう。

アジアの漢字文化圏は広かったが、ヨーロッパ諸国に興った近代の学問を前にして、明治の日本人は漢字の造語能力をフルに発揮して、最適の熟語を考案した。中国の留学生が日本にやってきて、最も驚いたのはそのことだったのではないか。もし、その訳語が漢字の本家の中国人から見て不的確であれば、彼らは彼らなりの造語をしただろうが、そういう事例は、きわめて少なかったとされている。

「実際今日の中国語も、日常の生活用語から政治、制度、経済、法律、自然科学、医学、教育、文化の用語に至るまで、日本語からの『借り物』の単語で満ち溢れている。中国人の近代的生活は日本語の上に成り立ち、営まれていると言っていい」(黄文雄、同書)

そう語って黄氏が列挙している言葉からほんの一部を引用する。

「解放」「改革」「闘争」「運動」「進歩」「民主」「思想」「同志」「理論」「階級」「支配」「批評」「計画」「国際」「学校」「学生」「伝統」「侵略」「意識」「現実」「進化」「理想」「常識」……。

中国式の「式」、優越感の「感」、新型の「型」、可能性の「性」、出発点の「点」、文学界の「界」、想像力の「力」、価値観の「観」……。

中国人の訳語が消滅して、日本人の訳語になった例も少なくない。たとえばエコノミックスを「計学」と訳したが、それがすたれて日本式の「経済学」になり、フィロソフィーを「理学」とか「智学」と訳したが、結局日本式の「哲学」になり、ソシオロジーを「群学」と訳したが、これまた日本式の「社会科学」になった。

日本人と中国人の翻訳能力、造語能力の差について黄文雄氏は次のように語っている。

「日本人の『造語』と中国人の『借用語』の差は、異文化摂取の姿勢における、融通無碍（むげ）な日本人と自国文化に固執する中国人との差である。西洋文化を自分の血肉にしようとした日本人と、『中体西用』という傲慢で安易な中国人の姿勢の現われかもしれない」(同書)

中国の若者が日本に留学して、日本人の翻訳能力と造語能力を通じて「近代」を学ぶことと、欧米に留学して適切な漢語訳を得ないままに「近代」を考えることの差は甚大だろう。日本留学組は、たくさんの日本人の英知の恩恵を受けて「近代」を考えられるが、欧米留学組にはその恩恵がなく、本人の能力以上のものは得られない。

その好例が孫文であり、その息子の孫科ではないのか。あるいは財閥宋家の三姉妹と宋子文を挙げてもいいだろう。みなアメリカ留学組であり、その発想と行動は中国の現実とはなはだ乖離していた。中国の改革はアメリカ流のデモクラシーではどうにもならないのである。

それはともあれ、日本に留学した若者たちは、明治の維新革命、天皇と皇軍の関係、中央集権国家の確立と法体系の整備、それに赫々（かくかく）たる戦果をおさめた武士道など日本固有の近代を学ぶと同時に、日本で刊行された翻訳書を読むことによって西洋の近代を学んだのである。

さきに列挙した和製漢語からも想像がつくように、日本語なくしては「革命」も「近代化」も考えられなかったと言っていいだろう。そもそも「辛亥革命」の「革命」という観念にしても、中国古来の「革命」ではなく、レボリューションの訳語として「革命」という語をあてたのは日本人だった。

政治、経済、社会、文化、歴史を考えるに際して、日本人と中国人留学生が共通のキーワードを持ったということは、思考のプロセスを共有することでもある。このことを重視すれば、中国の留学生たちが、たとえば『平家物語』を読んだときに、シナ大陸における王朝の興亡史をどう考えたかも、およそのところ想像できる。

特に辛亥革命後の、いつはてるともしれない乱世を憂える青年が、『平家物語』を読んだとしたら、何をどう考えるか。「三種の神器」に何を想像するか、壇ノ浦の段をどう読むか、そして危うくつながった万世一系の天皇という存在に何を思うか。そして中国大陸における易姓革命の歴史と、明治という時代に行われた復古革命の根本的な差異についてどう考えるか。

易姓革命は徹底した実力主義である。覇権をにぎる者が出現するまで百年でも二百年でも乱世が続くとせねばならない。そして、その乱世を支配するのはぞっとするようなニヒリズムである。辛亥革命後の中国からの留学生はそのニヒリズムを胸にしまって日本にやってきたに相違ないのだが、この国で見たものはその正反対の維新革命だったのである。

日本にあって中国にないものは何か。多くの留学生はそのことを思案しながら日本史を学び、明治維新を学び、シナ大陸における皇帝と日本国の天皇の根本的な違いについて考えたはずだ。そして、日本史を貫流する権力の「正統性」を保証するのが、その天皇にほかならず、それが実力主義を超越していることに気づくのに、そう時間はかからなかった。

「三種の神器」のアナロジー

興味深い統計がある。『近代中国官民の日本視察』（熊達雲著）によると、一八九八年から一九〇七年までの十年間に日本視察をした中国人のジャンル別内訳は次の通り。

教育五百十六名、政治二百四十七名、軍事百八十九名、実業百八十八名、警察百四十六名、地方自治百三十四名、法律・裁判五十二名。特に日露戦争後は日本における「立憲政治制度」に関する視察者が急増している。

ここで留意しておくべきことは、「立憲政治」の在り方を日本に学ぼうとすることは、当然「立憲君主政治」を考えることにほかならない、という一点である。

列記した数字は辛亥革命（一九一一年）直前までの数値であるから、清王朝はゆらぎながらもまだ健在だった。そして、日本においては明治天皇以下政府高官、民間の有志がこぞって視察者を大歓迎し、親日派の養成につとめたという事実を銘記しておかねばならない。

アメリカの歴史学者、D・R・レイノルズは、その十年間を近代日中関係における「黄金の十年」と呼んでいる。日清戦争（一八九五年）の直後であるにもかかわらず、日中両国はヨーロッパ列強の東漸を眼前にして、連帯したのであった。

そのころの保守派の思想的リーダー梁啓超は、「日中が合邦して黄色人種の独立を守り、欧州勢力の東漸を途絶えさせる」と公言していたのである。

また教育制度の改革者である厳修は自費で日本を訪れ、明治期日本の教育制度に学び、その成功の秘訣は教育勅語にあると看破し、その中国版として「教育宗旨」を起草して皇帝に上奏している。その宗旨の眼目は「忠君」「尊孔」「尚公」「尚武」「尚実」の五項目である。

この五項目の中で最も注目すべきは「尚公」、「公」をたっとぶ精神だろう。砂のような民、自分のことしか考えないエゴイスティックな民に「公」という観念を植えつけること、厳修はそれを上位に置いた。「尚武」「尚実」よりもまずは「尚公」なのだと。日本人にあって中国人にないものを彼は正確に見ていたのである。

辛亥革命直前の日中関係の黄金期に君主派の面々が大挙して日本を訪れ、日本に学んだことを重視せねばならない。なぜならば政治思想レベルでいえば彼らこそが「日本の天皇」と「中国の皇帝」の差異について深く思索したはずだからである。

易姓革命という実力主義によって即位する皇帝と、国づくり神話につながる万世一系の天皇、その両者の間に横たわる「正統性」に関する根本的な違いは何か、その差異を埋めるものはないのか。

中原を支配して皇帝にのぼりつめた異民族の征服王朝といえども、中原に花開いた至高の文物には頭をたれ、やがて魅入られ、恭順の意を表するようになったのではないか。そうでなければ、たとえば王羲之の書が、歴代王朝の至宝となって今日まで伝えられるということはありえない。

あるいは宋代山水画の神品である巨然、李唐、范寛などの諸作品が今日まで伝えられるはずがない。陶磁器の優品もまたしかり。

シナ大陸にあっては、文物の精華のみが、政治権力の盛衰を超越して、永遠に守護されてきたのではないか。そして、それが蛮族、異民族の征服王朝に「正統性」を付与してきたのではないか。

だとすれば、シナ大陸における「文物の精華」を日本における「三種の神器」に見立てることも可能であろう。たとえば保皇党の幹部になった梁啓超がそのように考えたとしてもさしたる不思議はないし、日本の教育勅語に感銘して教育宗旨を起草した厳修がそのように考えたとて不思議ではない。

いや、保守派に限ったことではない。明治憲法下における立憲君主制について考えた留学生たちの多くが、日本における「権力」と「権威」の見事なまでの分離に感動し、そのアナロジーを中国史に求めるとしたらどういうことになるかをまず考えたことだろう。

康有為や梁啓超は法律を変えることによって王政の改革を実現しようとしたが、法治よりも徳治（人治）を重んずる中国にあってその試みは坐折する。けれども坐折することによって、中国の政治権力における「正統性」と「三種の神器」とは何かを考えざるをえなくなる。

それこそが「権威」の源泉だからである。

日中関係の「黄金の十年」の四年後に辛亥革命が起こり、立憲君主派の夢が消える。そして、いつ果てるとも知れぬ混乱期に突入する。

後代の史家は革命派の側から歴史を見がちであるが、明治の日本に学んだ中国人の多くが立憲君主制による改革を夢見たことは間違いない。数の上からいえばそちらが圧倒的だろう。

その辛亥革命の起こる一年前の一九一〇年に、日本の「軍人勅諭」に学んだ清国軍の「訓諭六条」が発布されている。軍服は従来の満人服から日本軍に似た洋服に改められ、清廷を守る近衛兵は弁髪を切った。

それらの一連の改革が、日本の皇軍に学んだことは疑いようがないが、孫文らによる辛亥革命によって「共和制」が宣言され烏有に帰した。もう皇帝の軍隊ではないのである。

しかし、共和制といっても名ばかりだから、軍の統帥権が定まらない。政治思想レベルからいえば、日本に学んだ改革派と、ハワイと香港で学んだ孫文の差は歴然としている。特に政治権力のレジティマシー（正統性）の問題や軍隊の統帥権の問題に関しては雲泥の差があったといわねばならない。共和政体における権力の正統性はまずもって国民の選挙によって発生するのだが、孫文がそのことを深く考えた形跡はない。革命軍の統帥権については考えた気配すらない。孫文の説いたいわゆる「三民主義」にしても哲学がない。アメリカ仕込みのプラグマチズムだけである。私は孫文について知れば知るほど、絶望的な気分に陥る。罪深い人だといわざるをえない。

孫文の子息・孫科にしても、宋財閥の子息・宋子文にしても、アメリカ留学組には思想哲学というものがない。このことは、アメリカに留学して、英語で考えた人と、日本に留学して、豊富な和製漢語で思索した人の差ではないのか。前回、近代西欧の思想と科学を、明治の日本人が見事に翻訳して和製漢語を造語した例を挙げたが、その日本人の知恵と労苦が中国の政治家たちにも大いに役立ったといわねばならないだろう。

余談に及ぶが、私は台湾の元総統・李登輝氏に三回インタビューをしたことがあるが、そのたびに、氏は日本語で哲学しているなと直感したものである。氏は三高、京大に学び、京都哲学に心酔していた。李登輝氏が哲人政治家といわれるゆえんがそこにある。

そのささやかな経験をたよりに、明治時代に日本に留学した中国人の思索のかたちを想像しつつ、彼らが「天皇と三種の神器」のアナロジーを求めていると思わざるをえないのである。

革命家も美神に頭を垂れる

紫禁城内の至高の神品を誰が握るか、いかなる政治権力が掌握するか、その争奪戦はまずもって想像力のなかで始まる。

辛亥革命成ったときから空想の争奪戦が始まったわけだが、その段階の戦いは誰が紫禁城の主になるかという形でイメージされたはずである。袁世凱は短期間ながら帝政を復活させてそれを実現した。

しかしながら、一九三二年三月、満州国が建国され、かつての紫禁城の主たる愛新覚羅溥儀が満州国の執政に就任することによって事情は一変した。小都市長春が満州国の首都と定められ「新京」と改称された。

溥儀の立場は執政とはいえ国家元首であり、皇帝即位（一九三四年三月一日）が約束されていた。そうなれば満州帝国、帝都新京となり、皇帝たることの「三種の神器」が不可欠となる。

かたや汪・蔣合作成った（一九三二年一月一日）南京政府は、すでに南京を首都に定め、北京を「北平」と改称している。つまり、かつての帝都をただの地方都市におとしめ、紫禁城を放棄したも同然だったのである。

しかし、南京政府を樹立したといっても、それは政治的言語空間のなかでのことであって、圧倒的多数の人民を掌握していたわけでもなく、シナ大陸の大部分を実効支配したわけでもない。混沌の最中。蔣介石の行った第一次掃共作戦は始まったばかり。中国共産党の側からいえば、いわゆる「長征」の始まりが一九三四年秋からだから長征以前。

いずれにせよ、汪兆銘と蔣介石が求めてやまないのは南京政府の「正統性」だった。

革命政権といえども、必ず美神に頭を垂れるときがくる。アンシャンレジーム（旧体制）を倒したフランス人を見よ。美意識の革命など一度も起こってはいない。新興ブルジョアジー（市民ないしは資本家層）は革命後二百余年間、ブルボン王朝が築き上げ完成させた貴族趣味をなぞり憧れてきたにすぎない。変わったのは機能性をちょっと高めたぐらいのことで、本質的な美意識の革命などなかったのである。

このことはフランスに限ったことではない。英国も含めヨーロッパに共通したことだろう。大ブルジョアは貴族の美意識の継承者になる。イタリア人もドイツ人も。

美意識における「革命」という言葉は、ほんの一部の「芸術家」と「知識人」のあいだに流通する社交的修辞学といっていいだろう。ポール・ヴァレリーは、二十世紀の諸芸術をスキャンダルと言ったが、それは地中海的美意識の完璧性を確信していたからにほかならない。

フランスの社会学者ピエール・ブルデューは、所得階層と知的レベルの双方からフランス人の趣味を調査し、伝統的美意識の根強さを実証している。つまり貴族たちをギロチンにかけた者たちが美意識においては貴族に膝(ひざ)を屈しているということだ。

旧ソ連邦を代表する映画監督エイゼンシュテインの『戦艦ポチョムキン』という映画に、革命派の暴徒がエルミタージュ宮殿に乱入するシーンがあった。階級的憎悪の爆発というわけだが、それは左翼の階級史観というもので、乱暴のモチベーションの過半は階級を超えた美神に対する憧憬であるに相違ないのである。

革命成就後のボルシェビキは貴族階級の資産を没収国有化し、知識階層と人民には社会主義リアリズムを説いたが、その美意識において結局、ロマノフ王朝を超えられなかった。エルミタージュ宮殿は国立の美術館として蘇り、ボルシェビキの権力の「正統性」を保証することになった。唯物史観もそれに基づくリアリズム理論も、ついに人々を魅了するほどの芸術を生まなかった。

ソ連邦が崩壊し、ロシア正教が蘇ったことによって、今日のロシア人の美意識はいよいよもって帝政ロシア時代のロマノフ王朝を頂点とする壮麗にしてメランコリックな美意識に回帰することだろう。

一九三二年当時の中国共産党は政権からはるかに遠い存在だったから、権力というものが切実に欲求する「正統性」と、それを象徴する美神たちとはまだ無縁であった。

だが、ボルシェビキ政権がロマノフ王朝の遺品としての美神を没収したことの政治的意味を直感することはできただろう。中国共産党とその周辺にも、日本留学組はたくさんいたのだから、明治維新政府と、その政治権力の「正統性」を担保している天皇という存在に想像力をめぐらさないはずはない。

共産党幹部の周恩来、文化政策の中枢にいた郭沫若（かくまつじゃく）、廖承志（りょうしょうし）らは日本留学時代に何をどう考えたか。その一点においては国民党幹部になった汪兆銘や蒋介石らと、さしたる違いはないだろう。

また鄧小平のようなフランス留学組も少なくなかった。汪兆銘は結婚後フランスに何回か行っている。日本同様フランスも、国・共両党と浅からぬ縁があった。してみると、日本留学組が東京・上野に開館した帝国博物館に足しげく通ったように、フランス留学組がパリのルーブル美術館に足しげく通ったことは疑いようがない。

それに加えて、シナにあって政治を志す者にとって書・画は必須の教養科目であり、文房四宝は玩物の対象だったことを忘れてはならない。したがって王党派であれ共和派であれ革命派であれ、紫禁城に収蔵されている書画と文房四宝の優品に憧れないはずがないのである。

近代政治学は、権力と美神の関係を無視してしまったが、元来、権力と美神は互いに切実に求め合うものだった。それはたぶん人間が武力の限界を知ったときから始まっている。つまり権力が権威によって統治することを夢見たときから、どうしても美神の協力が必要になったのである。そして美神は、権力に愛されることによって生きのび、ときに永遠の命を与えられる。

ヨハネ福音書は「最初に言葉ありき」と言っている。けれども人間は言葉だけですべてを納得するほどに強くはない。言葉というイデアを物に宿して、その変わらざることを願うようになる。宗教的感情が切実に美を求めるようになるのもそのときからだ。

神の預言者は当初ぼろをまとって現れる。修行と悟達の証拠でもある。

革命家も当初はぼろをまとって現れる。艱難辛苦（かんなんしんく）の証拠でもある。

しかし両者とも、後に必ず美神と手を結ぶ。どうしても権威というものが必要になるからである。

宗教家にとっても、革命家にとっても、美は必須のものである。美神こそが多くの人間を跪かせることができるからだ。

一九三二年当時のシナ大陸に戻ろう。紫禁城の美神たちを求めている政治勢力が最低三つある。

満州国の溥儀、南京政府の汪兆銘・蔣介石、それに「長征」直前の毛沢東である。

誰が美神の争奪戦に勝利するか。

『蔣介石秘録』に見る美神のゆくえ

『蔣介石秘録』（全十五巻）における故宮文物の移送に関する記述を引用する。

「日本の侵略にたいする準備は、軍事問題だけにとどまらなかった。ぜひとも特筆しておきたいのは、中華文化の枠を集めた故宮の文物を戦火から守るために、このとき南方へ護送したことである。

故宮の文物は、当時北平にあったが、日本軍の戦火が熱河から華北に及んだ場合、破壊、散逸のうき目にさらされる危険が大きかった。

そのため、国民政府としては、早手まわしに、南方へ疎開させる方針をきめ、二月六日夜から、ひそかに故宮からの搬出作業を開始、南京の朝天宮山洞庫房へ運んだ。その量は二カ月間で木箱にして一万個におよんだ。

この緊急措置は、じつに賢明であった。こののち、日中戦争によって、戦火が全土にひろがった際には、木箱に入れたまま四川省楽山、峨眉(がび)などの安全地区に分散し、損傷を防ぐことができた。

これらの文物は日中戦争が終わったあと、いったん南京へ戻されるが、間もなく共産軍との戦争が悪化するなかで、一九四八年末には台湾へ移送された。

故宮の文物に象徴される中華民族五千年の文化は、このようにして戦火を免れ、なおかつ、戦後の共産党の文化破壊の手をのがれて、われわれ中華民国に継承されているのである」(『蔣介石秘録』10「毛沢東の敗走」の巻)

少々長い引用になったが、一字たりとも省略していない。

ことの重大さに比べて、あまりにもあっけない記述というほかない。

この文章を読むかぎり、蔣介石という人間が権力の正統性について思索し、ときに悩んだと思われる形跡がない。

この時期の蔣介石は単なる武人だったということなのか。かつて何回か日本へ逃避行同然の旅をして、京都御所を見学し、伏見桃山陵を参拝したことのある人物の文章とは思えない。

それればかりではない。蔣介石は自分が深くかかわった故宮文物の台湾脱出行という歴史的事業の意義すらほとんど語っていない。

言い換えれば、『蔣介石秘録』に見る限り、政治哲学の貧困は歴然としている。たとえば「日本軍の戦火が熱河から華北に及んだ場合、破壊、散逸のうき目にさらされる危険が大きかった」と、南京移送の理由の第一として日本軍の破壊を挙げている。

何でもかんでも日本軍のせいにするのは、今日の中共政権も同じことだが、それは自らの政治哲学を貧困にするも同然のことである。移送を開始する前年の三二年三月に満州国が建国され、その元首（執政）に清朝最後の皇帝溥儀が就任したこと、そして彼が満州国の皇帝に復辟することを切望しているぐらいのことは、国民党幹部はみな承知していたはずである。

だとすれば、まず心配すべきは、日本軍の破壊ではなく、執政溥儀が皇帝即位を念頭に入れて、紫禁城に置いてきた「三種の神器」に相当する文物の返還を要求してきた場合のことである。武人肌の政治家蔣介石にも、その程度の想像力はあるだろう。

それどころか、武人的政治家であれば、溥儀が密かに日本軍に要請して「三種の神器」の奪還作戦を展開するかもしれないと想像するだろう。少なくとも、権力の正統性とは何か、武力行使の正当性とは何か、というようなことをちょっとでも考えたことのある武人であれば、奪還作戦の可能性について思い及ぶことだろう。

そう思いつつ私は『蔣介石秘録』ほかの資料を読み返してみたが、そうと確信できる文章に出会えなかった。

蔣介石は、日本軍の精強さをよく知っている軍人であり、その強さの秘密が天皇にあり、その天皇が「三種の神器」によって継承されてきたことも知っている。その日本に憧憬した青年時代の記憶を消し去ろうとしてきたことは頷（うなず）けることだが、こと紫禁城内の文物を移送するに際して、「天皇と三種の神器」のアナロジーを想像しなかったとは思えない。

日本軍に支援されて、最後の皇帝溥儀が三種の神器の返還を迫ってきたら、どうするか。そのようなイメージが蔣介石の脳裏をかすめなかったはずがない。それが日本に留学したことのある者たちの共通のイマジネーションであり、共通の心配事だっただろう。

中国の政治家の文章には「歴史」がない。つねにその文章を書く時点での「政治的判断」があるだけだ。うっかり歴史の「真実」を書き残したりすると、そこを政敵に突かれて失脚しかねないからである。したがって書き残された文章はすべて「政治」として読まなければならない。

さきに引用した文章およびその前後に、もし「溥儀が復辟のために三種の神器（故宮の文物）を奪還しにくるかもしれない」というような文章を記したら、政敵に必ず刺されるだろう。ましてや、日本軍に支援されて、などと記したら、失脚するかもしれない。

それゆえに、日本軍の「侵略」と「破壊」から「中華文化の粋」を守ったと書く以外にない。

このことは蔣介石が台湾にあって「大陸反攻」という夢を持ちつづける限り、守らなければならない姿勢だったともいえる。とにかく日本軍の破壊から守りに守って、かつ共産軍の破壊からも守りに守って今日ある「中華文化の粋」とせねばならない。そう言い続けることが蔣介石の「政治的判断」だったのである。

私は蔣介石が「散逸のうき目にさらされる危険」と記したときに、どのような散逸を想像していたのだろうか、と思わずにいられない。王朝が滅んだときに必ず起こる「散逸」という一般的現象を案じていたにすぎないのか、それとも日本軍に支援された清朝の遺臣たちが紫禁城内の文物を掠め取ることをイメージして「散逸」という言葉を記したのか、そこをどう読み取るべきか。私は後者だと解釈する。

もう一つ気になるところは「その量は二カ月間で木箱にして一万個におよんだ」という記述である。歴史上稀有な大事業、前代未聞の輸送作戦、隠密でなければならなかったこと等々を考えると、いかにもそっけない記述といわねばならない。文章から察するに、蔣介石は当初、この世紀の大作戦に直接かかわっていなかったのではないか。精神的な意味で深く共感していれば、実際に指揮する立場になかったとしても、もう少し色気のある表現になるのではないか。

二カ月一万箱二十五万点の輸送作戦、北平（北京）から南京への輸送を第一期とすれば、南京から楽山、峨眉、重慶への逃避行が第二期、国共内戦に敗れて台湾への脱出行が第三期。

その「三種の神器」の長旅に多くの人々がかかわることになるのだが、その移送の政治哲学が何であったかを考えるに、日本留学組の集合的意志とでもいうべきものを想定しないわけにはいかない。中国史にかつてなかったことが二十世紀に起こったのだから。

三つ巴の形而上学的戦争

前回紹介したように、故宮文物の南京移送についての蔣介石の言い分は「日本軍の破壊から守るため……」だったが、このような表現を額面通りに受け取るわけにはいかない。

国際的事件を少々思い出してみれば判ることだ。一九三二年の一月二十八日に第一次上海事変が起こっている。同年二月一日には日本軍が錦州に入城している。北平（北京）と錦州の距離よりも、南京と上海の距離の方がはるかに短い。そして満州国の建国が同年三月一日、故宮文物の移送のための梱包作業が始まったのは同年の秋である。

もし、日本軍の破壊から故宮文物を守るということが主たる目的ならば、南京に移送するよりも内陸部に疎開させる方がはるかに安全である。まだ、そのころの共産党の勢力は微弱だったのだから。にもかかわらず南京に移送したのはなぜか。

すでにそれ以前から、故宮文物の政治的意味が変質し始めていたのではないか。一言に要約すれば、「権力の誇示」にすぎなかった財宝から「権力の正統性」を象徴する文物へと。日本留学を経験した人々ならば、それを「天皇」ないしは「三種の神器」になぞらえたことだろう。日本に留学して「天皇」の存在意義について考えなかった人などいますまい。日露戦争後には毎年一万人前後の中国人が日本に留学したのだから、権力の誇示にすぎなかった文物が「正統性の象徴」に変換するのも速やかだったはずである。

私はその変質を前回「日本留学組の集合的意志」と言ったが、それは留学組に限ったことではなく、日清戦争に敗れた直後から、中国の知識人たちは、日本の長足の発展と皇軍の強さの秘密を考え、その淵源に「天皇」という存在があり、それが中国の「皇帝」とは違ってはなはだ象徴的な存在だということにも気づいたことだろう。別の言い方をすれば、徹頭徹尾リアリストだった人間がシンボリズム（象徴主義）の恐るべき力に目覚めたともいえる。そのときから故宮文物の意味が変わったのである。

もう一つ見逃してはならないのが、ロシア革命後の美神たちの運命である。レーニン率いるボリシェヴィキはロマノフ王朝の財宝を没収しゴフラン（国家財宝保管所）に集めて国有化した。レーニン没後、独裁体制を確立したスターリンは没収作業を徹底し、大小の貴族からブルジョアにまでそれを拡大した。そして、その一部をベルリン、パリ、ロンドンなどのオークションにかけて資金化した。

生産財の国有化と美術工芸品や貴金属など財宝の没収とでは意味が違う。前者は計画経済の前提条件だろうが、後者は階級的怨念か復讐にすぎない。

とはいえ、ここまでの論理は単純にすぎる。独裁的権力者がなぜ美神たちを掠奪するのかについての形而上学を考えねばならない。

「王権神授説」のように、神から授けられた権力というものを信じられれば、そのこと自体で権力の正統性が保証されたことになる。古代の王権がそうだが、そのためには神話が生きていなければならない。

ルーブル美術館にある「ナポレオンの戴冠式」という大画面にはローマ法王が描かれている。神の代理人たる法王がナポレオンの帝政を承認したという意味である。言い換えれば、この戴冠式によって皇帝ナポレオンの正統性が担保されたことになる。

今日の民主主義国家においては国民の大多数が参加する選挙によって選ばれることで、限定的ながら権力の正統性が付与されることになっている。

ロシア革命によって権力を奪取したレーニンやスターリンにとっての最大の弱点は権力の正統性についての神学を持たないことである。宗教を阿片だとして否定したのだからロシア正教の権威を借りるわけにはいかない。暴力革命と粛清によって確立した独裁体制であるから、部分的であれ選挙にたよるわけにもいかない。

結局のところ、「スターリンの無謬性」という根拠のない神話をつくるほかなかったわけであるが、その空虚を埋めるが如くにしてかつての支配階級の美神たちを掠奪し、美による権威づけをしたのではないか。

独裁者は古来、美による権威づけを好む。権力の荘厳さを演出するために美神たちの力を借りるのである。だがこの普遍的な性向とスターリンの美の掠奪とは異なる。前者には神々しい美に近づこうとする垂直軸があるが、無神論者たるスターリンにはそれがない。しかし、もっとうがった推論をすれば、ニヒリストたるスターリンが、その巨大な空虚を埋めるために、ただひたすらに美的財宝をその空虚に投げ入れたのではないか。人間というものをまったく信じられなくなった人が美のコレクターになる例は少なくないのだ。

中国の政治家たちが隣りの国で起こっていることに無関心であるはずがない。これから自国で起こるであろう美神をめぐる政治闘争を予感しないはずはなかろう。ロマノフ王朝の貴族たちは完全に息の根を止められたが、清朝の最後の皇帝とその遺臣たちは、日本の協力を得て満州国を建国（三二年三月一日）したばかりだ。いつ日本軍の力を借りて紫禁城の「三種の神器」の奪還にくるかわからない。

中国共産党の勢力はまだ小さいが、ソ連邦と結託して紫禁城に攻め入ってこないという保証はない。この勢力にも日本に学んだ者が少なくないのだから、すでに「三種の神器」のイメージで故宮文物を狙っているかもしれない。

国民党政府を含めて三つ巴の戦いが想像の世界で始まったのだ。それが一九三二年という年なのである。

この想像上の戦いは、政治権力の正統性のシンボルをめぐる戦いであり、見える者には見えるが、関心のない者にはまったく見えない種類の戦争なのである。言葉をかえれば形而上学的戦争とでもいうべきもので、それは政治的文書に記載されることではない。文書に記されたことだけが歴史だというのであれば、それは歴史ですらない。

前回、故宮文物の南京移送についての蔣介石の文章を紹介し、ことの重大さに比べて、その記述があまりにもあっけないことに私はあきれ、失望した。しかし思えば、かつてシナ大陸における権力の興亡史になかったようなことが起こったのだから、記述しようがなかったのかもしれない。

「日本軍の破壊」ということしか語らないのは、すでにして政治的言辞というものである。もしそれが真実ならば、第一次上海事変直後の南京に移送するよりも、大陸の奥地に疎開させる方がはるかに安全である。だが、そうしなかった。なぜか。

国民党の南京政府が、ほんのいっ時であっても、故宮の文物を掌握したという実績を是が非でも明示したかったからに相違ないのである。辛亥革命後の長い間の権力の空白期を経て、この年の一月元旦に成立した国民党政府の正統性を天下に知らしめたかったからである。

大陸に立ち現れる「三種の神器」の意識

前回、私は「形而上学的戦争」という言葉をつかった。徹頭徹尾リアリズムしか信じない中国人という先入観を前提にすると、そういう戦争は起こりえないことになるだろう。事実、シナ大陸の歴史を振り返ってみればわかるように、崩壊した王朝の金品財宝は掠奪の対象になって散逸し、やがて治安の回復とともに権力と財力のあるところに集められる、ということの繰り返しだった。

しかし、辛亥革命後なかんずく「故宮博物院組織法」（一九二八年十月）が公布され、紫禁城内の文物が中華民国政府の管理下に置かれるようになってから事情が変わった。正確にいえば、革命からこの法律が公布されるまでの紆余曲折とその間の論争と闘争の過程で徐々に変化したというべきだろう。

革命後の千々に乱れた世相を憂えて清王朝の復活を密かに願う人々からすれば、「故宮」とは何事かということになる。最後の皇帝・溥儀の復辟を夢みるかぎり、国民党政府の管理に委ねるわけにはいかない。反対に革命のよりいっそうの徹底を説く立場の人々は「故宮」という名称には古いものを懐かしむという意味があるから「廃宮」とすべしと主張した。売却論者も少なくなかった。特に玉座など王朝のシンボルになるようなものはすべて処分すべしというのである。

そのような議論をつづけるうちに、「形而上学的意識」が胚胎し、芽生え、育ってくるということは十分ありうるのである。そして、その議論にもし日本留学組が加わっているとしたら、彼らは必ずそこで、日本史における天皇と三種の神器のことを想像するだろう。いや、留学経験者に限ったことではなく、日本に関心のある者ならば、政治権力とシンボルについての形而上学に思いを馳せることになるだろう。

かくして間もなく、かつてシナ大陸の歴史になかったような「形而上学的戦争」が始まったのである。

一九三二年三月一日、満州国が建国された瞬間から、故宮の文物をめぐる形而上学的戦争が本格化したとせねばならない。汪兆銘と蔣介石が合作して南京に国民政府を樹立したのがその年の一月一日である。行政院院長は汪兆銘だった。

この年の七月、熱河省で日中間の小さな軍事的トラブルが起こる。当時、熱河省に勢力を張っていた湯玉麟は満州国に協調的だったから動こうとしない。北平（北京）の張学良も動こうとしない。そのことに腹を立てたのは軍司令官の蔣介石だった。

「私（蔣介石）は熱河出兵がのびのびになっていることに、実に焦慮を覚える。ともかく漢卿兄（張学良）には、機に臨んでただちに決断することを望みたい。敵の機先を制し、敵に制せられないことが肝要なのである」（蔣介石が張軍にあてた電文の一部）

行政院院長の汪兆銘も張学良に電報を打つ。

「兄はもっとも多くの兵を擁し、軍容ももっとも整っている。それに敵兵（日本軍）が騒乱する地域は、まさに兄の防衛担当地域内である。（中略）現在、兄は一兵も出さず、一矢も放たず、抵抗に名を借りて中央に軍費を求めるだけだ。兄はすべからく辞職して、四億国民に謝罪されよ」と。

汪兆銘はそのような電報を打った直後の八月、行政院院長を辞職してしまう。そして張学良も北平綏靖公署主任を辞職している。対日強硬策を主張する蔣介石はそのころ南方で掃共作戦に当たっていたのだが、共産党のゲリラを掃討することと日本軍と戦うことの差は天と地ほどの違いである。

汪兆銘と蔣介石のあいだには、満州国建国についての微妙な温度差があった。「滅満興漢」(満州族の王朝を倒して漢民族の国家をつくる)の意識のつよかった汪兆銘としては、万里の長城の外側で起こったささいなトラブルを拡大したくないという意識もあっただろうし、その満州の地を根城にして失敗した張学良に対する批判もあっただろう。そして、掃共作戦にのみ熱心な蔣介石に対して含むものもあったに相違ないのである。

「緊迫した熱河情勢に対処するため、多くの同志から、一日も早く、華北へ来るようにとの要請が届いた。しかし、このときの中華民国は『安内攘外』を必要としていた。江西省一帯の掃共戦を、抗日のために途中でほうり出すわけにはいかなかったのである」(『蔣介石秘録』10)

この文章のすぐあとで蔣介石は次のように記す。

「日本の侵略にたいする準備は、軍事問題だけにとどまらなかった。ぜひとも特筆しておきたいのは、中華文化の粋を集めた故宮の文物を戦火から守るためにこのとき南方へ護送したことである。故宮の文物は、当時北平にあったが、日本軍の戦火が熱河から華北に及んだ場合、破壊、散逸のうき目にさらされる危険が大きかった。そのため、国民政府としては、早手まわしに、南方へ疎開させる方針をきめ、二月六日（三三年のこと）夜から、ひそかに故宮からの搬出作業を開始、南京の朝天宮山洞庫房へ運んだ」

蔣介石はしきりに日本軍の破壊から守るためといっているが、故宮文物の南京移送を前提とした梱包作業を始めたのは三二年の秋である。つまり満州国建国の半年後ということになる。そして、なおいえば、北京郊外の盧溝橋事件によって日支事変が始まるのは一九三七年七月のことである。つまり、日本軍の破壊の可能性がリアルになる五年前に、南京移送の準備が始められているのである。

満州国建国にあたって溥儀は最初執政に就任するが、三年後には皇帝に即位する。そして故宮文物の梱包作業が満州国建国の半年後に始まるということは、国家元首あつかいの執政で、少なくともその数カ月前に、しかるべき意思決定がなされていると想定せねばならない。

繰り返しいうが、孫文亡きあとの国民党は汪兆銘派（容共）と蔣介石派（反共）の対立が長くつづき、一九三二年一月一日にようやくにして汪・蔣合作の南京政府が出来たのである。けれどもそのころの南京は、人口三十万そこその地方都市にすぎなかった。

中国古来の首都論からいえば、その中心に皇帝か王かそれに代わるシンボルがなければならない。清王朝を打倒して共和政体になった国民党政権といえども、何らかのシンボルは不可欠のはずである。

その中心の欠落を意識したときから南京政府の密かなる「形而上学的戦争」が始まったというのが私の仮説である。そして一方の溥儀にしてみれば、満州国の執政に就任することになった瞬間から切実なる「形而上学的戦争」に突入したとせねばならない。溥儀にしてみれば故宮の文物は愛新覚羅一族の私有財産だという意識があり、そのことを南京政府としても百パーセント否定することが出来ない。レーニンやスターリンとはそこが違うのである。

蔣介石が、日本軍に対する早すぎる警戒感を表明するのは、日本軍に支援されての溥儀の奪還作戦を予感してのことだろう。少年時代から日本に憧れつづけた軍人なのだから。そして汪兆銘は詩人の直感力で溥儀の心中を読んでいた。

胎動する日本留学組

満州国の建国といえば、日本ないしは関東軍の「傀儡政権」というのは東京裁判史観によって歪められたものである。もし、本当に傀儡政権で、溥儀も厭や厭やながら執政（のちに皇帝）に就任したというのであれば、故宮の文物をめぐる「形而上学的戦争」など起こりようもないのである。

北京（北平）の紫禁城を中心に、南方の南京政府（国民党政権）と北方の新京政府（満州国）がそれぞれ自らの権力の正統性を確保するために形而上学的戦争を始めたと解釈しなければ、あの世紀の大移動作戦の本質は解けないだろう。

そして、その権力の正統性をめぐる政治ドラマに陰に陽に影響しているのが日本の政治体制、なかんずく天皇と三種の神器の関係だった。そのことを私は日本留学組の集合的意思というべきだと思っている。なぜならば、日本に留学した者はまず例外なく、日本の歴史における権力の正統性について考えたはずだからである。権力と権威の見事なまでのバランスを見たはずだ。世俗的権力を超俗的天皇が勅許し、その天皇の超越性の象徴が三種の神器であるという美しい政体に、多くの中国人留学生が羨望の念を禁じえなかっただろう。
そして、そのアナロジーを中国に求めるとしたら、紫禁城の文物、中華文明の最高の華(はな)にそれを求めるほかない。そう思った瞬間に、美術品が美以上の最高度の政治的意味を帯びてくる。美が権威に昇華する可能性を夢見ざるを得なくなる。

このような形而上学的関心は、日本留学組独特のものであって、アメリカ留学組には起こりようのない精神のドラマである。孫文、孫科、宋子文などアメリカ留学組も少なくはないが、彼らが学んだものは不完全な共和政体とプラグマティズムぐらいのものだ。

孫文のプラグマティズムを伝える興味深いエピソードがある。それは一九一三年（大正二年）、辛亥革命直後のこと、袁世凱打倒の第二革命が起こったころ、資金不足に悩んでいた孫文が「満州（東三省）」を日本に譲渡しようとしたことがある。条件は「二個師団の武器と二千万円」である。交渉場所は南京。交渉に当たったのは日本側が山田純三郎と宮崎滔天、中国側が孫文と胡漢民。胡漢民は法政大学に留学し、同じ法政大留学の汪兆銘と親しく、東京で発行されていた中国同盟会の機関誌で論陣をはった仲間である。ともに広東省の人。

「孫文は別室の黄興とも相談した上、『宜しい、すぐそのことを進めてくれ』と承諾した。そして孫文代理として黄興が来日し、桂太郎公と会見して決着する段取りにまでなった時、革命軍は敗退し、孫文と黄興は日本に亡命した。この満州買収計画は山本権兵衛内閣の反対と『満州は日本の勢力範囲だから金で買い取る必要はない』という山県有朋の反対意見に遭って立ち消えになった」（中村粲著『大東亜戦争への道』）

黄興は湖南省の人、辛亥革命にいたるいくつかの武装蜂起を指導した武人肌の革命家で、革命以前に二度日本に亡命している。革命後の黄興の評価は高く、「功なら黄興、才なら宋教仁、徳なら汪兆銘」と評された人物である。

この満州譲渡のエピソードは、ハワイ育ちの孫文が、ロシアからアラスカを買い取ったアメリカのやり方を真似て、その逆をやろうとしたのかもしれない。いずれにせよ、その発想は、いかにも華僑の子らしいプラグマティズムというべきだろう。

もともと満州の地は「封禁の地」とされていた。満州族の清王朝が漢民族を征服して北京を都として以来、満州の地に漢民族が入植することを禁じてきた。征服王朝でありながら、自らの出身地に被征服民族が入植することを禁じ、清浄無垢のまま残しておこうという発想なのである。流民同然の人口移動によって他国と他民族を冒してしまう漢民族の恐ろしさを知っていたからであろう。

清王朝の人々にとっては「美しい故郷」、いつの日にか帰還することもありうる特別の地。

ところが辛亥革命で清王朝が倒されるや、「封禁の地」に漢民族がどっと押し寄せ、たちまち軍閥の支配するところとなった。そして満州の民は張作霖、張学良父子による圧政に呻吟するようになった。

「張軍閥の圧政を憎む満州文治派の知識人達は、中国本土の戦乱から満州の平和安全をまもる『保境安民』運動を起こし、広く満州住民の共感を得たが、この運動の行きつく先は必然的に満州国の独立であった。満州国を独立国家とすることは満州人の念願だったのである。」(同)

その胎動は辛亥革命の直後から、清王朝の遺臣たちによって密かに進められていた満州族の民族運動だったのである。だが最後の皇帝・溥儀はあまりにも若かった。革命で退位させられたのが六歳、結婚したのが十六歳、天津の日本租界に移り住んだのが十九歳、日本留学が二十二歳。溥儀の成長とともに、満州国の建国と溥儀の復辟運動が高まる。そして建国と執政就任が二十六歳、皇帝即位が二十八歳である。

その若き皇帝の胸中に、皇帝たることを表すシンボル体系、なかんずくその正統性を保証する三種の神器のことが明滅しないはずがない。なるほど身体はまぎれもなく清王朝の最後の皇帝そのものであるが、肉体だけで正統性を表現することはほとんど不可能である。「私の身体そのものが正統だ」と叫んでみたとて、それは説得力のない振る舞いというものだ。

夜ごとに彼の想像力が紫禁城をさまよい、そこに遺棄してきた文物におよぶことは避けがたいことだった。

そのような溥儀の胸中を、多くの人々が想像することによって、私のいう「形而上学的戦争」が始まったのだ。

したがって、この戦争の発震源にして主役は溥儀その人にほかならない。

そのことを考えるに際して、まず指摘しておきたいことは日本留学組とアメリカ留学組の差異である。

その差異は個人的資質に発するのではなく、アメリカと日本の政治体制と歴史観の違いに発することだろう。王政の歴史を持たずに国家誕生のときからデモクラシーを信奉している国においては多数決がすべてであって、それ以上の哲学的煩悶はない。権力の正統性も多数決の一言で片付いてしまい、それ以上に悩みようがないのがアメリカである。

満州を日本に売ろうとした孫文にしても、アメリカ育ちで孫文の盟友にして南京政府の主席を歴任した林森にしても、若い世代の孫科や宋子文にしても、アメリカ留学組はほとんど財政畑を歩むプラグマティストである。

しかし、明治という王政復古の立憲君主国に学んだ日本留学組の面々は、権力の正統性ということに敏感たらざるを得なくなる。「権力のレジティマシーは何によって担保されるのか」と。そして、その正統性をめぐる精神のドラマが満州国の建国によって一挙に動き出したのである。

解説◉未完の日本学

麗澤大学助教　花田太平

あれはまだ私が、大学受験をひかえていたころの話である。

当時、文学熱がこうじて高校を中退した私は、若者の病を癒すかのように福田恆存を貪り読んだ。自我という亡霊に囚われたハムレットは救われるために殺さねばならない――主人公の苦悩の深さに十分な共感を抱きながらも、その悲劇を余すことなく浮かび上がらせる福田の筆致に、私自身がカタルシスを感じていたのだろう。そう、青年はまず否定されなければならない。

ようやく大検を通った私は、自ずと、福田恆存について語り合える教師を求めていた。そして福田和也氏のいる慶應義塾大学と、井尻千男先生のいる拓植大学の二校を受験し、慶應義塾大学の面接で試験官と喧嘩をしてしまった私は、拓植大学の門を叩くこととなった。

一〇代の私にとって当時の拓植大学は、学びの黄金期のように活気づいていた。渡辺利夫氏が東京工業大学から移ったばかりでアジア学を講じており、すぐに呉善花氏が加わった。付属の海外事情研究所には佐瀬昌盛氏、国際関係論の森本敏氏と川上高司氏、朝鮮問題の荒木和博氏が名をつらね、日本文化研究所では井尻先生がいまは亡き遠藤浩一氏とともに学術紀要『日本文化』（のちの『新日本学』）を編集していた。

その雑誌には錚々たる保守派の知識人たちが登場している。各号の目次をみても、長谷川三千子、桶谷秀昭、入江隆則、片岡鉄哉、小堀桂一郎、阿川弘之、西部邁、西尾幹二、中西輝政、ロマノ・ヴルピッタ、林道義……と大学の紀要としては驚異的である。

井尻先生は大学で「昭和精神史」と「都市社会学」を講じていたのだが、講義が終わると二人で庭のベンチに陣取り、先生が両切りのピースを喫みながら、私の質問に答えるのが習慣であった。話題は美術や数寄の世界のことから都市共同体論、歴史や文芸批評から恋愛結婚論までと多岐にわたり尽きることがなかった。先生の構想力で捉えられた世界を表現するためには、わが一人の筆では到底足りない、といった印象をあたえた。拓植大学に日本学のエコールをつくりたい、というのが口癖であった。

◉

弟子は往々にして師が教えようとしたものは一つも学ばないものだ。むしろ師が隠したくとも隠せない背中の悲しみを感じ取り、黙って自らの人生の学びとする。

この師弟の潜在的な緊張関係は、やがて文体の違いに現れることだろう。弟子は最初の読者である師の目を意識しながら文体をつくってゆく。が、与えてもらったものの大きさに同化をおそれる弟子の文章は、師の文体からの反逆を試みるのだ。井尻千男が師である村松剛から授かったものもそうした背中であったのだろう。語学の天才であった師の乾いた文章から遠ざかるように、井尻千男の文章は文体の上でも主題の上でも求心的になっていった。

同様に、小林秀雄、中村光夫、福田恆存、三島由紀夫、江藤淳ら文学者たちが演じた文体のドラマもまた、彼らの思想と切り離すことはできない。文学者は、他者の文章と文体上の関係を結んではじめて、自らの肉声を国語の大海のなかに発見する。この「筆の伝承」という主題は、たとえば今日の学者の師弟関係からは失われたものであるだろう。

井尻千男が本書第一部「醍醐帝とその時代」で描こうとした日本と支那文明の緊張関係にも、似たような類推ができるかもしれない。当然、個人のあいだと国とのあいだでは規模も質も異なってくるが、日本が漢字文化圏の宗主である支那文明に抱いたわだかまりや屈折、あこがれと反動は、後発国が自由と独立を獲得する道程で避けて通れないものであったことがわかる。

では当時、宇多天皇と醍醐天皇が見た光景は何だったのか。本書によると、それは新都平安京の「唐風かぶれ」といっていいあり様であった。

政府関係の正式文書はすべて漢文、『凌雲集』や『経国集』など勅撰の詩集はすべて漢詩、都では公家たちが競って唐風の門構えを建て、唐から輸入された書画骨董を収集偏愛する始末。それはまさに「美意識における完全なる敗北」であった（65頁）。その後発国特有の自己喪失の中心にあったのが、「朝貢」と「冊封」の象徴的存在であり、いまや惰性の産物と成り果てた「遣唐使」である。

当時の日本にとって「唐との絶縁は世界との絶縁にも近かった」ことは容易に想像できる（70頁）。が、滅亡を眼前にひかえた老帝国への異常な傾倒は、当時の日本自身の文化的な危機状態を露わにしているだろう。平安の公家たちに巣くう漢心は、見えるものを見えなくし、彼らから正当な判断力をうばっていった。少なくとも「遣唐使廃止」（八九四年）という大転換を決行した宇多天皇と菅原道真には、その様に見えた。だから彼らは遣唐使をあえて「復活かと見せかけて終焉させること、それによって唐風文化の模倣を断ち切ること」という政治的劇を演じたのであった（66頁）。

当然、精神的支柱を奪われ、不安に落とされた公家たちは道真をゆるすまい。遣唐使出立の地・太宰府への左遷にはじまる道真と一族の悲劇は執拗な復讐劇にもみえる。

残された醍醐帝の急務は、空白状態となった文化の再建であった。政治的分裂を乗りこえるためには一刻も早い文化共有を通じた信頼感の醸成が求められる。

すでに空海や最澄の天才らによって発明されていた平仮名・片仮名によって、日本語は表記上・文章構成上の自由を得ていた。それは「漢字と漢文脈では表現できなかったような領域を拡大し」、日本が「漢字文化圏にありながら、その文化圏にのみこまれなかったこと」をはじめて可能にした（93頁）。そう、師を本質的に克服するためには、単なる反発ではだめなのである。圧倒的な影響力を前にした否定のジェスチャアは単なる囚われの印であろう。仮名文字表記は漢文の文法上の約束事を大胆に無視する構造の上に成り立っていた。それは漢文化を換骨奪胎し、貪欲に自らの血肉と化す無言の意志の形象化である。漢文、ひいては言語そのものがもつ「覇権主義的性格のおそろしさ」（101頁）を徹底的に自覚しうる批判精神が日本人に育っていなければ、ここまでの離れ業はとうてい成し得なかっただろう。

醍醐帝の役目は、その水面下で胎動する日本語を陽の下にとりだし、それに「勅撰」を与える大英断であった。そこに日本初の勅撰和歌集『古今和歌集』の意義があるし、その巻頭をかざる紀貫之による「仮名序」の異様なスタイルの覚悟がみられる。

「やまとうたは、ひとのこころをたねとして、よろづのこと葉とぞなれりける。世中にある人、ことわざしげきものなれば、心におもふことを、見るもの、きくものにつけて、いひいだせるなり。花になくうぐひす、みづにすむかはづのこゑをきけば、いきとしいけるもの、いづれかうたをよまざりける。ちからをもいれずして、あめつちをうごかし、めに見えぬ鬼神をもあはれとおもはせ、をとこ女のなかをもやはらげ、たけきもの丶ふのこ丶ろをもなぐさむるは哥なり」（三島由紀夫「日本文学小史」より）

言葉がひとの心を種として歌になる。その時、日本の自然は歌の対象であると同時に歌う主体でもある。これを三島由紀夫は「歌道上の汎神論の提示」であるといった。それはこれまで、漢詩に対して「第二芸術」（桑原武夫）に甘んじてきた和歌の発見であり、日本人の身体性と国土自然の自覚でもある。この自己への一時的な〝籠り〟が文化の創造性の成長と発露のためには何としてでも必要であったのだろう。紀貫之の一見不合理とも感じられる自前のテキストをもつことへの固執に、著者は「国語」成立の萌芽をみる。「からごころ」との戦いが、いつしか自文化の創造性への問いへと発展し、初の勅撰和歌集という〝国語の洗練〟へと極まる。

宇多・醍醐の時代では、支那文明から離脱し、文化ナショナリズムを発揚させ、海の守りを固めればこと足りたのかもしれない。が、グローバル化が進み、さまざまな領域での相互依存が進んだ近代以降では、日本人の身体性を守る営みが芸術（フィクション）の領域に収まらず、身体性そのものが現実のドラマへと引きずり出される。本書第Ⅱ部「日米開戦やむなし」で扱われた、特攻隊の悲劇、あるいは特攻隊を必要としてしまった日本史の悲劇は、近代において日本文化が追い込まれた自己芸術化の悲劇であるといえるだろう。「自己芸術化」とは近代化によって古代ギリシャのようなカタルシスの場としての劇場を奪われた行為者たちが、現実世界を舞台に自らを追い込んでゆく悲劇である。最後の文学者・三島由紀夫の悲劇もこの大きな近代の悲劇に列なっているとみることができる。それは存在論的基盤である国語というテキストが、近代化を通して〝詩〟の覆いを取り除かれ、奥底の〝死〟が剥き出しにされてしまったということだ。

ヴィーコによれば、〝人間〟(humanitas)は〝土に返す〟(humando)という意味に由来するといわれている（『新しき学』）。歴史や国語の意義は生けるものと死者たちのつながりにあるのであり、その意味で、国語の機能は鎮魂に極まるだろう。テキストのなかで意味づけられた日本人の「死」は存在論的基盤となって、国語そのものを成り立たせている。そして鎮魂は、国語のなかに脈打つ詩（うた）によってのみ可能なのだ。

国語の本質を詩（うた）であると理解すると、なぜ言語が一部の学者の占有物になり得ないのかがわかるだろう。国語の主人はどこまでも日本の大地に根を張り、労働歌をうたう民衆であるのだ。

本書第Ⅲ部の「甦る正統性─美神を求めた中国革命家たち」もまた、近代中国の革命の実像を蘇らせる鎮魂の営みであるだろう。汪兆銘ほどの人物が日本の傀儡におさまるわけはなく、宋一家（＝アメリカ的なるもの）に取り込まれていった孫文や蔣介石を冷徹に観察しながら、新中国のアイデンティティについて煩悶した「詩人政治家」の素顔が臨場感をもって描かれている。これらの記憶を失った戦後の東アジアでは、鎮魂の能力が失われ、生者のあいだのコミュニケーションがゆがめられてしまった。

◉

井尻千男がこれらの遺稿を通して伝え残したかったものとは何だろうか。「グローバル化時代」と呼ばれる今日、アメリカといえども過去の唐帝国に比べるような圧倒的な影響力をもっているわけではない。だが、「平成の国風文化」を生み出すためには、あえていったん自己に〝籠り〟、自己を総点検する作業が必要なのではないか。

本書に収めた論考に通底しているメッセージは、私たちがグローバル化の波にたいしてこれからどのような対応や選択をするにせよ、「国史へとつながる歓び」をもたないのであれば何も生み出さないという単純な真実である。「他者」を排撃してもそれはむしろ他者により深く囚われるだけだろう。むしろ自己意識を国語の洗練を通して深めること、その深化を通して文化そのものに求心力をつけること、それが重要なのである。

井尻千男が最後に到達した「和歌」の世界は、〝国語の洗練〟によってしか日本人は救われないという宿命の自覚であった。主婦の井戸端会議も、サラリーマンの飲み会も、カップルのカフェでのおしゃべりも、国語の洗練という役割の一翼を担っていることに変わりはない。毎日書きとめられずに消えてゆく幾多の会話が積み重なって、一片の詩を成り立たせているのである。そして「グローバル化」の旗のもとに、もしその日本語で書かれた一片の詩の普遍性を疑う者がいるのならば、残念ながら、私はその者に語りかける言葉をもたない。

初出一覧

序　章「普遍と固有の相剋」

『日本文化』第4号、拓殖大学日本文化研究所刊、平成13年4月

第一部「醍醐帝とその時代」

第一章「敵國降伏」『新日本学』第20号、平成23年3月、拓殖大学日本文化研究所刊

第二章「遣唐使廃止」『新日本学』第21号、平成23年6月

第三章「道真悲劇の真相」『新日本学』第22号、平成23年9月

第四章「親政への道程」『新日本学』第23号、平成23年12月

第五章「ナショナリズムの高揚」『新日本学』第24号、平成24年3月

第六章「『古今和歌集』への道程」『新日本学』第25号、平成24年6月

第七章「国語への愛と確信」『新日本学』第28号、平成25年3月

第二部「日米開戦やむなし—歴史の宿命について」

『澪標』第35号（平成18年12月、日本保守主義研究会刊）に掲載された講演録（演題「日米開戦やむなし」於靖国神社、特定非営利活動法人日本保守主義研究会主催）に、生前に収録していた同テーマの取材音源から書き起こしたものを加えて構成した。

第三部「**甦る正統性—美神を求めた中国革命家たち**」

『選択』2003年7月号～2006年3月号連載（選択出版社刊。連載時タイトル「美のコンキスタドール」）

井尻千男（いじり かずお）
昭和13年（1938）山梨県生まれ。立教大学卒業後、1962年に日本経済新聞社入社。文化部に勤務し、読書コラム「とじ糸」「活字のうちそと」などのコラムを25年間執筆、コラムニストとして活躍するかたわら社会評論を数多く執筆して注目される。編集委員を経て平成9年（1997）春、同社を退社し、拓殖大学日本文化研究所長に就任。「昭和精神史」と「都市社会学」を講じ、2010年度まで公開講座「新日本学」を主宰。平成22年（2010）春、同大学を退職して拓殖大学名誉教授。小堀桂一郎、入江隆則らと共に4月28日の主権回復記念日の祝日制定を働きかけるべく、毎年同日に主権回復記念国民集会を主宰。平成27年6月3日、膵臓癌にて死去。著書に『産業知識人の時代』（PHP研究所）『自画像としての都市』（東洋経済新報社）『劇的なる精神 福田恆存』（徳間文庫）男たちの数寄の魂』（清流出版）明智光秀』（海流社）ほか多数。

歴史にとって美とはなにか 宿命に殉じた者たち
平成28年5月20日 初版 発行

著 者――井尻千男
発行人――漆原亮太
発行所――株式会社 啓文社書房
〒101-0054
東京都千代田区神田錦町3-7-2
東京堂ビルディング904号
電話：03-6861-7581
発売所――有限会社 啓文社
〒133-0056
東京都江戸川区南小岩6-10-5
電話：03-6458-0843
印刷所――株式会社 光邦

ISBN 978-4-89992-011-3

Printed in Japan

http://www.kei-bunsha.co.jp